BIBLIOTECA DE DERECHO PROCESAL

Marco de Cristofaro

(Director)

Carlos Antonio Agurto Gonzáles

Sonia Lidia Quequejana Mamani

Benigno Choque Cuenca

Manuel Enrique Valverde Gonzáles

(Coordinadores Generales)

LORENZO CARNELLI

EL HECHO NOTORIO

Estudio Preliminar
Luis Patricio Ríos Muñoz

Edición al cuidado de
Carlos Antonio Agurto Gonzáles
Sonia Lidia Quequejana Mamani
Benigno Choque Cuenca

Ediciones Olejnik

Título: El hecho notorio

© Lorenzo Carnelli

Edición: 2020.

Ediciones Olejnik
Huérfanos 611, Santiago-Chile
E-mail: contacto@edicionesolejnik.com
Web site: http://www.edicionesolejnik.com

ISBN: 978-956-392-854-9

Diseño de carátula: Ena Zuñiga

Diagramación: Hayden Méndez. hayden.mendezq@gmail.com

Impreso en Argentina 2020 Printed in Argentina

Índice

El hecho notorio

I
Historia

II
Notoriedad y notorio

III

ANALOGIAS Y AFINIDADES

IV

FRENTE AL PROCESO

V

EXAMEN DE POSIBILIDADES

VI

Teorías

VII

En sociología

Estudio Preliminar
a *El Hecho Notorio* de Lorenzo Carnelli
Factores de Determinación del *Thema Probandum*

Luis Patricio Ríos Muñoz[1]

Presentación del Estudio

Henos aquí nuevamente, la Ediciones Olejnik nos trae esta vez un excelente y exhaustivo estudio sobre el "Hecho Notorio", publicado allá por el año 1944, en Argentina, pero cuya autoría corresponde a un jurista, periodista y político uruguayo, don Lorenzo Carnelli. El tema al que se refiere el Dr. Carnelli, es uno de los que se incardinan dentro del Objeto de la Prueba, más por su exclusión que por su inclusión.

Por ello, estimamos que la mejor manera de presentar su obra, es referirnos al objeto de la prueba, y dentro de esa temática, a la determinación del "*Tema Probatorio*", esto es, ¿qué es lo que se tiene que probar? Para ello, la siguiente exposición ha sido estructurada en base a tres preguntas que intentamos responder, las dos primeras son generales e introductorias al tema en cuestión, **¿quién y cómo se decide qué probar?**, mientras que la tercera interrogante se posiciona sólo respecto de la figura del juez a fin de depurar los factores legales que le permiten determinar el "*qué probar*", o más correctamente, el *Thema Probandum*.

De este modo, las interrogantes serán: *¿Quién decide qué probar? ¿Cómo se decide qué probar?, y ¿Con qué medios cuenta el juez para realizar dicha determinación?* Pues bien, mientras más estudiamos la prueba y mientras más la enseñamos, más convencidos estamos que es posible establecer una pauta relativamente sencilla

1 Magíster en Derecho Procesal por la Universidad Nacional de Rosario (Argentina); Becario por la Fundación Serra Domínguez para el I Curso de Profundización en Derecho Procesal dictado en conjunto por el Instituto Iberoamericano de Derecho Procesal y la Universitat Pompeu Fabra (Barcelona, España, 2018); Premio (VIII versión) Instituto Vasco de Derecho Procesal (San Sebastián, País Vasco, 2018); Finalista de los Premios Gabilex (Castilla, La Mancha, 2020); Abogado, Licenciado en Ciencias Jurídicas por la Universidad Arturo Prat, Iquique (Chile); Abogado encargado del Área de Litigios Civiles en Iligaray y Cía. Ltda., Iquique (Chile). Correo electrónico: luispriosm@gmail.com. Sitio web http://luispatricio-riosmunoz.webnode.cl.

para que en materia de enjuiciamiento civil, el juzgador pueda señalar en su resolución los hechos que han de ser probados por las partes. A ello lo hemos denominado *Factores de determinación del Tema Probatorio*, y que, mientras no se haga una verdadera modernización del procedimiento civil chileno, no serán otra cosa que el tradicional trinomio de *hechos controvertidos, pertinentes y substanciales*, debidamente depurado y sistematizado, que, enseñado en el orden correcto, constituye una verdadera ayuda para la determinación de las afirmaciones de hecho sobre las que ha de recaer la actividad confirmatoria de las partes para producir la convicción suficiente en el juzgador.

1) El Objeto de la Prueba. ¿Qué es lo que se debe probar?

Si bien suele decirse que la Prueba es la *justificación de la verdad de los hechos controvertidos en un juicio*[2] o la *demostración de la verdad en juicio*[3], hemos de aclarar que el concepto de Prueba es meta-jurídico, y desde esa mirada, puede decirse que se trata de una forma de reconstruir el pasado, lo que vale tanto para el jurista, como para el historiador, el arqueólogo, etcétera[4].

Chiovenda afirma que probar significa crear el convencimiento del juez sobre la existencia o la no existencia de hechos de importancia en el Proceso[5]. Claro Solar entiende que Prueba en su sentido general, es la demostración de la exactitud o de la verdad de una proposición, mientras que en su sentido netamente jurídico designa la demostración, con ayuda de los medios autorizados por la ley, de la exactitud de un hecho que sirve de fundamento a un derecho pretendido, siendo necesario que el hecho que se trata de probar sirva de fundamento al derecho pretendido, esto es, que produzca la convicción del juez sobre la existencia de este derecho, y cita al respecto un aforismo romano: *Frustra probatur quod probatum non relevat* (es inútil probar lo que no es concluyente)[6].

En tal sentido, la "Prueba Procesal" (aquella que se desarrolla dentro del Proceso) ha sido definida como *la actividad de comparación entre las afirmaciones efectuadas por las partes en sus alegaciones y otras afirmaciones emanadas de terceras personas, destinadas a formar el convencimiento del juzgador*[7]. Por nuestra parte, hemos sostenido antes que nos inclinamos por sostener que la finalidad de la "Prueba Procesal", no es la obtención de la verdad, sino lograr la convicción del juzgador, esto es, permitir que éste adquiera certeza de la ocurrencia

---

2 Onceava acepción del Diccionario de la Lengua, 22ª ed.

3 Orellana Torres, Fernando: *Manual de Derecho procesal 2, Procedimientos civiles, ordinarios y especiales*, Librotecnia, Santiago, 2006, p. 228.

4 Devis Echandía, Hernando: *Compendio de la prueba judicial*, t. I, Rubinzal-Culzoni, Santa Fe, 2007, p. 13.

5 Chiovenda, Giuseppe: *Instituciones de Derecho procesal civil* (trad. Gómez Orbaneja), vol. I, Valletta, Buenos Aires, 2005, p. 161.

6 Claro Solar, Luis: *Explicaciones de derecho civil chileno y comparado*, t. VI, Editorial Jurídica de Chile, Santiago, 1979, pp. 657 y 658.

7 Carocca Pérez, Álex: *Manual de Derecho Procesal. Los Procesos Declarativos*. Lexis Nexis, Santiago, 2003, p. 144.

de un hecho determinado, en razón de la verosimilitud y validez de las proposiciones que le formulan las partes[8].

En razón de lo anterior, el objeto de la prueba serán *los hechos*, pero más específicamente, como lo explica Carnelutti, las *afirmaciones fácticas de las partes*. En efecto, lo que se somete a confirmación probatoria no son *hechos* propiamente tales, sino las afirmaciones que cada parte alega como ciertas, de ahí que resulte técnicamente mucho más correcto referirse al vocablo *confirmación*, que es la reafirmación de una afirmación anterior[9].

Tales *afirmaciones de hechos* que deben ser sometidas a confirmación, serán precisamente las que forman el objeto del Proceso, aquellas integrantes de las pretensiones y resistencias, estando presentes en el conflicto desde su inicio hasta su fin. Hay hechos que integran el conflicto mismo y otros que son accesorios, todos los cuales se van introduciendo en el proceso, por eso, previo a entrar en materia, debemos distinguir aquellos que requieren probarse de los que no. Igualmente, el establecimiento de la presunción de conocimiento del Derecho, descarta que éste deba ser probado, salvo ciertas precisiones.

1.1) La Prueba del Derecho

La regla general es que el derecho se presume conocido por todos desde su entrada en vigencia, y por lo tanto no requiere ser probado en juicio. En tal sentido, en todo país perteneciente a la familia del *Civil Law* o *Derecho Continental*, existirá una norma como la que contienen los artículos 7 y 8 del Código Civil chileno (el primero establece la ficción de conocimiento de la ley, desde su publicación; el segundo, la prohibición de alegar ignorancia de su contenido).

Lo anterior se encuentra relacionado a la máxima romana *Iura Novit Curia*, que significa que el juzgador conoce el derecho, razón por la cual, no es necesario que éste sea probado[10]. Peñailillo Arévalo, indica que es posible encontrarlo también con otra fórmula: *Da mihi factuqm, dabo tibis ius* (dame los hechos, que yo te daré el derecho)[11]. Sobre el particular, Montero Aroca afirma que el juzgador tiene el deber de conocer la norma jurídica, sin que importe realmente cómo logró obtener ese conocimiento[12].

Sin embargo, las premisas precedentes han de ser matizadas, puesto que no es el Derecho el que se presume conocido, sino el ordenamiento jurídico vigente de un Estado determinado, razón por la cual, habrá casos en los que

8 En nuestro trabajo: "Verdad y Convicción: ¿Es la Verdad un elemento teleológico de la Prueba?", recogido en nuestras *Fábulas de Derecho Procesal*, Prolibros, Valparaíso, 2019, pp. 195 y ss.

9 Carnelutti, Francesco: *La Prueba Civil* (trad. Alcalá-Zamora y Castillo), 2ª ed., Depalma, Buenos Aires, 2000, pp. 7 y ss.

10 Sentís Melendo, Santiago: "Iura novit curia" en *Revista de Derecho Procesal*, año V, 1947, 2ª parte, p. 208.

11 Peñailillo Arévalo, Daniel: *La Prueba en materia sustantiva civil*, reimp., Editorial Jurídica de Chile, Santiago, 2002, p. 67.

12 Montero Aroca, Juan: *La Prueba en el Proceso Civil*, 7ª ed., Thomson Reuters-Aranzadi, Navarra, 2012, p. 37.

será necesario "probar el Derecho" a fin de darle una correcta aplicación en juicio.

Tal es el caso, cuando lo que se invoca es una norma jurídica consuetudinaria, es decir, la costumbre como fuente del Derecho. En Chile se reconoce validez a la costumbre como fuente del Derecho, principalmente en materia de Derecho Comercial, estableciéndose expresamente en la ley la forma en que la costumbre ha de ser probada en juicio (mediante dos sentencias que, aseverando la existencia de la costumbre, hayan sido pronunciadas conforme a ella; o mediante tres escrituras públicas de otorgamiento anterior a los hechos que motivaron el juicio en que debe obrar la prueba). También habrá de someterse a prueba, lo que se denomina "derecho extranjero", esto es, el ordenamiento jurídico positivo imperante en un territorio extranjero que quiera ser invocado en un proceso nacional (en tal caso, suele recurrirse al informe de peritos). Hay quienes agregan que, dado que la presunción de conocimiento se refiere al derecho vigente, el derecho "histórico" o no vigente, debiera ser sometido a prueba[13].

1.2) Los Hechos que no requieren Prueba

Luego, también hay afirmaciones fácticas que no requieren ser confirmadas o sometidas a prueba. Tal será el caso de los hechos consentidos, los hechos notorios, los presumidos, y los negativos.

Los *hechos admitidos* son aquellos en los que no existe controversia entre las partes, pues la versión que de ellos entrega cada una en sus pretensiones y resistencias, se condice con la que ha expuesto la contraria. Nos detendremos más sobre este punto, al explicar los hechos "no admitidos". En cuanto a los *hechos notorios*, dado que éstos serán el objeto sobre el que recae el estudio del Dr. Carnelli, nos remitiremos a su trabajo.

Los *hechos presumidos* o, como mejor precisa Montero Aroca, los hechos favorecidos por una presunción legal[14], se refieren a las presunciones legales, las cuales a su vez pueden ser de derecho o simplemente legales. Las *praaesumtiones iuris tantum* o *presunciones simplemente legales*, son aquellas que pueden ser destruidas mediante prueba de lo contrario; en tanto, las *praaesumtiones iuris et iure* o *presunciones de derecho*, no admiten prueba en contrario, es decir, la presunción no puede ser destruida; finalmente, se distingue también de aquellas, las *praaesumtiones facti* o *presunciones de hecho*, que pueden ser catalogadas como judiciales cuando las hace el juzgador o simplemente del hombre[15]. En todo caso debemos distinguir entre el hecho base o premisa y el hecho presumido propiamente tal, para que se tenga por acreditado el hecho presumido, debe estar probado el hecho base o premisa.

---

13 PEÑAILILLO ARÉVALO, Daniel: *La Prueba en materia sustantiva civil*, reimp., Editorial Jurídica de Chile, Santiago, 2002, p. 69.

14 MONTERO AROCA, Juan: *La Prueba en el Proceso Civil*, 7ª ed., Thomson Reuters-Aranzadi, Navarra, 2012, p. 93.

15 DEVIS ECHANDÍA, Hernando: *Compendio de la prueba judicial*, t. II, Rubinzal-Culzoni, Santa Fe, 2007, pp. 303 y ss.

Finalmente, se suele afirmar que no se prueban los *hechos negativos*, aunque no todos están de acuerdo con ello. Anabalón Sanderson explica que en realidad, no es que no se prueben los hechos negativos, lo que ocurre es que quien se limita a negar un hecho, lisa y llanamente no está obligado a probar nada[16]. Aquí hay que distinguir si estamos frente a una alegación o negación genérica o una negación respecto de determinados hechos. La negación genérica se verifica cuando el demandado procede a negar todos los fundamentos de hecho en los cuales se basa la pretensión del demandante, en forma general y abstracta, en cuyo caso, la carga de la prueba será únicamente del actor, limitándose el demandado a mantener una actitud probatoria pasiva; pero si la negación es sólo respecto de determinados hechos, habrá que distinguir cada caso, cuando la negación va reforzada con un hecho positivo, se invierte la carga probatoria respecto del hecho positivo que refuerza la negación.

2) ¿Quién decide y Cómo decide qué probar?

Para responder estas preguntas, es necesario previamente determinar cuál es el *Sistema de Substanciación* o *de Enjuiciamiento* que regirá el Proceso, debiendo elegir entre dos grandes modelos, el de *Substanciación Dispositiva* (*Verhandlungsmaxime*) y el de *Substanciación Inquisitiva* o de *Oficialidad* (*Untersuchungsmaxime*). Por tanto, el *Sistema de Substanciación* es el continente de *lo que la humanidad ha conocido como "sistemas" o "modelos" de enjuiciamiento*[17].

El modelo dispositivo es aquel en que se confiere a las partes el dominio del procedimiento, mientras que en el inquisitivo esta facultad pertenece al juez, quien debe investigar la verdad con prescindencia de la actividad de las partes, debe inquerir (inquirere), es decir, averiguar, de ahí su denominación[18].

De la elección de estos modelos dependerá además, las facultades que se entreguen al órgano juzgador, no sólo para encausar la tramitación de la serie procedimental, sino también para la investigación probatoria. Así el modelo *Inquisitivo* o *de Oficialidad*, es el juez quien inquiere, averigua y, finalmente, juzga, pretendiendo alcanzar su tan anhelada "verdad". En tanto, el modelo *Dispositivo*, también conocido como *Acusatorio* o *Adversarial* (esta última denominación resulta preferible a las anteriores), *confiere a las partes el dominio del procedimiento y sus reglas fundamentales, dejando la acusación e investigación a un tercero distinto al juez. Por tanto, la diferencia entre uno y otro radica en el rol del juez*[19].

---

16 Anabalón Sanderson, Carlos: *El Juicio Ordinario de Mayor Cuantía*, reimp., El Jurista, Santiago, 2015, p. 173.

17 Calvinho, Gustavo: *El Proceso con Derechos Humanos*. El Jurista, Santiago, 2018, p. 118, prefiere la denominación de "modelos de enjuiciamiento". En tanto, Alsina, Alvarado y Nieva, hablan de sistemas de enjuiciamiento; al respecto, véase: Alsina, Hugo: *Tratado teórico práctico de Derecho procesal civil y comercial*, t. I, 2ª ed. Ediar, Buenos Aires, 1961; Alvarado Velloso, Adolfo: *Lecciones de Derecho Procesal Civil*. Thomson Reuters Puntolex, Santiago, 2011; y Nieva Fenoll, Jordi: *Fundamentos de Derecho Procesal Penal*. B de F Ltda., Buenos Aires, 2012.

18 Alsina, Hugo: *Tratado teórico práctico de Derecho procesal civil y comercial*, t. I, 2ª ed. Ediar, Buenos Aires, 1961, pp. 98-99 y 101-102.

19 En similar sentido, véase Nieva Fenoll, Jordi: *Fundamentos de Derecho Procesal Penal*. B de F Ltda., Buenos Aires, 2012, p. 2.

2.1) Respondiendo al *Quién decide*

Si consideramos que el Proceso es un *actum trium pars,* la decisión deberá ser asumida en parte por el actor, en parte por el demandado y en parte por el juez. Los dos primeros decidirán sobre la base de sus pretensiones y resistencias, y el tercero lo hará sobre la base de lo que actor y demandado indiquen. Como se puede apreciar, esta respuesta obedece al desenvolvimiento de un modelo de enjuiciamiento *civil adversarial (dispositivo),* pues si el modelo es *inquisitivo,* las partes no tendrán participación alguna en la "búsqueda de la verdad" que se llevará a cabo únicamente por el juez (auxiliado por otras ramas del Estado, como las policías).

2.2) Respondiendo al *Cómo se decide qué probar*

El demandante lo decidirá mediante la incorporación de los hechos que afirme en su demanda, complementaciones y réplica. El demandado lo hará, a su turno, en su contestación y dúplica, o podría eventualmente hacerlo a través de su silencio. Esto no significa que admitamos la posibilidad de contestación ficta, sino que al no contestar la demanda, los hechos afirmados por el demandante no podrán tenerse por admitidos y necesariamente con esa actividad el demandado decide no aportar nuevos hechos para prueba, evitando con ello una posible alteración de la carga probatoria.

En tanto, el juzgador decidirá qué probar mediante la resolución interlocutoria que recibe la causa a prueba, y que tradicionalmente suele ser enseñada como "*El Objeto de la Prueba*", pero lo único que suele decirse al respecto es que el objeto de la prueba son los hechos, y luego se especifican cuáles hechos NO son objeto de prueba (según vimos precedentemente), extendiendo tal explicación incluso al Derecho (cuando ha de probarse la legislación extranjera, el derecho consuetudinario, o normas positivas locales como las ordenanzas municipales).

No obstante, existimos (y nos contamos dentro) quienes separamos el *objeto de la prueba* del *thema probandum,* y reservamos precisamente a este último lo que aquí estamos tratando[20]. La distinción es de generalidad a especificidad; mientras con el *objeto* nos referimos genéricamente a los hechos y el derecho que debe y no ser probado, con el *thema* nos referimos más bien a las afirmaciones de los hechos que han de ser sometidas a prueba en cada causa en específico. De ahí que no suela encontrarse referencia de ello en la mayoría de los textos, dada la imposibilidad de establecer reglas que puedan aplicarse a cada caso en particular.

---

20 Véase Devis Echandía, Hernando, *Compendio de la Prueba Judicial*, anotado y concordado por Adolfo Alvarado Velloso, t. I, reimp., Rubinzal-Culzoni, Buenos Aires, 2007, pp. 85 y ss.; y Montero Aroca, Juan: *La Prueba en el Proceso Civil*, 7ª ed., Thomson Reuters-Aranzadi, Navarra, 2012, p. 69.

3) EL *THEMA PROBANDUM* Y SU DISTINCIÓN DEL OBJETO DE LA PRUEBA

Así, llegamos a la pregunta ¿Cuáles son *los hechos que debemos probar?*, que autores y profesores suelen contestar refiriéndose únicamente al *objeto de la prueba*, que acabamos de ver. Pero, habiéndose ya descartado los hechos que no requieren ser probados, debemos dedicarnos a responder los que sí han de serlo, el *tema de la prueba*, que suelen ser los hechos (afirmaciones de hechos) que se alegan como fundamento del derecho que se pretende[21].

3.1) EL TRINOMIO PROBATORIO TRADICIONAL

Por años se ha enseñado que esos hechos (afirmaciones fácticas) que deben ser objeto de la etapa de confirmación (probatoria) han de reunir tres características esenciales: deben ser substanciales, pertinentes y controvertidos, al punto que los estudiantes de Derecho suelen aprenderse estas tres palabritas de memoria, sin reparar en nada más.

Lo anterior se desprende de la pregunta enunciada al principio**¿qué es lo que se prueba?**, y de la respuesta que entrega la norma en el Art. 318 del Código de Procedimiento Civil, que indica que *el tribunal examinará por sí mismo los autos y si estima que hay o puede haber controversia sobre algún hecho substancial y pertinente en el juicio, recibirá la causa a prueba*, es decir, la prueba debe recaer sobre hechos (debemos entender que se refiere a afirmaciones de hechos realizadas por las partes), pero no sobre cualquiera, sino sobre afirmaciones de hechos controvertidos, substanciales y pertinentes.

Así lo afirman todos los manuales, cambiando el orden de estos factores (hechos sustanciales, pertinentes y controvertidos)[22]. *Precisamente es de este Art. 318 CPC, de donde se extrae e*l trinomio tradicional conocido como *"hechos controvertidos, pertinentes y substanciales"*, que los operadores jurídicos memorizan sin reparar en su significado y alcance, y mucho menos en si se trata de requisitos alternativos o copulativos, y en caso de ser copulativos si pueden darse aleatoriamente o deben seguir un orden determinado.

Aquella liviandad conlleva a que dichos operadores tengan ciertos problemas al momento de fijar el tema probatorio, como bien lo ha graficado en su memoria de grado, el profesor y amigo Roberto Solís[23]. Pues bien, mientras más estudiamos la prueba y mientras más la enseñamos, más convencidos estamos que es posible establecer una pauta relativamente sencilla para que en materia de enjuiciamiento civil, el juzgador pueda señalar en su resolución los hechos que han de ser probados por las partes.

---

21 RODRÍGUEZ PAPIC, Ignacio: *Procedimiento Civil. Juicio Ordinario de Mayor Cuantía*, 6ª ed. Editorial Jurídica de Chile, Santiago, 2003, p. 93.

22 El orden de hechos controvertidos, substanciales y pertinentes lo señala la ley y CAROCCA Pérez, Álex: *Manual de Derecho Procesal. Los Procesos Declarativos*. Lexis Nexis, Santiago, 2003, p. 164. El orden de sustanciales, pertinentes y controvertidos lo dan PÉREZ RAGONE, Álvaro y NÚÑEZ OJEDA, Raúl: *Manual de Derecho Procesal Civil. Proceso Ordinario de Mayor Cuantía.* Legal Publishing, Santiago, 2014, p. 144.

23 SOLÍS CONTRERAS, Roberto, ¿Cómo se debería dictar la resolución que recibe la causa a prueba?, Memoria de Grado, Universidad de Tarapacá, Sede Esmeralda, Iquique, 2015, passim.

A ello le hemos denominado *Factores de determinación del Tema Probatorio*, y que (mientras no se haga una verdadera modernización del procedimiento civil chileno) no son otra cosa que el tradicional trinomio que, debidamente depurado y sistematizado, enseñado en el orden correcto, constituye una verdadera ayuda para la determinación de las afirmaciones de hecho sobre las que ha de recaer la actividad confirmatoria de las partes para producir la convicción suficiente en el juzgador.

3.2) El significado de los Hechos Substanciales, Pertinentes y Controvertidos

Repasemos ahora lo que se ha entendido por los factores de controversia, pertinencia y substancia, que son los adjetivos calificativos con que el legislador reviste a las afirmaciones de las partes para que sean dignas de ser sometidas a actividad confirmatoria (dignas de ser probadas). Aclaramos desde ya que se trata de construcciones jurisprudenciales o doctrinales, pues el legislador guardó silencio al respecto.

Siguiendo a Rodríguez Papic, éste entiende que un ***hecho substancial*** es aquel sin el cual, no se podría fallar el conflicto, tal como lo es la existencia del contrato respecto de la demanda de cumplimiento del mismo; ***hecho pertinente*** es aquel que coadyuva a la determinación y se relaciona con un hecho sustancial, tal como lo es la existencia de documentos relativos a la cobranza del contrato; y ***hecho controvertido*** es aquel sobre el cual existe una divergencia entre las partes del juicio, tal como lo es aquel contrato que fue afirmado por el demandante y negado por el demandado[24].

Para Carocca, los ***hechos controvertidos*** son aquellos discutidos expresamente por la parte contraria, incluyendo aquí la supuesta negación que generaría la contestación ficta de la demanda; los ***hechos substanciales*** serán los esenciales para resolver la cuestión, sin los cuales no se puede pronunciar la decisión; y los ***hechos pertinentes*** son los útiles para la decisión[25].

Por su parte, Palomo (en Bordalí, Cortez y Palomo) indica que nuestros tribunales entienden por ***hecho substancial*** aquel que integra en modo tan esencial la controversia que sin su prueba no se puede adoptar resolución alguna; ***hecho pertinente*** será aquel que no estando en el caso anterior, se vincula al conflicto y es necesario para la respuesta jurisdiccional (agrega que no es esencial para fallar el asunto, pero coadyuva a la dictación del fallo); y ***hecho controvertido*** es aquel respecto del cual existe discrepancia entre las partes acerca de la existencia o de la forma en que ha acaecido[26].

---

24 RODRÍGUEZ PAPIC, Ignacio: *Procedimiento Civil. Juicio Ordinario de Mayor Cuantía*, 6ª ed. Editorial Jurídica de Chile, Santiago, 2003, p. 98.

25 CAROCCA Pérez, Álex: *Manual de Derecho Procesal. Los Procesos Declarativos*. Lexis Nexis, Santiago, 2003, pp. 164 y 165.

26 BORDALÍ, Andrés, CORTEZ, Gonzalo y PALOMO, Diego, *Proceso Civil. El juicio ordinario de mayor cuantía, procedimiento sumario y tutela cautelar*, 2ª ed., Legal Publishing, Santiago, 2014, p.

4) Nuestra propuesta: Los Factores de Determinación del Tema Probatorio

Entonces, los *factores de determinación del Tema Probatorio*, son el viejo y conocido trinomio de "hechos substanciales, pertinentes y controvertidos, que aprendidos en el orden correcto y con sus verdaderos alcances y significados, constituyen una verdadera herramienta que permite determinar las afirmaciones de hecho sobre las que ha de recaer la actividad confirmatoria de las partes para producir la convicción suficiente en el juzgador.

4.1) El orden de los Factores sí altera el producto. Orden propuesto

Comencemos por señalar que, a diferencia de lo que se ha venido enseñando, estos factores legales de determinación del tema probatorio deben aplicarse en un orden prestablecido y determinado, el cual importa mucho para efectos de llevar a cabo la delimitación del *tema probandum*.

Ese orden ha sido establecido para estos efectos con un criterio deductivo, esto es, que los factores van a ser ordenados de tal manera que nos permitan determinar primero las afirmaciones de hecho más generales, para luego ir avanzando hacia las más específicas, hasta llegar a determinar completa y perfectamente el tema probatorio de cada causa en particular.

De esta manera, primero ha de determinarse si los hechos son controvertidos, discriminando las afirmaciones sobre las que no hay controversia entre las partes; en segundo lugar, si esas mismas afirmaciones controvertidas (no otras) son pertinentes; y, en tercer lugar, si aquellas afirmaciones de hechos controvertidos y pertinentes, son además substanciales para resolver el conflicto.

Si se sigue ese determinado orden, es porque vamos de lo más general a lo más específico, y porque se tratará siempre de determinar qué hechos han de ser probados para que el juez pueda emitir su sentencia. Por ello, se trata de hacer una especie de clasificación y descarte de los hechos que no reúnan las condiciones antes dadas.

Si alteramos el orden propuesto, podemos llegar a sostener que han de probarse hechos substanciales o pertinentes que no han sido controvertidos por las partes (los que el juzgador debiera tener por ciertos y por tanto, no ser objeto de prueba); o que han de probarse hechos controvertidos y pertinentes pero que no son substanciales. Entonces, el orden sí importa.

4.2) La Conversión del Trinomio Probatorio Tradicional

Explicado ya el por qué los factores determinativos deben seguir un orden preestablecido que va de lo más general a lo más específico, estando así los tres factores conectados entre sí, de forma tal que no podamos referirnos aisladamente a cada uno de ellos. Al término de esta explicación, notará el lector que ello es lo más lógico.

Ahora bien, a fin de determinar el verdadero sentido y alcance de cada uno de estos factores, es necesario realizar una especie de conversión de los mismos, entendiendo por conversión no que se transformen en otra cosa, sino que sean entendidos de mejor manera y claridad.

4.2.1. *DE "HECHOS CONTROVERTIDOS" A "HECHOS NO ADMITIDOS"*

Comencemos por explicar el primer factor, denominado generalmente como ***hechos controvertidos***. La ventaja de esta denominación es que da una idea bastante clara de lo que se quiere decir con ello, esto es, la existencia de versiones antagónicas, contrapuestas de una parte y de otra, de cómo ocurrió un determinado hecho. Así, si el demandante dice que la cosa es de color blanco y el demandado dice que es de color negro, estaremos en presencia de una afirmación fáctica controvertida. Pero la cuestión puede ser un poco más compleja que eso. Existirá controversia cuando una parte afirme la ocurrencia de un hecho y la otra lo niegue, o cuando ambas afirmen la ocurrencia del hecho, pero cada una le agregue afirmaciones contradictorias[27].

El problema con esta denominación es que no considera la hipótesis del silencio del demandado frente a la demanda, actitud válida que puede asumir este último, en donde tendremos una afirmación de la parte demandante y ninguna negación de esa afirmación por la parte demandada, ni ninguna otra manifestación de voluntad. Ya en otra oportunidad hemos explicado que no asignamos al silencio del demandado el efecto denominado "contestación ficta", porque no existe norma legal expresa que le imprima dicha consecuencia a su falta de contestación, por lo que debemos buscar la solución por otro lado[28].

Ese otro lado creemos que puede estar en subir una categoría en la estructura de los hechos controvertidos, y cambiar la denominación de este factor a la de ***hechos no admitidos***, expresión que es omnicomprensiva tanto de la conducta de contradicción expresa (hechos controvertidos), como de la de ausencia de contestación. Esto no es baladí, porque de no aclararse el punto, alguno podría creer que por no contestarse la demanda, estaríamos en presencia de hechos que no necesitan ser probados.

La denominación propuesta emana de la circunstancia contraria que excluye del *thema probandum* los hechos que ambas partes reconocen unánimemente, esto es, en palabras de Guasp, la admisión que se origina cuando del entrecruce de las alegaciones procesales, resulta adhesión de ambas partes a uno o varios datos relevantes para el debate[29].

---

27 MONTERO AROCA, Juan: *La Prueba en el Proceso Civil*, 7ª ed., Thomson Reuters-Aranzadi, Navarra, 2012, p. 41.

28 Véase: "La Contestación Ficta de la Demanda", en nuestras *Fábulas de Derecho Procesal*, Prolibros, Valparaíso, 2019, pp. 179 y ss.

29 GUASP DELGADO, Jaime y ARAGONESES, Pedro: *Derecho Procesal Civil*, t. I, 7ª ed. Aranzadi, Navarra, 2005, p. 382.

4.2.2. *La "Pertenencia" y pertinencia de los Hechos a probar*

A continuación, corresponde ver el significado que proponemos para los ***hechos pertinentes***. Este factor, a diferencia del anterior, no ha sido explicado claramente por la doctrina y jurisprudencia, que se refieren a él como un hecho coadyuvante, relacionado o vinculado al conflicto.

Creemos que su denominación explica claramente su alcance y significado, se trata de hechos que ***pertenecen*** *al conflicto;* y precisamos que la pertenencia se refiere al conflicto y no al Proceso, porque todos los hechos afirmados por cada una de las partes, pertenecen al Proceso[30]. Montero Aroca, por su parte, pese a no señalarlo expresamente, explica que la prueba de los hechos afirmados por las partes ha de referirse a aquellos que guardan relación con la tutela que cada una de ellas pretende obtener[31].

Esta pertenencia permite diferenciarlos de los hechos que, pudiendo ser controvertidos entre las partes, en nada aportan a la solución del conflicto mismo. Así, siguiendo el ejemplo anterior, puede ser un hecho controvertido el color de la cosa en disputa (blanco o negro), pero si lo que se discute es la propiedad de la cosa y no su identidad, debemos concluir que la prueba sobre el color es impertinente. En cambio, es pertinente el saber qué título invoca cada uno para decirse dueño[32].

4.2.3. *La "Substancia" de los Hechos conducentes*

Por último, el factor conocido como ***hecho substancial***, resulta demasiado abstracto, pues su significado de hecho "importante", es un calificativo que bien puede ser dado también a hechos no admitidos (controvertidos) y pertinentes, sin que nos conduzca a avanzar en la determinación de los hechos a probar.

Dada la vaguedad de dicha expresión, proponemos sustituir la misma por un término que creemos más idóneo y útil, pues si lo que realmente queremos significar con "substancial" es que se trata de un hecho importante y esencial, sin el cual no puede resolverse el conflicto, resulta mucho más clarificador hablar de ***hecho conducente***, esto es, aquellas afirmaciones de hechos que lleven al convencimiento del juez, que lo conduzcan a convencerse. Así, y concluyendo con el ejemplo dado, será conducente que una de las partes afirme tener el título de dominio sobre la cosa[33].

---

30 Aquí nos inspiramos en parte, en lo sostenido por LÓPEZ MIRÓ, Horacio: *Probar o Sucumbir.* Abeledo-Perrot, Buenos Aires, 1998, p. 28, con la salvedad que éste se refiere a los medios de prueba.

31 MONTERO AROCA, Juan: *La Prueba en el Proceso Civil*, 7ª ed., Thomson Reuters-Aranzadi, Navarra, 2012, p. 77.

32 El mismo concepto aquí dado, sirve para explicar su efecto negativo cuando nos referimos a exclusión probatoria por causal de impertinencia de la misma.

33 Ibídem, LÓPEZ MIRÓ, Horacio: *Probar o Sucumbir*, Abeledo-Perrot, Buenos Aires, 1998, p. 29.

Conclusiones

En fin, para que un juzgador pueda considerar que las afirmaciones efectuadas por las partes en sus respectivos escritos fundamentales de pretensión y resistencia (demanda y contestación), sean objeto de confirmación (de actividad probatoria), es necesario que analice lo siguiente (y en el siguiente orden):

1) Si se trata de afirmaciones ***no admitidas***, esto es, afirmaciones sobre las que la contraparte no ha dicho nada (no contestó la demanda), o sobre las que derechamente ha afirmado lo contrario (han sido controvertidas);
2) Luego, si dichas afirmaciones no admitidas, son ***pertinentes***, esto es, si pertenecen al conflicto planteado por las partes o no; y
3) Por último, pero no menos importante, si tales afirmaciones no admitidas y pertinentes, son ***conducentes*** a producir la convicción del juez, esto es, que conlleven a que el juez se forme una idea sobre los hechos que las partes invocan, para poder resolver el conflicto.

Como es posible apreciar, cada factor está concatenado al otro, yendo de lo más general a lo más específico. Esta forma de entender tales factores resulta mucho más sencilla y útil al momento de elaborar la resolución que fija el tema probatorio.

EL HECHO NOTORIO

El hecho notorio en el proceso civil de orden dispositivo. O, abreviando, en el proceso dispositivo, que no es, por supuesto, el que con este nombre se distingue del proceso de mera declaración (Carnelutti, Lezioni di Diritto Civile, II, núm. 72).

Queda igualmente sobrentendido que no se argumenta con la pretensión de un modelo puro y absoluto, desconocido en la práctica; basta que no impere, de una manera decisiva, el principio de oficialidad.

Esta monografía, la primera de una serie que tengo en esbozo, es por su forma, no por sus pretensiones, un libro. Y por su forma, lo más distante de las preceptivas generales a que se ajusta —vaya un ejemplo— el alto y noble Tratado. Hasta por su tono. Alguna vez se me acusó de poner en la expresión demasiado brío; me parece que también peco de insistente y prolijo (toda prolijidad es enfadosa, ha dicho Cervantes). Aunque he procurado corregirme, consuélome pensando que esas demasías corresponden a la modestia de mi aspiración consciente. No puedo ni debo tener el gesto del que enseña y no discute.

Precisamente, lo que quería decir es que por su forma, por el propósito que lo animó, hasta por sus defectos, el nombre que más le conviene a este trabajo es "discusión".

Con lo que podría alegar, tal vez, que algunos de sus defectos son de atribuir al género. Aludo —*"et j'en passe..."*— a la erudición, que derramo con indiscreta abundancia. Un vicio por exageración que desgraciadamente me place demasiado para reprimirlo. Carnelutti abomina de él y lo desecha, a lo menos con posterioridad a "La prova civile". Carnelutti puede hacerlo; pero de Carnelutti abajo es otra cosa. La erudición constituye una defensa y un recurso, especialmente en las discusiones, como las "buenas compañías", que favorecen y recomiendan. Por lo demás, todo se excusa ante la exactitud de la cita. Y no insinúo, con Beyle, que para ello se requiere *"un talent plus rare que l'on ne pense"*.

Me refiero, también, a la forma en que expongo esa erudición, con insistentes subrayados y palabras en idioma extranjero. He mantenido el original, en estos casos, por diversos motivos, consultando, previamente, a quien pudiera ilustrarme, (recuerdo siempre con gratitud a mi viejo profesor de idiomas, Ernest Ruben, que murió hace poco). o porque no daba con el matiz preciso, o porque obtenía un neologismo asaz detonante, o porque me resultaba una manera implícita de señalar la propiedad ajena.

En el fondo, modas del oficio, al que regreso sin saberlo. Porque, cuando más lejos me creía de mi profesión, después de haberle pagado un duro tributo, me sorprendo abogando otra vez. Y así ocurre que soy, en las páginas que siguen, con la poca voz de que dispongo, y mal que pese a Voltaire, si por ventura escritor, escritor-abogado.

Agosto, 1943.

PRELIMINAR

Extraña importancia readquirió en los últimos años lo notorio. Y nada, a mí ver, lo justifica. Por lo menos, prácticamente. No podría desconocerse la sugestión que irradia su lejano atractivo teórico.

Importancia tampoco significa fundamento. Precisamente, aun reconociéndola de hecho, me ha impulsado a sustentar esta discusión el deseo de exponer la incompatibilidad de lo notorio, como instituto, con el principio dispositivo.

Asumo la defensa de tal principio contra la reacción excesiva a que dieron causa y no razón sus excesos. Entregado a un juego de influencias en pos de cierto equilibrio, dentro del sistema en que me he colocado, entiendo que este equilibrio concilia valores materiales y morales de efectos insubstituibles, no pudiendo existir sino como resultante con su noción ínsita de *equivalencia.*

O no hay verdadero equilibrio o las dos fuerzas que lo componen tienen la misma calidad de origen, reciben, esencialmente, análoga consideración. No pueden ser, por ejemplo, una primordial y otra accesoria. Arraigo propio, entonces, tanto para la dispositiva como para la inquisitoria. Es la equivalencia *necesaria* de fondo en que reposa la armonía procesal, indebidamente asimilada a una transacción jurídica; y no tampoco por partes iguales, sino admitiéndolas en diferentes grados que permitan, dentro de una variedad razonable, su justa y elástica integración.

* * *

En el estudio del proceso —teorías, nociones, argumentos—, se observa, actualmente, una tendencia ostensible hacia el realismo. El solo efecto utilitario es en sí una recomendación. Utilidad, sobre todo, como rapidez. Sospecho que al prestigio de esa mecánica expeditiva debe su rara suerte lo notorio.

La abreviación de espacio, la economía de tiempo y actividad en la más directa relación de causa y resultado, conforman un ideal respetable, pero no único ni absoluto. Tanto que pueden constituir, por su unilateralidad, la negación del proceso en los términos implícitamente establecidos. Siguiendo esa vía se rueda, gradualmente, hacia la abolición, a que llegan, por diversos motivos, los Baumbach y los Popov.

No hay que atribuirle a lo notorio más trascendencia de la que merece. Pero lo notorio por lo notorio es, indudablemente, un paso en esa dirección. Aporta un factor más a la tendencia que persigue lo útil en un sentido estrecho, y resulta, cuando menos, contraproducente, porque en el afán de prevenirse contra el peligro de las partes hace peligroso, aunque de otra manera, al juez; porque en su exaltación de los valores realistas malogra aquel equilibrio, donde retienen un puesto los valores morales. Que son, también útiles. Habrá, sin ellos, tal vez, mayor rendimiento; no, ciertamente, mejor.

* * *

Cuando menos, contraproducente, porque la tendencia a que se adscribe lo notorio puede acarrear, todavía, desnaturalizaciones.

Contra el proceso anatómica y aun fisiológicamente, primero. Lo notorio, con toda la fuerza que se quiera, es un valor suelto, foráneo, inadaptable. Lo rechaza el principio dispositivo, reiteradamente: lo rechaza en la carga-poder de la afirmación, circunfiriendo los hechos a la iniciativa individual; lo rechaza en la prueba, que debe ajustarse a esos hechos; lo rechaza en el contradictorio, que no deja llegar hasta el juez conocimiento alguno sin que pase bajo su contralor.

Es sensatamente imposible concebir una solución conciliatoria. Convéngase, por tanto, en que lo notorio implica una excepción. Y como excepción no se impone, por sí misma, si el principio dispositivo representa una norma con fundamentos propios. Carnelutti lo excluye de la afirmación o información de los motivos a que ha de constreñirse el juez. Pero tiene Carnelutti otro criterio sobre la composición del proceso, y discurre en consecuencia; como es también distinta su última concepción de lo notorio.

La sedes materiæ de este problema superviviente está, según la opinión que predomina, en la prueba. Y es también en la prueba donde se hacen más sensibles aquellas desnaturalizaciones. Porque lo notorio no afecta solamente a las reglas defensivas del principio. Su intrusión ataca la propia esencia del sistema. La prueba, alma *"d'ogni giudiziaria com- binazione"*, centro de gravedad al que convergen todos sus actos, como encarecen a porfía los comentaristas, es un producto exclusivamente procesal. Una prueba libre en absoluto no respetaría la histórica misión del proceso. Y lo notorio es un espécimen de prueba libre, y algo más.

Es un producto social. Causas esencialmente distintas, efectos no menos esencialmente distintos. En tales condiciones, cuando se intenta suplantar una prueba por otra, lógico es saber hasta dónde puede llegarse lícitamente, sin desvirtuar la naturaleza del proceso. Más aún: sin desconocer la razón de su destino.

La verdadera prueba compromete, además, la actitud íntima del juez. Y en este sentido, lo que la perturbe tendrá repercusiones especialmente profundas. Lo notorio, en efecto, comporta otra suplantación, más grave aunque la ya referida. Con esa prueba de origen exterior no es el juez, en puridad, quien decide, sino el hombre que en él se reivindica temiendo que degenere en el "fantoche" de Wach o en el "autómata" de Chiovenda.

El juez y las partes no se erigen con sus respectivas funciones en sujetos procesales sólo porque asistan al Pretorio para cumplirlas. Cada uno de ellos se debe a una moral, y cuánto propenda a desviarlos falseará su indispensable estado anímico. Además de una estructura anatómica y de un orden regular de actividades orgánicas, puede concebirse una *psicología* del proceso.

Una moral del espíritu, superior a la que, etimológicamente, se relaciona con la conducta humana en orden a su bondad. Bajo cualquier sistema y en cualquier tiempo el magistrado puede ser ímprobo y deshonesto. Si Aristófanes lo satirizó en Philocleon, Rabelais lo escarnece en su Bridoie. Pero ahora se alude a una posición más abstracta, que la mente de un juez escalará en sus preocupaciones especulativas, para hacerse íntimamente acepta a la verdad.

Existe una conciencia de juez. No se pretende, ciertamente, deshumanizarla. Pero sí darle elevación en autonomía y eficacia, con y sobre el hombre; aún más el hombre - de la calle, *"the man in the Street"* de Cornil. Como juez debe precaverse contra las asechanzas de su propia conciencia humana. Justamente, la prueba ha de estar organizada a ese fin, y si deja de ser en cierto modo libre no se deberá a un impulso de animadversión hacia la verdad racional, sino al deseo de protegerla con idóneas precauciones. La prueba dirigida legalmente, en tal forma, será una verdad racional *garantizada.*

Y así resulta que los adversarios caen, por último, en el mismo extremo de que tanto huyen, aceptando el desdoblamiento en el juez y en el hombre que idearon como argumento básico en favor de lo notorio. Adviértase con qué facilidad la tesis puede volverse contra el desiderátum de independencia racional que se proclama. El juez trae al proceso algo ya resuelto en el exterior y que, por su parte, acata. Algo, entonces, en que prejuzgará. O, de otra manera interpretado: algo debido al hombre que el juez encarna, al miembro de la "cerchia" en que lo notorio se manifiesta, y ante quien, por consiguiente, dicho juez abdica.

En cambio, los que repudian lo notorio sostienen con esa introspección ineludible y suprema, la jerarquía del pensamiento contra los riesgos del empirismo, rindiendo homenaje a la razón en la conciencia y en la voluntad del magistrado.

* * *

Lo notorio es, además, en el curso de las investigaciones a que incita, una oportunidad.

Oportunidad, llena de estímulos hacia la digresión, para discurrir frente a un variado paisaje. Lo notorio está, justamente, sobre una altura que podría decirse estratégica, entre dos fuerzas que se consultan y contraponen buscando su coordinación. Y es, por eso mismo, un asunto de medida y proporcionalidad, como lo son casi todos los que se refieren al proceso. El trabajo debe recaer, entonces, sobre las piezas constitutivas, los componentes internos, para verificar su eficacia contra la posible intromisión que supone lo notorio. Como quien va recorriendo y probando, una tras otra, las distintas resistencias de un baluarte.

I

HISTORIA

El derecho
La ley
La jurisprudencia

HISTORIA

El tema: "Notoria non egent probatione"

Hay una distancia insalvable entre la conciencia y la realidad, entre el juicio y lo juzgado. La adecuación, concordancia y conveniencia entre ambos extremos, que determinan la verdad, nunca son perfectas. Y, por ende, no existe la certeza absoluta, o se reduce a un fenómeno de sugestión.

En la escolástica defendíase, no obstante, la existencia de una claridad íntima, como autocertidumbre, base de relaciones que se eslabonaban hasta la existencia fundamental y suprema: Dios. Tenía que ser muy fuerte en una edad donde, según Harnack, el mundo sensible, incluso el hombre, vivían sólo en función y como dependencia de una Voluntad absoluta, el respeto debido a esa "luz interior" que permitía ascender por los caminos ocultos del espíritu hasta el conocimiento inicial. Y tenía que infundir, por lo mismo, no pocas angustias teológicas la necesidad de someter la conciencia, aun la mejor lograda, a hitos de orientación forzosa que desmentía, prácticamente, la eficacia de los valores loados en aquel don divino.

¿Era de juzgarse o no a los hombres y sus actos "conforme a la verdad sabida"? La disputa venía agitándose desde los primeros siglos. Predominó, en su hora, el parecer de Abelardo, confirmado luego por Santo Tomás, sosteniendo los dos que no les basta a los jueces con saber simplemente, sino que debían saber por lo que resultare del proceso: esto es, *"per leges, per testes, per instrumenta et per allegata et probata"*. No, en fin, *"secundum veritatem quam ipsi ut personæ privatæ noverunt"*, sino *"secundum quod ipsis ut personis publicis"*[1].

Quedó planteada en sus trazos capitales la discusión, que perdura todavía, entre la verdad moral y la verdad *legal*[2]. Llevada a la práctica un tanto

---

1 Abelardo (1079-1142), filósofo del conceptualismo; la opinión citada, en sus *Comentarios sobre San Pablo* y, especialmente, al considerar la *Epístola a los romanos*. Tomás de Aquino (1225-1274), en una de sus *Quæstiones*, Sec. part. "Quæst", 67, art. 2.

2 Las tres pruebas, según la libertad de estimación acordada al juez, fueron percibidas por los canonistas; lo revela Menochio (1532-1607), autor de obras como *De praesumptionibus, conjecturis, signis et indiciis*. Además, Reiffenstuel, *Jus Canonicum Universum clara methodo iuxta titulus librorum Decretalium*, a quien acude, con justificada frecuencia, Quintana Reynés, en su reciente libro, *La prueba en el procedimiento canónico*; especialmente, ps. 12 y 13.

Con más nitidez Gennari, en su *Teoria delle prove*, que apareció en 1853; clasifica las tres especies: *legal*, con un valor predeterminado y fijo, cualquiera que fuese la opinión del juez a su respecto; *convicción íntima*, cuando la verdad dependía de su libre conciencia; *persuasión racional*, si debían estimarse con justo criterio, las pruebas diligenciadas, para aceptar el hecho sólo cuando dichas pruebas eliminaban toda duda en contra. El asunto ha sido objeto de particular estudio en el Brasil, con motivo de la reforma de sus códigos

rígidamente, surgieron, por de contado, las excepciones. Una, entre éstas, fundóse en el testimonio de la conciencia pública, *"summa summarum"* de las conciencias individuales.

Había, sin embargo, en dicha excepción, algo más que un retorno a la prueba racional. Eran los tiempos de la sacra *"vox populi"*. Los teólogos hablaban de una videncia colectiva, reflejo de otra más alta. Y, desde luego, puesto que tenían que utilizarlo, exaltaron el poder de la multitud. El poder, físico y moral, de una multitud que consagraba obispos y deponía reyes.

Concurrieron, pues, causas diversas, y en buena parte extrañas al derecho, no sólo éticas sino también políticas[3], pugnando porque se reconocieran, sobre un substrato filosófico, junto a las prerrogativas que realzara el padre Suárez con notable anticipación (Santo Tomás había dicho también, *"Democratia, id est potestas populi")*, las facultades eongénitas de la comunidad para saber y para decidir.

La realidad se impuso a los canonistas, que justificaron como expresión de conciencia lo que era obra de la voluntad. El número tenía, además, una significación que hoy ha perdido. Triunfó, así, lo notorio, entre una mezcla de condiciones diferentes. Y en su beneficio legitimóse una excepción a los preceptos generales de la prueba: "notoria non egent probatione".

EL DERECHO

1.- EN LA ANTIGÜEDAD

Lo notorio es, sin duda, como unánimemente se admite, de procedencia canónica[4]. Procedencia que no equivale, en sentido riguroso, a precedencia. Nada se conoce en las etapas anteriores, que pueda configurar siquiera un

---

procesales *(Ut infra,* nota 22). Entre nosotros, JUÁREZ ECHEGARAY, *La prueba en general; especialmente libertad y cargo de la prueba en lo civil y penal,* p. 62. Un antecedente más, a propósito de la convicción libre, en el *Proyecto* de LASCANO, *Exposición de motivos,* p. 120.

3 Cualquiera que fuese la realidad, en la Edad Media la teología ya fundaba en el pueblo, con más o menos reatas, el poder político. Si TOMÁS DE AQUINO repartió la soberanía entre el príncipe y ese pueblo, el padre SUÁREZ (1548-1617), teólogo del congruismo, sostuvo que dicha soberanía tiene sólo en el segundo su origen, aunque no su asiento permanente. (V. ALFREDO FRAGUEIRO, *La persona en el Estado totalitario,* el cap. *Juan Jacobo Rousseau y Francisco Suárez,* en "La Ley", 1941, t. 24, sec. doct., p. 79). Ambiciones menos ideológicas no dejaron de influir en esas ideas o de aprovecharlas. GIERKE *(Les théories politiques du moyen âge,* ps. 167-206) dice que la tesis democrática fue esgrimida como un arma en la lucha del Pontificado contra el Imperio, y, aun dentro de la Iglesia, en la del partido conciliar contra el ultramontano. (Hauriou, Principios de Derecho Público y Constitucional, p. 193, y nota 1; Recasens Siches, Historia de las Doctrinas sobre el Contrato Social, en "Revista de la Escuela Nacional de Jurisprudencia", 1941, XII, p. 331).

4 Sería demasiado, pretender una reseña bibliográfica de cuanto se produjo sobre la materia, además de que el interés en la sección de los canonistas está muy amortecido. Limitándola, en general, a los autores *contemporáneos* que más se consultan o de mayor circulación (cuyas obras, salvo escasas excepciones, figuran en las bibliotecas de Buenos Aires y de Montevideo), aunque algunos traten el tema, incidental y someramente, se obtiene, por orden alfabético, la nómina que sigue:

antecedente. Nada ofrece, pues, el derecho griego en su halo poético, simple

---

ALSINA, *Tratado Teórico Práctico de Derecho Procesal*, II, p. 187, c); ALLORIO, *Osservazioni sul fatto notorio*, en "Riv. dir. proc. civile", 1934, II, p. 3; ANDRIOLI, *Prova in genere*, núm. 12; ASCOLI Y CAMMEO, en Crome, part. gen., p. 428, nota a).

BATISTA, Código de Processo Civil anotado e comentado, I, p. 163; BENTHAM, Traité des Preuves, extracto de Dumont, II, p. 265; BETTI, Diritto Processuale Civile Italiano, p. 318.

CALAMANDREI, Per la definizione del fatto notorio, en "Riv. dir. proc. civile", 1925, y en Studi sul processo civile, II, p. 337; La teoría del error "in iudicando" nel diritto italiano intermedio, núm. 36, en "Riv. crit. di sc. soc.", 1914, y en Studi sul Processo Civile, I, p. 53, con abundantes citas de la doctrina alemana; CARNELUTTI, Lezioni, II, p. 337, núm. 131, Sistema del Diritto Processuale Civile, I, núm. 161; CARRARA, Programma del Corso di Diritto Criminale, part. gen., II, p. 282 y nota; COBIANCHI, La notorietà come elemento di prova, en Temi Gen., p. 410; COLOMBO, La Corte Nacional de Casación, I, p. 335; COLLET, Traité des dispenses, III, I, núm. 4; COPPOLA, Prova (mat. civile), núm. 78, en "Il Digesto Italiano", XIX, part. seg., p. 872; COUTURE, Fundamentos del Der. Proc. Civil, I, núm. 90; COVIELLO, Doctrina General del Derecho Civil, núm. 168.

CHIARELLI, La definizione del fatto notorio, en "Archivio Giuridico", 1927, 97-98, p. 227; CHIOVENDA, Principios de Derecho Procesal Civil, II, p. 187, Instituciones de Derecho Procesal Civil, III, núm. 261.

ELLERO, Trattati crimin., ps. 132 y 214, De la Certidumbre en los Juicios Criminales, ps. 50, 79 y 235.

FLORIAN, *Prove Penali*, I, núms. 43 b, 44 y 45, *La regola "notoria non egent probatione" in materia penale*, en la rev. "Scuola Positiva" 1929. II. p. 137.

JUÁREZ ECHEGARAY, La prueba en general; especialmente, libertad y cargo de la prueba civil y penal, p. 50.

LANGENBECK, Sulla natura della notorietà e sulla sua importanza nel processo civile, en "Riv. per il proc. civ. ted.", VI, p. 470; LESSONA, Teoría General de la Prueba, I, núms. 169 a 174; LOMONACO, Obbligazioni, III, p. 21; LONGHI, Dell'istruzione (commento al cod. proc. pen.), V, p. 483.

MANZINI, Diritto Processuale Penale, I, núm. 43, III, núm. 296, II, núms. 299 y 306 II c, IV, núm. 382 y notas; MASCARDO, Conclusiones omnium probationum quae in utroque jure quotidie versantur, DCCCXLIX; MAZZARELLA, Appunti sul fatto notorio, en "Riv. proc. civ.", 1934, II, p. 65; MENDONÇA, A Prova Civil, p. 50; MESSINA, Il regime delle prove, p. 11; MONTEIRO, Teoria do Processo civ. e com."; MORTARA, Commentario del Codice e delle Leggi di Procedura Civile, III, p. 541.

PAVANINI, Massime di esperienza e fatti notori in Corte di Cassazione, en "Riv. dir. proc", 1937, II, p. 263; PERTILE, Storia del diritto italiano, VI, I, p. 401; PINA, Manual de Derecho Procesal Civil, I, p. 194, Principios de Derecho Procesal Civil, p. 163, Tratado de las Pruebas Civiles, cap. V, 3; PISTOLESE, La Prova Civile per Presunzioni e le c. d. Massime di Esperienza, núm. 32; PLAZA (DE LA), Derecho Procesal Civil Español, I, p. 431; PRIETO CASTRO, Exposición del Derecho Procesal Civil de España, I, núm. 296.

QUEIROZ (N. DE), O *novo Código de Processo Penal (fatos notorios)*, en "Revista Forense", Río de Janeiro, 1943, marzo, p. 457.

REDENTI, Profili pratici del dir. pro. civile, p. 375; REINOLDS, Teoría de la Ley de Evidencia, sec. 56; Rocco (UGO), Derecho Procesal Civil, p. 249.

SADEK-FAHMY, Le fait pertinent admissible, p. 348; SANTAMARÍA PEÑA, Comentarios al Código Canónico, IV, p. 52; STEIN, Das prívate Wissen des Richters Untersuchungen zum Berweisrecht beiden Prozesse, p. 143; STRYK, Opera omnia tam tractatus quam disputationes continentia, XII, "Disputatio", IV, De notorio, p. 109.

TIRANTI, L'Opinione Pubblica nei suoi rapporti con la prova, p. 85.

VENZI, en PACIFICI MAZZONI, Instituzioni, II, p. 169.

WHARTON, Evidence, sec. 276-340; WETZELL, System, p. 179; WICMORE, Princ. of Evidence, en "Riv. dir. proc. civ.", 1932, p. 191

motivo de análisis o invención para dramaturgos y logógrafos: antecesores, según Henri Berr, de los jurisprudentes romanos.

Establecíase no obstante, con la publicidad, un elemento determinativo que justificaba la adopción inmediata de ciertas medidas. Apareció entonces la flagrancia, imagen por extensión, del testimonio, como la notoriedad lo es por coparticipación.

Cuanto se pusiera de manifiesto públicamente, quedaba señalado ante las autoridades. Era así que, según las circunstancias, procedía la apagogé, la efégesis o la endexis, contra el delito flagrante: captura del delincuente por los ciudadanos, su conducción ante el magistrado para que éste legalizara su detención, o denuncia ante quien correspondiere a fin de que adoptase las oportunas providencias[5].

2.- "IN IURE ROMANO"

Tampoco en el derecho romano se concibió, específicamente, lo notorio[6]; y no tanto porque la prueba tuviera escaso desarrollo, como por la confusión en que se movían a su respecto las actividades del juez y de las partes. La falta de celosas distinciones conjuraba en mucho los conflictos.

El iudicium legitimum investía la naturaleza del convenio arbitral, participando de su condición privada. Había dos estados: in iure y apud iudicem. La prueba, que se desarrollaba en este último, incumbía a las partes; el juez hallábase facultado para apreciarla libremente, pero no podía imponerla, en la causa, por propia iniciativa[7]. La máxima en que Ulpiano lo insinúa, ha sido calificada, por Wenger, de interpolación[8].

En la época postclásica, el juez acrecienta sus atribuciones. Especialmente bajo el Imperio, en que se eleva a funcionario o iudex datum, mientras descienden los ciudadanos a meros súbditos. Al pasar del ordo iudiciorum privatorum al sistema opuesto, el procedimiento se inclinó hacia el criterio inquisitorio, y, con la magistratura, ya oficial, concediósele al juez, como funcionario, la iniciativa de investigar los hechos sin atender a la afirmación de las partes.

---

5 GLOTZ, *La Ciudad Griega*, p. 294.

6 Así lo afirmaba el gran Bartolo de Sassoferrato (PERTILE, *Storia del Diritto Italiano*, VI, part. 1. p. 401, nota 3), que floreció en el siglo XIV. STRYK (1640-1710), citado por LESSONA y por CALAMANDREI: "in iure romano nihil singulariter de notorio constitutum reperiter: in iure canonico autem hinc inde mentio fit illius quod notorium est". TIRANTI, en cambio, cree haber encontrado una precedencia accidental en el "notorium iuris" (Op. cit., p. 85.

7 *Digesta*, II, I, 21.

8 *Compendio de Derecho procesal civil romano, en Derecho Privado Romano, de* JÖRS *y* KUNKEL, *núms. 14 y 25.*

3.- EN ALEMANIA

Si en el derecho canónico lo notorio se formó por la necesidad de justificar una excepción, en el derecho germánico- alemán respondió, más bien, a un motivo de exclusión.

Según Allorio[9], contra la conjetura de Wetzell al presumir entre ambos conceptos una semejanza que sería formal y aparente, la exclusión de prueba por efecto de la notoriedad abrió, en un régimen encomendado al juramento, una brecha por la cual se deslizaron otras especies. Notorio era lo que al juez de la causa resultaba noto a través de las inspecciones oculares, los testimonios y los indicios. En realidad, prueba labrada en el proceso, base de una correlativa exclusión: ante la certidumbre a que daba origen, hacíase inútil el juramento, por inatendible o por redundante.

Más tarde, la situación tuvo otro carácter. Intervino una concausa o una causa más, de origen político, relacionada con el interés público al que se rendía preferente consideración en los conflictos entre particulares. Así lo destacó Tiranti: el debate sobre la oportunidad de lo que Gónner llamaba *"Verhandlungsmaxime"*, permite señalar una simpatía creciente hacia la autoridad, que redunda en favor de lo notorio. Con semejante régimen, la verdad no tenía una importancia exclusivamente privada y las atribuciones que se otorgasen a las partes en materia probatoria no podían excluir ni inmovilizar al órgano más interesado al respecto y que "ejercita, además, en cualquiera de sus ramas jurisdiccionales, una de las máximas funciones políticas del Estado"[10].

4.- EN EL SISTEMA ANGLOAMERICANO

El procedimiento, como todo el derecho angloamericano, revela notable practicidad; aún más en lo que toca a la prueba.

Una de las razones que principalmente modelan este instrumento radica, según opinión de los autores británicos[11], en la inconveniencia y aun en la imposibilidad materiales de que los jueces procuren, por sí, la información necesaria. Bajo su dictado opera desde los tiempos de Bentham, un criterio eminentemente posibilista, y muchos son los fallos que hacen gala del precepto según el cual "la certeza es cuestión de prudencia más que de cálculo".

El mismo respeto, acaso racial, que se le tributa al magistrado, estimula su acción en libertad y poder, amplificada ulteriormente por varias reformas. No ha de serle menos propicia la extrema variedad de medios probatorios a su alcance, con preferencia los de índole presuntiva. Circunstancias todas que, si bien diversas, tenían que concluir en un solo resultado: lo notorio es admitido en el derecho inglés aunque aisladamente, sin integrar un verdadero sistema.

También lo es en Estados Unidos, formando, igualmente, un conjunto heterogéneo de *casos*. Idéntica la razón determinante. Rige en la apreciación

---

9 *Osservazioni*, en rev. cit., 1934, p. 5.

10 Op. cit., p. 127.

11 GREENLEAF, *Evidence*, sec. 4-6a.

de los hechos controvertidos (*"in issue"*) el principio genérico y acomodaticio de "la mejor prueba posible", que compromete ya una buena suma de atribuciones discrecionales. La regla según la cual en las cuestiones de hecho (*"issues of fact"*) se estará a lo que resulte de las pruebas, sufre dos excepciones que se refieren a los hechos admitidos por las partes y a los hechos que son de conocimiento judicial (*"judicially noticed"*). En esta última hipótesis tiene la Corte el deber de conocerlos cuando imperan dentro de la jurisdicción con su carácter, bastante brumoso, de "universal notoriedad".

La exoneración de prueba surge, pues, como una consecuencia práctica. Y el fundamento que la justifica, equivalente al que se invoca en el derecho latinoamericano, corrobora la decantada razón: aquella prueba sería, para la litis, tiempo perdido, y para los litigantes (*"suitors"*), dispendios y trabajos inútiles[12].

LA LEY

1.- EL CANON

Una reseña de lo que dispusieron o aconsejaron los pontífices y los padres de la Iglesia carecería de objeto. Interesa en cambio poner de realce lo variado y diverso de sus fórmulas. En otro parágrafo demostraré la volubilidad de sus ideas, la inconstancia de sus definiciones.

El más lejano texto de que se guarda memoria, referente a la publicidad, es tal vez el de San Pablo en una de sus Epístola a los Corintios, citada por Graciano en "*Concordancia de cánones discordantes entre sí*", la primera metodización útil de las decretales pontificias[13].

El concepto de lo notorio emergió de esa publicidad. Debe reconocerse, no obstante, que la medida filosófica de su valor necesario se debe a San Agustín, quien lo calificaba como evidencia. Así, también, lo reprodujo Gregorio IX

---

12 Las presunciones, con su variedad, excitan la tentación de jueces inclinados, por idiosincrasia, a proveer de acuerdo con la experiencia de la vida, en la cual se alimenta el propio derecho; jueces que, para corresponder a tal incitación, disponen de amplios y crecientes poderes, ejerciendo un efectivo mando sobre todas las fases del proceso (WILLOUGHBY, *Principles of Judicial Administration,* p. 455).

Importantes reformas, en Inglaterra como en Estados Unidos, ahondaron esta tendencia, con los auspicios de la doctrina que acusa, en sus extremos, audacias casi revolucionarias. Señálase en los últimos tiempos "el movimiento *realístico* del derecho" que consiste, según POUND, en "el culto de la decisión concreta". Sus posibilidades en favor de los conocimientos privados emanan del predominio que los "legal realists" le conceden al "factor hombre" en cada juez y a su fuerza de ilimitada o libre discrecionalidad, "esencia del poder que realmente crea derecho". Entre los nombres más conocidos en esta escuela: K. N. LIEWELLYN, profesor de jurisprudencia en la Universidad de Columbia, con trabajos como *The Constitution as an Institution* y *A Realistic Jurisprudence;* y J. N. FRANK, juez de la Corte de Apelaciones, autor de *Are Judges Human?*. *Infra,* notas 112 y 113.

13 C. 17, c. 2, Q. 1. Apareció a principios del siglo XII, reeditado y comentado muchas veces, con el título *Decretum Gratiani.*

en sus "Decretales"[14]. Una evidencia producida por la publicidad, resultado, a su vez, de la difusión en el pueblo. O, entre vecinos: "coram vicinia". Más tarde, se confundió la causa con el efecto. San Ambrosio dió el mal ejemplo, adoptando expresamente la palabra "*manifestum*".

Se impuso, al fin, la excepción, en medio de las circunstancias ya referidas. Aceptáronla tanto el derecho penal como el civil, aunque no con la misma frecuencia. Además, se procedía "*ubi extat notorietas*": en el primero, de oficio; en el segundo, a instancia de parte.

Tuvo la escolástica en que entretenerse con sus distingos, reparos y clasificaciones. Espigando en el montón, aparece esta discriminatio previa:

> *notorietate facti,* hechos conocidos por todos o por tan extenso círculo de personas que cualquier ocultación a su respecto hacíase imposible; y *notorietate juris,* conocidos judicialmente por sentencia en calidad de cosa juzgada o por confesión regular en juicio.

Luego, esta subdistinción: "*notorium facti permanentis" (o "continui"),* y "*notorium facti transeuntis" (o "momentanei").* Uno de los Mascardo explica:

> lo que se *continúa* en los hechos y ocurre, diariamente, ante nosotros: y esto "*non est probandum*"; y lo que no ocurre en serie, ni a nuestra vista, pero se conserva en la memoria de los hombres: y ésto "*est probandum*"[15].

Había una tercera especie: "*notorium facti reiterati seu interpolati*", que también requería prueba judicial.

El Código de Derecho Canónico, en su edición vigente, refundió y sistematizó dichas proposiciones. El can. 1.747 dispone que "non indigent probatione" los "*facta notoria, ad norman c. 1, 3*" es decir: "*notorium notorietate iuris*" y "*notorium notorietate facti*"[16].

---

14 Siguen, en orden cronológico, a la colección de Graciano, habiendo aparecido en 1473. La reiteración, que se menciona, dice en lo pertinente: "Evidentia patrati sceleris indiget clamore accusatoris".

15 En latín, LESSONA, op. cit., I, p. 277. V., también, REIFFENSTUEL, *(Ius canonicum,* X, tít. XIX, "De Probationibus, I) en QUINTANA REYNÉS *(La prueba en el procedimiento canónico,* p. 28).

16 Del *Codex iuris canonici,* que promulgó Benedicto XV, el 27 de marzo de 1917, por la Constitución *Providentissima Mater Ecclesia,* dándole fuerza de ley para "toda la Iglesia universal", a partir del 19 de mayo:

Can. 1.747:

"No necesitan prueba:

1. los hechos notorios, según la norma del canon 2.197, núms. 2 y 3; las cosas que presume la ley;
2. los hechos afirmados por uno de los contendientes y admitidos por el otro, salvo que, con todo, se exija prueba por el derecho o por el juez.

Can. 2.197:

"El delito es:

1. *público,* si está ya divulgado o aconteció, o se halla en tales circunstancias que puede y debe juzgarse, prudentemente, que se divulgará con facilidad;

2. LEGISLACIÓN POSTERIOR

A. Un largo eclipse, y lo notorio resurge en la legislación germánica. Ninguna relación causal entre este resurgimiento y el derecho canónico. La opinión de Allorio parece razonable; con lo cual se desvaloriza el nuevo ejemplo como posible antecedente, aislándose en su propia singularidad.

La *"zivilprozessordnung für das Deutsche Reich"*, 30 de enero de 1877, eximía a lo notorio de la prueba[17], sin definirlo, apartándose esencialmente de la tradición canónica puesto que incluía en el género una forma inconciliable, que no provenía ya de la publicidad. Así pasó a la disposición vigente: "Los hechos notorios para el Tribunal, no necesitan prueba"[18].

Sobre el mismo dechado: la ley austríaca, 1 de agosto de 1895, parág. 269; el Cód. procesal de Hungría, 267; el del Japón, 218; el de China (22 de junio de 1921), 329.

B. En el derecho italiano, como en el francés y en el español, el adagio *"notoria non egent probatione"* fue abandonado ante el silencio del legislador, a las torturas de los intérpretes. La clásica noción tenía en su heterogeneidad, como se ha indicado, una parte admisible, (la evidencia), y otra inaplicable (lo notorio). Y se oponían a su adopción plena, o, por lo menos, la hacían estricta y restricta, el sentido liberal de las fórmulas legisladas y el mal ambiente que la notoriedad dejó flotando por todo el período intermedio y, aun después, entre los antagonismos de concepto en que se desmonetizó y los desmanes interpretativos que la ensombrecieron.

---

2. *notorio con notoriedad de derecho,* después de sentencia por juez competente, que pasare a cosa juzgada, o después de confesión en juicio del delincuente, según la norma del canon 1.750;

3. *notorio con notoriedad de hecho,* si es conocido públicamente y se hubiere consumado en circunstancias tales que no cabría la posibilidad de disimularlo con ninguna tergiversación, ni excusarlo por ninguna dispensa de ley;

4. *oculto...* («materialiter... formaliter»)".

Comentando estas disposiciones, escribe SANTAMARÍA PEÑA (Op. cit., IV, p. 52), que "lo notorio resulta público en mayor intensidad", y por consecuencia, "tan patente, que no *puede ser ocultado,* disimulando el hecho o dándole otra explicación verosímil, ni justificado por autorización de la ley".

Debo señalar que la clásica definición, "notorium... ut nulla tergiversatione celari possit", ha sido substituida en la reforma que se propuso para el Estado de la Ciudad del Vaticano, por otra que responde a las ideas de CALAMANDREI. Según el art. 75 serían notorios "aquellos hechos cuyo conocimiento forma parte de la cultura normal propia de una determinada «cerchia» social" *(Progetti di nuovo ordinamento giudiziario e di* codice *di procedura civile dello Stato della Citta del Vaticano,* 1938).

17 Ordenanza procesal civil (ZPO), 30 de enero de 1877, vigente desde el 1.° de octubre de 1879, junto con la ley sobre Organización de Tribunales, art. 261. Establecíase, además, que "en los cuerpos colegiados bastaba con que los hechos fueran conocidos por la mayoría de sus miembros".

18 Código procesal civil, que rige desde el 1.° de enero de 1934, parág. 291.

Aparece, no obstante, alguna que otra prescripción legislativa. El Reglamento napolitano de procedimiento penal (1808) consideró la notoriedad jurídica (*"reità manifesta"*) en tres distintos aspectos (arts. 154 y sigts.):

> cuando había flagrancia; cuando el delito se perpetraba públicamente, en pleno día y ante siete personas, por lo menos; y cuando se cometía en presencia del juez ejerciendo sus funciones, y de dos personas más, como mínimo.

La situación cambió doctrinariamente a fines del siglo pasado, en que empezó a florecer la ciencia del proceso, bajo la tutela del criterio alemán; y, últimamente, en el propio derecho positivo con la creación laboriosa de un "proceso italiano", que recomienda Carnelutti bajo el título de "nuevo".

El mismo procesalista se adelantó con una fórmula sobre lo notorio, que ya no acepta. Había propuesto: "El juez establecerá los hechos según lo que resulte del proceso o de la pública notoriedad". Y, en el artículo inmediato: "Repútanse públicamente notorios los hechos cuya existencia es nota a la generalidad de los ciudadanos en el tiempo y lugar en que ocurre la decisión"[19].

No estuvo conforme Calamandrei con la última restricción ni con el concepto ideado, y para que éste se caracterizara de una manera más substancial propuso, a su vez, un elemento integrativo, quedando la fórmula con la siguiente redacción: "Se reputan públicamente notorios aquellos hechos cuya existencia es nota a la generalidad de los ciudadanos de *cultura media* en el tiempo y lugar en que ocurre la decisión". Pero este *"enmendamento"* fue conceptuado, a los pocos meses, por su propio autor, *"monco, oscuro e inadeguato"*.

Al fin, se votó una concepción diferente, que tiene más y menos de lo que, en propiedad, constituye lo notorio. El Código de Procedimiento Civil, aprobado por decreto 28 de octubre de 1940 para entrar en vigor el 21 de abril de 1942, dispone en su art. 115: "Salvo los casos previstos por las leyes, el juez debe tener como fundamento de la decisión, las pruebas propuestas por las partes o por el Ministerio fiscal. Puede también poner, sin necesidad de prueba, como fundamento de la decisión, *las nociones de hecho* que entran en la *"comune esperienza"* [20].

C. Fecunda ha sido con su enseñanza, en América latina, la ciencia procesal italiana, hoy en posición culminante. Y por cierto que se ha ganado bien la simpatía intelectual que la rodea. Sus valores son tan legítimos como elevados.

---

19 Proyecto de Código de Procedimiento Civil (arts. 326 y 327) *elevado por* CARNELUTTI *al Ministro de Justicia italiano, el 24 de junio de 1926* (Commissione Reale per la Riforma dei Codici-Sotto- commissione C. Cod. di Proc. Civ. Progetto).

20 La primera interpretación con autoridad suficiente y conocimiento de causa para exponer la "mens legis" en este punto, se debe a CARNELUTTI *(Instituciones del Nuevo Proceso civil italiano,* núm. 200 a): formarían la "experiencia común", en su opinión, "no tanto las nociones que el hombre medio posee generalmente, sino todas las nociones que interesan a la generalidad de los hombres". (¿No tanto? ¿Que posee, entonces, *generalmente,* y que "además", interesen a la generalidad?). También los *hechos históricos,* aunque no correspondan a la experiencia común ni a la cultura normal, "pueden ser tenidos en cuenta libremente por el juez".

Pero, sobre todo, la ennoblece el difícil mérito de su ponderación frente al vano alarde radical y extremista. Reflejo, acaso, de aquel docto espíritu que la creó y enalteció, entre cuyas virtudes Calamandrei exalta la que consistió en haber sido *"sereno e rasserenatore"*.

El derecho positivo, en nuestro solar, tiene raíces hispánicas, sobre las cuales debe afirmarse para reverdecer en la nueva doctrina. No es un derecho distinto, pero sí un derecho con voluntad propia. Cuando alguna de sus disposiciones persevera resueltamente hay que suponer ante todo que detrás existe una conciencia, y con esta conciencia, una razón.

Así debe interpretarse, creo yo, su actitud dispositivista. Si nada estableció, particularmente, sobre lo notorio, no fue, sin duda, por inadvertencia. Desde que para aceptarlo tenía que decirlo, su silencio expresa repudio.

¡Y en qué forma! Doctrina, legislación y jurisprudencia oponen a lo largo del tiempo, un muro compacto. En la península como en nuestro continente. La disposición mexicana, contenida en el art. 286 del Cód. de procedimientos del Distrito y Territorios federales, que declara exentos de prueba a los hechos notorios, autorizando al juez para que los invoque aun cuando no hubieren sido alegados por las partes, se destaca en el cuadro como un contraste[21].

En el Brasil, el precepto concordante no es tan radical, puesto que se refiere sólo a la prueba. Simple toque en una reforma completa del proceso, que integra a su vez un nuevo régimen político de corte autoritario, dependerá, por su misma indefinición, de los jueces que lo interpreten. Queda remitido, pues, al tiempo, que traerá la palabra definitiva de la experiencia. Mientras tanto, justo es reconocer en la organización de la prueba, el sentido ponderoso que la guió, defendiéndola de las hipérboles arbitristas. La obligación del "contradictorio" es, por lo pronto, inexcusable. Y si el juez tiene amplitud para formar su convencimiento, no la tiene incondicionalmente, puesto que ha de ceñirse *"aos fatos e circunstancias constantes dos autos"*[22], aunque no hubieren

---

21 Hay que agregar los códigos de procedimientos civiles de los Estados de Veracruz (art. 232), Jalisco (art. 292), Guanajuato (art. 91), Hidalgo (art. 284), Chiapas (art. 294), Guerrero (art. 288), y Coahuila (art. 286).

Sostiene DE PINA *(Tratado de las Pruebas Civiles,* p. 113, nota 1), a quien pertenece esta información, que en los Estados de la Federación Mexicana, donde no exista análoga disposición legal, "la validez del principio es, no obstante, inconcusa". V. el pasaje (p. 120), en que reitera la misma opinión: "El silencio de la ley procesal respecto a la relevación de prueba de los hechos notorios no es obstáculo para la aplicación del principio *notoria non egent probatione.* El objeto mismo de las pruebas judiciales elimina la necesidad de probar los hechos conocidos con *un grado tal de certeza que el resultado de la prueba más perfecta no podría superar"*.

La sentencia del 29 de noviembre de 1938 dictada por la Suprema Corte de Justicia, que reproduce DE PINA (p. 121), en corroboración de su tesis, declara también que el principio es válido aunque no exista en el Estado ninguna disposición que lo exprese. Es de objetar, no obstante, que dicha sentencia (donde se define lo notorio en los términos de CALAMANDREI) se refiere a otra cosa: los *hechos históricos.*

22 "O que não quer dizer livre convicão do juiz por ciencia propia" (L. MACHADO GUIMARAES, *O processo oral e os seus criticos*, en Processo Oral, 1.ª serie, p. 219). "No se verá en la libertad con que el magistrado dirige la prueba, la adopción del principio, que se recomienda en el procedimiento penal, de la libre convicción del juez" (CAMPOS, *Exposición de motivos del*

sido alegados por las partes; bien que a poco se incurre en contradicción aceptándose hechos de génesis extraprocesal. El art. 211 dispone, en efecto: *"independerão de prova os fatos notorios"*.

3. EN LA ARGENTINA

El derecho argentino ignoró, o poco menos, doctrinaria y prácticamente, el instituto de lo notorio. La verdad es que esta eximente de prueba ha conseguido escaso andamiento en el país, si no por un *"senso di diffidenza"* en quienes han tenido ocasión de cultivarlo o aplicarlo, por un concepto de lealtad jurídica hacia el principio de disposición.

Un tanto desdibujadas en su vaguedad perfílanse, entre los autores, tres tendencias principales:

la que le cierra al juez todo acceso posible a la elaboración del material probatorio, sometido, por entero, a las partes[23];

la que se agita, como despertando al calor de las ideas contrarias, todavía entonces hesitantes[24];

Cód. de Proc. civil). Rreis formula análogas observaciones en su *Reforma de Proc. Civil.* V., todavía: NAVES, "Limites à intervenção do juiz na direçãáo do processo civil", en "Revista Forense", 1942, febrero, p. 372; BATISTA (Z.), *Cód. de processo Civil,* I, p. 87; BATISTA MARTTNS, *Comentarios ao Cód. de Proc. Civil,* I, p. 355. En materia penal, NELSON HUNGRÍA, *O arbitrio judicial na medida da pena,* en "Revista Forense", 1942, enero, p. 5; SALGADO, *O regime da prova no Código de Proc. Penal,* en la misma revista, 1942, mayo, p. 342.

23 Es el criterio que podría denominarse clásico, fiel a las características de la legislación española, "recipiente liberal del siglo XIX" (expresión de GOLDSCHMIDT), manifiesto en casi todos nuestros procesalistas. CASARINO, por ejemplo, admite que los jueces fallen, por respeto a la prueba de autos, "en contra de sus propias convicciones" *(Procedimientos* Judiciales, p. 172). RODRÍGUEZ *(Comentarios al Cód. de Procedimientos,* I, p. 329), sostiene que el juez, si no quiere "convertirse en interesado, supliendo las omisiones en que involuntaria o intencionalmente incurrieren las partes, y despojándose de la condición de imparcialidad" necesaria a sus funciones, "debe desconocer en absoluto todo aquello que no resulte de las constancias" procesales.

24 JOFRÉ *(Manual de Procedimiento,* notas y adiciones de I. HALPERÍN, III, p. 196), opina de una manera vaga, que no requieren prueba los hechos que "se fundan en la experiencia y se imponen a la conciencia de todos". Transcribe lo que al respecto aduce CHIOVENDA, remitiéndose, también, a tratadistas de tan diverso parecer, en la materia, como LESSONA, MORTARA y GIORGI.

Entre los pocos fallos dictados en el país, sobre lo notorio, hay uno que pertenece a la justicia mendocina y otro a la de Santa Fe; conviene subrayar que nada existe en los códigos pertinentes que autorice a proveer de acuerdo con esta tesis. Los más caracterizados comentaristas locales coinciden, por el contrario, en la obligación de resolver conforme a lo alegado y probado, sin hacer ninguna salvedad con referencia a dicha excepción. V. ANTEQUERA MONZÓN, *Comentarios al Código de Procedimiento Civil y Comercial de Mendoza,* arts. 5° y 89; PODETTI, *Código de Procedimientos en materia civil y comercial de la Provincia de Mendoza,* arts. 72 y 140; PARODY (hijo), *Comentarios al Código de Procedimientos en lo civ. y com. de la Prov. de Santa Fe,* ps. 185 y 389.

la que admite lo notorio en la proporción que corresponda a la *evidencia*[25].

En las tres, aun en las más aventurada, un fondo loable de circunspección[26].

Es que el principio originario en su doble fundamento, la libertad y la dignidad individuales, arraiga en las instituciones lo propio que en las conciencias; pero en las conciencias, no tanto por obra del instinto, bajo la presión de exigencias vitales, como en mérito y proporción a la cultura.

En otros países, generalmente, las aspiraciones que alientan los derechos del Individuo y el Ciudadano surgen, se modifican. y triunfan por acción directa de sus respectivos intereses. Aquí ocurre, con frecuencia, lo contrario: el concepto, y el concepto esclarecido, se manifiesta antes que la necesidad, convocando y dirigiendo a las fuerzas naturales para que lo satisfagan. Nadie, en efecto, ha sustentado esos derechos, no sólo en sus fórmulas derivadas sino también en su carácter primario, nadie ha pugnado ni sufrido tanto por ellos, ni la propia multitud siquiera, como el hombre de pensamiento.

Reconózcase, todavía, porque es justicia, lo mucho que a ese respecto se debe particularmente al hombre de pensamiento jurídico. No son menores, en su terreno, las dificultades que le estorban ni los riesgos que llevan a la confusión y el extravío. Pero nuestro jurista ha logrado vencerlos. Y vencerlos gallardamente, porque en sus empeños ha sabido poner ciencia y amor: la ciencia del derecho, el amor de la libertad. Por eso, también, si mantuvo en las normas que corresponden a su disciplina la fidelidad obligada con los principios básicos, encontró para estos principios expresiones de valor no superado, en la literatura nacional, por la exactitud del concepto y la misma belleza de la forma. Aunque momentáneamente le atrajeran las novedades brillantes, o lo desviara el ímpetu de la renovación demasiado audaz, nunca perdió su ruta y, en definitiva, concluyó, por distintos y convergentes modos, en defensa y refuerzo de ese dominio fundamental dónde, al decir de Rébora, las garantías inalienables se levantan como verdaderos "reductos" del hombre.

---

25 CASTRO enseña *(Curso de Procedimientos Civiles,* I, núm. 459) que no *es necesario* producir prueba sobre los hechos que "se fundan en la experiencia, son evidentes y se imponen a la conciencia de todos, como, por ejemplo, la ubicación de un edificio público conocido". V. AYARRAGARAY, *Novedades de Preceptiva Procesal,* en "J. A.", 7 de abril de 1943.

26 ALSINA, que reproduce la definición de CALAMANDREI, la niega, en realidad, cuando afirma *(Tratado,* II, p. 187 c. y nota 46), que lo notorio "no excluye, naturalmente, la prueba en contrario, porque sólo se trata de una presunción de verdad". Si así fuera, el juez no podría, en buena lógica *dispositivista,* proceder al respecto por su sola convicción privada. Pero no es eso lo que entiende CALAMANDREI con la definición aludida, según la cual lo notorio expresa una verdad (basada en el testimonio) "cierta e indiscutible", noción implicante con la posibilidad de una prueba en contrario. Tanto que precisamente su finalidad consiste en eximirse de esta diligencia, —reputada, no ya ineficaz, sino también superflua y redundante—, y en quedar bajo la libre voluntad del juez, quien resolvería prescindiendo de las partes. Por lo mismo, domina en la tendencia favorable a lo notorio la opinión de que no *puede ser objeto de prueba,* aunque hay quienes creen sólo que *no tiene necesidad* de prueba. De cualquier modo, desde que el juez dispone por su cuenta, muy rara y problemática parece la ocasión en que, prácticamente, lo notorio llegue a ser objeto de prueba.

Así lo siente y anhela. Pero, sobre todo, así lo piensa. Tal es, principalmente, su convicción.

Los cultores del derecho procesal cumplieron, por su parte, lo que les concernía. Afrontaron, con éxito, los peligros de las quimeras totalitarias. Evitaron muchos descarríos. Hasta se opusieron a los simples intentos que pudieran caer en exageración[27]. El resultado ha sido una bien perfilada postura nacional, que se impone, en sí misma, por justa, y, a mayor abundamiento, por respeto y deber de consecuencia con las bases distintivas de la organización republicana. Es imposible que esta venturosa tradición deje de prosperar en el futuro. Los que se dediquen al examen o emprendan la reforma —tan necesaria— de nuestro procedimiento, mejor dicho, de nuestros procedimientos[28], no podrán menos que contemplarla, como se deba, para que las normas que elaboren —el espejo de Leonardo, según Calamandrei—, reflejen lealmente la esencia de su verdad.

LA JURISPRUDENCIA

1. OBSERVACIÓN PREVIA

Depende la jurisprudencia, claro está, de la ley que aplica. O de los principios en que se inspire. Su valor, a los fines comparativos que se persigan, dependerá, a su vez, de la afinidad existente con esa ley y esos principios. Son, por ello, de interés más efectivo para nosotros, los modelos que han legado los tribunales de Francia, España e Italia.

Debe observarse, además, que el simple cómputo de las sentencias no dará exactamente la opinión de la magistratura en la materia. El juez adverso a lo notorio no tiene que expresar nada cuando omite un hecho de su bagaje personal y que, por tanto, no existe en el proceso. En cambio, si lo acepta o impone a pesar de no haber sido probado, tendrá que justificar su resolución.

Fuerza es concluir, entonces, que bajo el silencio de la jurisprudencia hay un buen número de votos contrarios a la notoriedad.

---

27 LASCANO, *Jurisdicción y competencia, p. 30 y nota 27;* BARTOLONI FERRO, *La oficialización del proceso civil, en "Rev. La Ley", t. 21, sec. doct., p. 1.*

28 AGUIAR y CABRAL, "Exposición de motivos" al proyecto de código que actualmente rige en Córdoba.

En el código procesal de Mendoza, obra de ATIENZA y CABAL, existen reconocimientos parciales de la notoriedad como circunstancia librada a la sola estimación del juez. El art. 122, por ejemplo, dispone que se desechará la prueba que "sea *notoriamente* improcedente o prohibida por la ley". El art. 131 autoriza las multas cuando en ciertos pedidos aparezca de "un modo *notorio*" el intento de demorar. No se trata, con todo, del instituto que se estudia. Ni le sirven de precedente legal. Antes bien, el silencio que el legislador guarda con respecto a este último indica, por contraste con su actitud en los casos mencionados, el propósito de no admitir lo notorio como eximente o substitutivo de prueba.

2. FRANCIA

El ambiente judicial, en Francia, impregnado como está de liberalismo, se resiste a todo avance autoritario. En lo que conviene al tema, la recomendación de Carlos VII, en abril de 1453[29], "Ordonnance XIV", 284, ha sido escuchada con respeto por la magistratura que, efectivamente, juzgó siempre "según lo alegado y probado ante ella por las partes". La situación ha permanecido más o menos insensible a las inquietudes modernas, y, ahora mismo, el Decreto-ley 30 de octubre de 1935, aunque aumenta los poderes del juez para desprenderse de la broza formalista, lejos está de constituir, según versiones autorizadas, una solución.

Perjudicó especialmente a lo notorio la pésima impresión dejada por los *"actes de notoriété"*. Tampoco ha contado mucho con los auspicios de la ciencia jurídica[30]. En tales condiciones, no podía prosperar.

---

29 Ordenanza de Montils-Les-Tours, que reorganizó la administración de justicia "pour faire droit aussitôt au pauvre comme au riche", estableciendo en su art. 123, que los jueces tenían que juzgar, en forma cierta y determinada, "según lo alegado y probado ante ellos por las partes".

30 Sobre jurisprudencia antigua: DENISART, *Collection de décisions nouvelles et de notions relatives à la* jurisprudence, verb. "Notoriété; JOUSSE, *Traité de la* justice *criminelle de France,* part. 3ª, 1, 2, tít. 28, núm. 147; *Pandectes Françaises,* verb. "Preuve", donde se corroboran los principios que se oponen a lo notorio, pero con una excepción desconcertante impuesta por un antiguo decreto, según el cual no se aplican las reglas del código sobre la prueba de las obligaciones "cuando se trata de determinar el carácter de un hecho ocurrido ante los jueces y del que tienen éstos un conocimiento personal".

También excepcionalmente acceden los civilistas a lo notorio, considerado como "evidencia pública", auxiliándose, por lo común, de la doctrina judicial. TOULLIER y DUVERGIER *(Le Droit Civil Français,* IV, part. II, núm. 12), afirman que la notoriedad no era concedida en la jurisprudencia anterior al Código. Comparten la misma opinión: LAROMBIÉRE *(Traité théorique et pratique des Obligationis,* IV, art. 1316; AUBRY y RAU *(Cours de droit civil français,* VIII, p. 153, nota 7); BAUDRY-LACANTINERIE y BARDE, que reiteran expresamente la imposibilidad jurídica de "formar convicción sobre el resultado de las investigaciones personales" ni aun cuando el hecho constare por "notoriedad pública" *(Des Obligatioris,* III, núm. 2056, con numerosa bibliografía).

La situación tradicional no varía entre los procesalistas. BONNIER, que contribuye a mantenerla, recuerda que la Audiencia de Montpellier, el 23 de noviembre de 1852, había rechazado la prueba del demandante oponiéndole "el conocimiento personal de los hechos, adquirido por los jueces fuera del proceso" *(Tratado Teórico y Práctico de las Pruebas en Derecho Civil,* I, p. 137). Alude, sin embargo, a "otra tendencia", que en asuntos de índole mercantil "parece dejar a los tribunales el poder discrecional más absoluto".

MOREL también cree *(Traité élémentaire de Procédure Civile,* p. 502, núm. 469) que "los jueces no pueden formar su convicción ni motivar sus decisiones sobre el conocimiento personal que tuvieren de un hecho, especialmente si es con el resultado de sus investigaciones particulares fuera del proceso y en ausencia de las partes". Cita los siguientes fallos: Cass. civ., 7 de marzo 1922; D. 1925-1-120; 29 de diciembre, 1926, S. 1927-1-104. No obstante, sin más explicaciones, observa que la regla no se aplica al hecho de notoriedad pública "dont un tribunal peut toujours faire état".

Más absoluto y categórico es THÉVENET *(Essai d'une théorie de la charge de la preuve,* p. 80), al expedirse en estos términos: "En materia civil y aún comercial, el juez nunca está autorizado para formar convicción, fundándose en el conocimiento personal de los hechos,

3. ESPAÑA

Suele distinguirse en el hecho notorio tres, especies: cuando es de universal aceptación; cuando impera en ciertos ámbitos locales; cuando es conocido por el tribunal en virtud de las funciones que éste práctica.

Existe opinión definida contra los últimos, llamados "hechos notorios en el Tribunal", hechos cuyo conocimiento obtiene el magistrado, no como particular, pero sí fuera del proceso. En cuanto a los verdaderos hechos notorios, o no son admitidos, o lo son excepcionalmente y porque en ellos priva la evidencia bajo el título de notoriedad[31].

---

que haya podido adquirir fuera de la instrucción del proceso. No habiendo experimentado ese conocimiento, el contralor de la piedra de toque, que es el *contradictorio,* ninguna garantía puede ofrecer". Y en nota 1 se remite a los fallos que se indican a continuación: Cass., 23 de junio, 1904; Cass., 24 de abril, 1907; Orleans, 31 de enero, 1908. (V., a mayor abundamiento: *Pandectes Françaises,* 1905, I, 38; 1907, I, 205; "La Loi", 1908, p. 213).

31 En todo tiempo se resistieron las leyes españolas a la prueba no acreditada en el proceso. La clásica definición (Ley I, tít. XIV, Part. 3), *"prueva* es averiguamiento que se faze en juyzio, en razón de una cosa que es *dubdosa",* parece excluir a la cosa que no lo es; pero, aun así, no podría considerarse que en lo indudable entra la *nototiedad.* Este concepto equivalía a la *fama,* y de la fama la misma Partida hace reférencia expresa imponiendo su demostración en el juicio. Son institutos similares. Los viejos maestros, GARCÍA GOYENA, MONTALBÁN, VICENTE y CARAVANTES, los contemplan, equiparados, como medios probatorios, aun cuando a través de ellos se rinda crédito, en realidad, a una opinión externa.

La doctrina, actualmente, sufraga, con pocas excepciones, por la tesis expuesta. La jurisprudencia la consagra casi en forma unánime. Es lo que certifican, en general, los autores modernos.

PRIETO CASTRO (Exposición *del Der. Proc. Civ. de España,* I, p. 151): "No es posible entre nosotros que el juez valore los hechos (que no sean evidentes), es decir, los del dominio común o de un círculo más o menos restringido de personas, ni los conocidos privadamente". Opinión rotunda, en la que insiste más adelante (p. 244) haciendo justicia a los jueces que han reparado el vacío de la ley y ratificado, en este punto, el criterio dispositivo, "de manera que el hecho notorio no está, en cuanto tal, como la máxima de experiencia, exento de prueba por la parte que intenta servirse de él. Ni siquiera admite la práctica que los hechos notorios en el tribunal se tengan en cuenta de oficio".

DE LA PLAZA (Der. Proc. *Civ. Español,* I, p. 423): "La tradición jurídica patria no abona, ciertamente, esa solución (la que es propicia a lo notorio), porque, aunque las leyes de Partida (Ley VIII, tít. XIV, Part. 3ª) admitan la prueba por *fama pública,* añádense estas frases, por todo extremo expresivas: «E ay otra (prueba) que se faze por *fama, o* por leyes, o por derechos, que *las partes muestran en juyzio* para averiguar e vencer sus pleytos»".

Entre las excepciones, RAFAEL DE PINA, quien llega a la conclusión opuesta. En su libro, *Principios de Derecho Procesal Civil,* p. 165, la sintetiza en estos términos: "El silencio de la ley procesal respecto a la revelación de prueba en los hechos notorios no es un obstáculo para la aplicación del principio «notoria non egent probatione». El objeto mismo de las pruebas judiciales elimina la necesidad de probar hechos conocidos con un grado tal de certeza que el resultado de la prueba más perfecta no podría superar". Más categórico es todavía en *Tratado de las Pruebas Civiles,* ps. 113, (nota 1), 116 y 120.

V., también, GUASP, en CARNELUTTI, *Instituciones del Nuevo Proceso civil italiano,* p. 203, nota 135 b.

4. ITALIA

El mérito de lo que haya conquistado lo notorio después de abril de 1942, debe endosarse al legislador, no al juez.

Antes de esa fecha la situación era oscilante. Pero en la

época de Lessona, a quien precedían, en el tiempo, Ellero, Carrara Giurati, y acompañaron, luego, Lomonacp, Floriany Manzini, prevaleció, en la magistratura, la tesis contraria a la notoriedad.

Las sentencias de entonces podrían ser catalogadas, aproximadamente, en esta forma:

> lo notorio no está entre las pruebas legales, y su contenido no tiene entrada, por consecuencia, en el proceso;
>
> lo notorio no puede ser elevado, por sí solo, a la categoría de medio normal de prueba;
>
> lo que quiere la ley en materia prueba no es lo notofió sino la verdad[32].

Posteriormente, hasta la vigencia del nuevo código, pronunciáronse en favor de lo notorio tres grandes maestros, Chiovenda, Carnelutti y Calamandrei, que debieron ejercer poderosa influencia en la magistratura. Con todo, la cosecha jurisprudencial no ha sido tan propicia[33]. Hubo fallos en

---

La cita de VICENTE y CARAVANTES no puede resultarle favorable, sino de una manera relativa. La opinión del claro procésalista *(Tratado Histórico, Crítico Filosófico de los Procedimientos Judiciales en Materia Civil,* 1856, II, núm. 725) es la que sigue: "cuando (los derechos aducidos) consisten en hechos de tal manera patentes que no dejan lugar a duda alguna, no es necesaria la prueba judicial por falta de objeto sobre que recaiga". El sentido recto y natural de lo patente no se avierte con lo notorio, en su acepción jurídica, sino más con la evidencia rrtediata. La notoriedad es, para el autor, la fama, vale decir (núm- 1033) : "la común opinión o creencia que tienen todos o la mayor parte de los vecinos de un pueblo acerca de un hecho". Y esta opinión o creencia debe ser probada en autos. Recalca, además, la obligación de resolver por lo alegado y probado (núm. 735), aunque, extrajudicialmente, conste otra verdad.

Más próximas estarían las resultancias que en el derecho antiguo surtían los mármoles y lápidas subsistentes de tiempo atrás, en iglesias y lugares públicos, o, también, "los monumentos, columnas, obeliscos e inscripciones", en cuanto parecen contener una evidencia existencia! No, entonces, por consejo de VICENTE y CARAVANTES, quien justamente las comprende en la prueba de testigos o en la pericial (Op. cit.', IX, núm. 750).

32 Pero "no hay que exagerar", interrumpe COPPOLA (Op. cit., núm. 48); y exceptúa, fundándose, a su vez, en la jurisprudencia italiana: los sucesos de percepción inmediata y pública, evidencias de hecho, "verités de fait" (LEIBNIZ), una catástrofe telúrica, una gran epidemia, una revolución; y las verdades históricas, extrañas a la notoriedad estricta, acreditadas fuera del proceso por medio de documentos conocidos, bulas, diplomas, crónicas y, aun, con obras consagradas en el arte escultural y arquitectónico.

De cualquier modo, la jurisprudencia era contraria al principio de lo notorio, por toda esta larga etapa, y tanto en materia civil como criminal. Consúltese: *Il Digesto Italiano,* XIX, 2ª parte, "Prova (mat. civ.)", núm. 48; *Legge,* 1889, II, p. 485, 1903, II, p. 393. Y también, LESSONA (Op. cit., I, p. 279, nota 3), que menciona algunos fallos adversos.

33 Entre las pocas sentencias que se conocen en este segundo período, señálanse dos, especialmente: una, comentada por FLORIAN ("La Scuola Positiva", 1929, núms. 3-4, II, p.

todo sentido, y algunos, denegatorios en absoluto, revelando así que persistió aquella "diffidenza" honrosa, que no podría ya imputarse a meros escrúpulos de índole sentimental[34].

5. INGLATERRA Y ESTADOS UNIDOS

La justicia inglesa, de acuerdo con una tradición remota, exime a ciertos hechos de la obligación relativa a la "evidence". (Esta *"evidence"* no equivale, por supuesto, a la evidencia filosófica y que se produce cuando la adecuación de que se habló, entre la mente y lo dado por la experiencia objetiva, se impone de un modo inmediato e irresistible; ni, siquiera, a la evidencia de hecho o inspección ocular, la mejor de las demostraciones, según los canonistas; la *"evidence"* importa, justamente, una prueba en el derecho anglosajón mientras que la evidencia lógica la hace innecesaria aun en concepto de los mismos que no transigen con la notoriedad).

La *"evidence"* es la norma, y los hechos en cuestión corresponden a las excepciones. Pueden agruparse, como ya se ha dicho, en dos categorías principales, según que ellos sean:

> de conocimiento judicial *("judicially noticed")*; regularmente admitidos por las partes en sus alegaciones *("pleadings")* o en audiencia *("hearing")*.

Hay en la primera una gran variedad de formas jurídicas matizando dos clases de hechos:

> aquellos que el juez *no puede* ignorar porque su conocimiento es, para él, legalmente preceptivo; y aquellos que reciben, en la jurisdicción, un conocimiento de tanta notoriedad que toda disputa acerca de su certeza tornaríase irrazonable.

137, nota 1); otra, por ALLORIO ("Riv. dir. proc. civ.", 1934, II, p. 3).

La primera, sobre derecho penal. La Corte de Casación resolvió con fecha 22 de junio de 1928: "Para que la notoriedad haga prueba en cualquier sentido, es necesario que resulte de circunstancias obtenidas formalmente en juicio y que sean de conocimiento general, no bastando para configurarla el conocimiento que de ciertos hechos tenga el juez".

En la Audiencia 12 de diciembre de 1932, la Corte de Casación del Reino estableció: "Un hecho notorio puede constituir prueba en juicio, mas sólo cuando el hecho sea de conocimiento común, que cualquier juez puede tener por ,1a divulgación de tal hecho o por su propia cultura ordinaria, en la que se presume dicho conocimiento".

MANZINI, a continuación de una sentencia en que se declara que la notoriedad hace prueba sólo cuando resulta de las circunstancias adquiridas en el proceso por los modos legales, inserta otra (Cass. civ., 22 de mayo de 1929) que dice: "El juez puede invocar la notoriedad de un hecho, cuando el hecho mismo, por su difusión, se hizo de conocimiento común". Pero advierte que debe ser aceptada con reserva, en las causas criminales. *(Tratato di Diritto Processuale Penale italiano,* III, p. 153 y nota 5). Cabe señalar, todavía, que este procesalista es de los que entienden que la notoriedad vale cuando "coincide con la evidencia".

34 "Senso di diffidenza", ha escrito CALAMANDREI, "che onora i nostri giudici". Siendo así, ¿no merecen estímulo y apoyo en su actitud?

La jurisprudencia norteamericana sigue, en general, las mismas orientaciones. Por lo que consignan, al respecto, algunos tratados, monografías y artículos, la doctrina se muestra discrecional y casuística. No es fácil, entonces, hacer clasificaciones[35]. A lo sumo, puede repetirse, ambiguamente,

---

35 Reseño las conclusiones a que llega REINOLDS *(Teoría de la Ley de Evidencia)*. Documéntase en autores como GREENLEAF y WHARTON, sobre la base de algunos digestos, refiriéndose a los hechos de conocimiento *judicial* ("judicially noticed"), que se distribuyen en dos grupos.

A. Hechos cuyo conocimiento es obligatorio, *legalmente,* por disposición del derecho positivo.

1. Las leyes públicas, desde la Constitución hasta los antiguos estatutos ingleses; no las de otro Estado; tampoco las franquicias ("grants"), cartas constitutivas de corporaciones privadas ("charters") ni actos o contratos similares.

2. Los asuntos de interés público ("law of the land"), admitidos, creados o resueltos por la ley del territorio; considéranse, entre estos *hechos:*

   la existencia y títulos de los gobiernos reconocidos por el Poder Nacional, sus respectivasbanderas, representantes acreditados, proclamas, tratados;

   las Cortes del Almirantazgo, Cortes marítimas extranjeras, los notarios y sus sellos;

   la sede oficial del Congreso de Estados Unidos y la de cada Legislatura de Estado o terrtorio en que funcione la Corte, privilegios, resoluciones oficiales y actos insertos en el respectivo diario de sesiones;

   la fecha de advenimiento al Poder Ejecutivo, en la Nación, Estado o Territorio, privilegios, firma a los efectos de su legitimidad ("gennuiness"); jefes de Departamento y sellos públicos; subsistencia del mandato parlamentario, ministerio y nombramientos que lo constituyen; las Cortes de jurisdicción nacional y las de jurisdicción local, sus sellos, los Marshals de los Estados, Unidos, Sheriffs, fiscales de distrito ("district attorneys") y los secretarios de la Corte ("clerks");

   las proclamas de guerra y de paz, decretos sobre días feriados ("publics fasts"), los que se emiten en acción de gracias ("thanks-giveng") o convocando a elecciones generales; cuño legal de la moneda, sistema de pesas y medidas;

   los límites territoriales de la jurisdicción, soberanía de *facto* en la Nación o en el propio Estado; divisiones políticas en ese mismo Estado; distritos escolares y su ubicación, deslindes públicos ("Public surveys") y subdivisiones locales, reglamentadas legalmente.

3. Lo relativo a la Corte, actuaciones ("récords"); sus oficiales y auxiliares; sus abogados ("attorneys"), firma de cada uno en actos propios del cargo; Cortes distritales (Puerto Rico, incluso), que, a su vez, deberán conocer los jueces de su jurisdicción y las correspondientes firmas.

4. Todas las materias que procedan, en el caso, por disposición de los estatutos.

5. Los actos que se ejecutan en presencia real de cada Corte.

B. Hechos cuyo conocimiento es *moralmente* obligatorio en virtud de su notoriedad.

1. Los accidentes más notables de la geografía, en el país, Estado o distrito; posición y distancia de otras naciones y sus respectivas capitales.

2. Los acontecimientos históricos de interés público para el pueblo de los Estados Unidos, o para el gobierno de la Nación, Estado o distrito.

3. Lo que procede o resulta de las leyes naturales (término ordinario de la vida humana, curso del tiempo, los astros, estaciones y cambio de las mismas, su relación normal y efectos sobre las cosechas o los frutos).

con uno de sus comentaristas, que no requieren prueba los hechos "obvios y notorios" o de "indiscutible exactitud".

Parecería, además, que en su creciente expansión, el llamado "principio de conocimiento judicial" asumiera un carácter cada vez más afirmativo. De manera que lo notorio iría dejando de ser una excepción[36]. El juez no sólo podría computar, ampliamente, ciertos hechos, según sus informes *"extra-record"*, sino que tendría que hacerlo, so pena de sufrir los efectos de la correspondiente impugnación[37].

6. ARGENTINA

Los jueces, de acuerdo con la doctrina, o no aceptan lo notorio o lo aceptan cuando, con ese nombre, se impone lo evidente (la certeza evidente). Raras son las sentencias en que lo acreditan y, aun entonces, lo hacen en forma incidental.

Entre las que tratan, especialmente, de esa excepción, destácase la que en Mendoza dictó la Suprema Corte de Justicia con fecha 26 de marzo de 1942, expidiéndose sobre un recurso de inconstitucionalidad contra un fallo de la Cámara de Apelaciones en lo Civil y Minas. Habíase demandado al Banco de Mendoza en que fuera convertido, por la ley núm. 1064, el Banco de la Provincia de Mendoza. El juez, doctor O'Donnell, plantea las cuestiones,

---

4. Los días de fiesta, efemérides y, en general, el calendario.
5. Las particularidades del idioma, abreviaturas, signos consagrados en la gramática.
6. Sistema monetario, expresiones y símbolos aplicables, valores fijos.

Otros autores han intentado clasificaciones menos casuísticas. Mc CORMIC *(Encyclopedia of the Social Sciences,* 1937, verb. "Evidencé"), ensaya una que podría sintetizarse así:

hállanse dispensados de prueba para los jueces norteamericanos, aparte de los hechos admitidos:

los de conocimiento universal (el hielo es más liviano que el agua, el calor dilata los cuerpos);

los que son susceptibles de conocimiento judicial, exento de discusión o duda razonable (el calendario, sistemas como el de pesas y medidas);

los que emanan de informaciones oficiales (términos relativos a una ley nacional).

Es fácil advertir en las enumeraciones que anteceden, cómo Se mezclan los hechos notorios y los evidentes, cómo entre los notorios, algunos lo son en virtud de su conocimiento universal y general, y otros, por el conocimiento que de ellos tienen los jueces, con ocasión de su oficio, cómo, finalmente, bajo la noción genérica de notoriedad se confunden las nociones objetivas y las jurídicas. Falta observar, aún, que un buen número de los hechos enumerados son accesorios y extrínsecos o, también, de origen y existencia legales; por tanto, ajenos a la materia en examen.

36 KENNETH CULP DAVIS, profesor, actualmente, en la Facultad de Derecho de la Universidad de Tejas, *An Approach to Problems of Evidence in the Administrative Process,* en "Harvard Law Review", 1942, enero, p. 364.

37 El *American Law Institute,* propuso: "El juez puede, por iniciativa propia, tomar razón: . . . ; b) de los hechos específicos, notorios o no para ser objeto de disputa razonable; c) de los hechos específicos y las proposiciones de conocimiento general, susceptivos de inmediata y segura demostración en fuente de acceso fácil y resultados incontestables".

y, en primer término, la relativa a la expresada inconstitucionalidad por no haberse dado intervención al fiscal de Estado. Ahora bien: el Banco de Mendoza había recibido atribuciones de liquidador, pero no tenía mandato ni autorización para representar al Banco de la Provincia en las demandas que se promovieran por hechos u omisiones que el último hubiere cometido. Esta institución era, a su vez, de carácter oficial, y la Provincia debió ser oída en el caso, asistiéndole, como le asistía, el derecho de defenderse por sus propios organismos constitucionales. Para demostrar la existencia de los hechos pertinentes, el doctor O'Donnell invoca, remitiéndose a la opinión de Chiovenda en "Instituciones", la doctrina de lo notorio, y expresa: "La liquidación del Banco de la Provincia, con todos sus efectos y consecuencias, con las responsabilidades asumidas por la Provincia y la creación del Banco de Mendoza como sociedad anónima mixta, son hechos de amplia difusión en Mendoza, de cuyo conocimiento el juez pudo hacer uso porque está en el pleito "no como un autómata sino como un órgano activo"[38]. La conclusión fue aceptada por unanimidad. (Sin entrar en mayores comentarios, debe observarse que "la creación del Banco de Mendoza" no representa un hecho notorio, por mucha difusión que hubiera tenido, si emanaba de una ley, que, como toda ley, debe conocer el juez en razón de su propio oficio. En cuanto a la liquidación anterior al proceso, difícilmente revestiría por sí sola, salvo circunstancias muy especiales, las características de una notoriedad suficiente. Arribaríase por este declive, a la admisión, sin nueva prueba, de los hechos que se acreditaren dentro de otros procesos).

En Santa Fe, el Superior Tribunal, resolviendo con fecha 28 de agosto de 1942 un asunto sobre accidentes del trabajo, alude también a lo notorio. El juez, doctor Cabal, lo menciona, incidentalmente, analizando las circunstancias que rodearon una muerte por insolación, hecho sobre el cual existirían los elementos constitutivos de la certeza. Recuerda, entonces, que el día de la muerte "debió ser de intenso calor", como son "todos" en la misma época, dentro de la respectiva zona, calor que hubo de intensificarse por diversas causas circunstanciales. Así, pues, "la fatiga del obrero debía llegar al máximo de la resistencia humana", sobre todo, "hombreando bolsas", bajo un techo de zinc, y estando la tarea en sus últimos límites. Más adelante, puntualiza el doctor Cabal: "he citado hechos de todo punto notorios y evidentes, hechos comunes a la experiencia menos agudizada"[39]. Su conclusión fue también compartida por los otros camaristas. (Me permito anotar que, en principio, el hecho de que haga calor en verano, especialmente a ciertas latitudes, puede tener suma notoriedad y aun constituir una evidencia. Pero el caso no es el mismo cuando se particulariza con un día determinado. La eficacia de la evidencia, como ya observó Carrara, se altera cuando de lo general se baja a lo particular y concreto. Entiendo, además, que en la argumentación aludida se hace obra, más bien, de presunción libre, fundada en su respectiva máxima de experiencia).

38 "Rev. La Ley", t. 31, p. 632, fallo núm. 15.776.

39 "Rev. La Ley", t. 27, p. 766, fallo núm. 14.084.

La escasez de mayores constancias por el estilo[40] demuestra, a contrario sensu, qué tesis predomina, realmente, en la jurisprudencia nacional.

7. RESUMEN

Difícil es sentar conclusiones generales cuando todo se discute, como se verá mejor en las páginas que siguen. Conviene, por lo pronto, aligerar la carga. Apartemos, entonces, lo que provenga del derecho angloamericano, inadaptable a nuestro sistema. Y lo que pertenezca al derecho germano-alemán, donde la situación está definida por ministerio de la ley y esta ley se inspira, al respecto, en el principio de oficialidad.

Queda un ancho y nebuloso espacio, que ni siquiera puede ser dividido en sus clásicas etapas. Lo notorio aparece como una imagen ondulante: los. artífices del canon (incluyendo a comentaristas y postglosadores) se limitan a calificarla, por supuesto que en forma diversa; la teoría y la práctica subsiguientes, en los países latinos, la adoptan, porque los canonistas la crearon, como un dogma, que se admite y no se demuestra. Después de todo, se trata de una consecuencia qué doctrinariamente carece de premisa.

El derecho canónico abundó en adjetivos sobre lo notorio pero no concretó ninguna teoría. Podrá concederse, acaso, que los esfuerzos hechos por caracterizarlo, tendieron a dos objetivos, o suministran dos explicaciones sobre la excepción que resulta en cuanto a la prueba:

> lo notorio es una propiedad intrínseca y diferencial del hecho, adquirida mediante la difusión; lo notorio existe en razón del efecto causado en el ánimo de quienes lo aceptan, porque tienen que aceptarlo de necesidad.

Notorio era, en el primer supuesto, lo indubitato, por sí y para todos; lo indiscutido e indiscutible en virtud de la difusión de su conocimiento; lo incontrovertible por incontrovertido absolutamente. Algunas de estas cualidades son todavía recordadas[41]. Pero, entonces, representaban un tipo

---

40 En una sentencia del juez Dr. Juan A. García (fecha 6 de mayo de 1942), que ha confirmado la Cámara Comercial de la Capital (7 de mayo de 1943), se expresa: "Constituye un hecho notorio —y por consiguiente, su invocación puede formularse sin que haya sido invocado expresamente por las partes— que la Dir. Gral. del Impuesto a los Réditos ha establecido sucesivos términos de vencimiento para la presentación de las declaraciones juradas e ingreso del impuesto, a causa de las dificultades que se han presentado en la práctica para la regular y exacta aplicación de la ley 11.682". El valor de estos plazos (como en los apercibimientos y conminaciones en ejercicio de una autoridad) no se refieren, por lo común, a la existencia objetiva y son extraños, entonces, al fenómeno de la notoriedad.

41 Escojo dos citas alejadas entre sí: una perteneciente a DE BUTRIO (citado por CALAMANDREI), que hace un estudio especial sobre el tema: "probatio indubitata et finita, nulla discussione egens" ("De notorio", en *Tractatus illustrium jurisconsultorum,* IV, p. 50); otra, a LONGHI: "donde surja una duda, el conocimiento deja de ser notorio" *(Dell'istruzione* [commento], cit., 1921).

No es lo mismo indubitado que indiscutible. Ni indiscutible que incontrovertido. Se procede, generalmente, con poco esmero en la aplicación de estos adjetivos. UGO ROCCO exige que el hecho "sea real e indiscutiblemente notorio" (Op. cit., p. 249); en cambio, para

de valores, forjado con la propagación colectiva y sellado por una especie de sanción oficial. Y así refundíanse en lo notorio, haciendo superflua toda "otra" prueba, el testimonio del pueblo y el consenso autorizante del Estado: *"et velut consensu civitatis"*[42].

Prácticamente, el intento silogístico fracasaba. Imposible medir en los hechos la fuerza precisa de esa indiscutibilidad. De no permanecer en lo absoluto, que corresponde a la certeza (con evidencia) se desciende por una variadísima gama desde lo cierto a lo probable y lo verosímil. Consecuencia: arbitrariedad judicial. Doctrinariamente, los reparos iban más adentro. Por lo demás, hay hechos que no se controvierten, en el proceso, y no son notorios. Sin desatender lo que anota Florian: "la total y rigurosa exclusión de la duda no es necesaria ni es psicológicamente posible".

Notorio era, para la otra opinión, lo que de un modo inexorable comprometía moral e intelectualmente nuestras facultades. El efecto persuasivo convertíase en una condición exterior. Había notoriedad no ya en lo incontrovertible e indiscutible sino en lo que no podía lícitamente discutirse ni controvertirse. Justificábase ahora lo notorio, no tanto por sí mismo sino por sus resultados, por la posición que ocupaba en la conciencia, que no podía rechazarlo sin extravío de la intención o de la razón: mala fe[43], o absurdo[44].

Faltaría saber, siempre, *por qué* es tan indudable, *por qué* se halla sobre todo género de demostración. Fuera de que, en la mejor de las hipótesis, tampoco existirá lo notorio porque sea imposible discutirlo y negarlo, porque haga deshonesta o irracional toda controversia a su respecto, sino a la inversa: no admite duda ni discusión porque es, precisamente, notorio[45].

Para abreviar, condensaré las observaciones de Stryk, dejando allanado un largo trecho hasta que aparece Stein, en 1893, con su libro sobre la ciencia privada del juez, cuya traducción, que tanta utilidad reportaría, fue anunciada hace más de un lustro:

> Lo que se alega como notorio es cierto y no se pone en duda: y, entonces, por cierto y no por notorio hará inútil la prueba;
>
> O no es cierto y se pone en duda:
>
> y, entonces, hay que distinguir:
>
> si lo que se niega es la notoriedad y no la verdad, como de esta verdad nace el derecho, la prueba seguirá siendo innecesaria;

WindsCHEID#, debe ser "incontrovertible", como el admitido en el proceso por las partes *(Diritto delle Pandecte,* I, p. 464, nota 3).

42 La interesante cita es de MÜHLENBRUCK *(Doctrina pandectarum,* 1838, parág. 146), reproducida, completa, por LESSONA (Op. cit, I, p. 277, nota 2), y por CHIARELLI (Op. cit., p. 232).

43 No ya, insistiendo, aquéllo de que no se duda, sino aquéllo de que *no puede* dudarse.

44 V. las citas corroborantes de estos dos extremos, una de LANGENBECK y otra de DE BIRKMEYER, en FLORIAN (Op. cit., p. 88, nota 1).

45 CALAMANDREI entiende que tales explicaciones son tautológicas. En cambio, ALLORIO *(Osservazioni,* p. 4), opina que no, si pretenden sólo un carácter formal, en tanto no se quiera imponer el efecto para definir la premisa.

si lo que se niega es la notoriedad y la verdad, la prueba será necesaria, no para la notoriedad más sí para la verdad.

Ahora, si las negaciones y dudas resultaren inadmisibles, por opuestas al sentido común, por contrarias al saber evidente, no habrá que probarlas tampoco, pero sólo porque es superfluo negar lo innegable, aquello que un concepto unánime coloca al margen de toda discusión[46].

UNA SITUACIÓN EN CRISIS

1. Apunte etimológico

Una breve referencia, para demostrar que en este asunto nada hay que no sea vulnerable, ni siquiera, etimológicamente, el nombre.

Lo notorio, en efecto, no significa, por su origen, lo verdadero o indiscutible. La Academia dice que viene de *notorius.* Y lo define así: "público y sabido de todos". Señala, pues, un valor de cantidad en determinado saber, que se hace manifiesto; pero no establece relación alguna de certeza.

"*Notorius*" es, también, lo conocido y sabido de todos, sin la pretensión innegable de ser verdad. "*Notus*", lo sabido, conocido, patente, manifiesto. Sin embargo, De Miguel consigna que "*notorius*" viene de "*noto*": marcar, señalar. Otros autores consideran lo notorio como la forma adjetiva de "*notare*": notar[47].

Lo peor es que la palabra ha experimentado en el curso del tiempo el castigo de las más dispares adaptaciones. Jurídicamente ha tenido que someterse al antojo y la fantasía de los intérpretes. Como en el antiguo epigrama que se atribuye a D'Aceilly: "*il a bien changé sur la route*".

2. Extrema diversidad del concepto

Calamandrei admira "la paciencia" de los que desde Antonio de Butrio hasta Samuel Stryk se industriaron en descubrir y contar las faces y facetas que revistió lo notorio entre los canonistas. La culpa, en todo caso, no es de los que revelan el mal si el mal existe[48].

Notorio equivalió, como se ha dicho, a evidente, que es la aprehensión inmediata de la verdad, y, por eso, no admite duda ni discusión. Pero el

46 *Opera,* XII, "Disputatio", IV, *De notorio,* p. 109.

Fuerza es reconocer en estas sutilezas y en otras que se registrarán más adelante, un poco de bizantinismo.

47 *Salvá, Diccionario latino-español; de Miguel, Nuevo diccionario latino-español etimológico. A mayor abundamiento, André y Gondis, Dictionnaire de Droit Canonique.*

Barcia, Diccionario General Etimológico; Echegaray, Diccionario General Etimológico de la Lengua Española.

48 No todas las cuestiones "abstractas y formales" de que se le acusa, las encontraba la escolástica en sí misma, según Balmes; ni su afán especulativo, después de Roger Bacon especialmente, vivía, por entero, fuera de "las realidades".

concepto de evidencia aplicado a lo notorio era un tanto gratuito, porque la verdad percibida emanaba de una simple difusión popular. O, en otros términos: porque en esta forma no había siempre una verdad.

La difusión propaga lo que existe, que puede ser un error, haciendo colectivo lo individual. No se confunde, pues, con el proceso lógico de la generalización. Sus efectos ostensibles consisten en poner de manifiesto un hecho; en darle publicidad. El inconveniente está en tomar estos efectos como causa o característica para definir.

Así empezó la confusión. Los mismos intérpretes la reconocen, y procuran conjurarla. Distinguieron, por ejemplo, entre *"notorium"* y *"publicum"*. Si *"notorium"* era una *"veritas in mentibus hominum"*, sólo cuando se trataba de una *"veritas nota pluribus"* constituía una verdad[49]. Pero, no obstante ello, entremezclábanse ambos conceptos, a los cuales se agregaron otros, como "famosum" y "manifestum"[50].

Escogiendo lo que conviene se encuentra, naturalmente, algún canon en que lo notorio presenta un contenido, como indica Tiranti, diverso del que encierra lo meramente publico. No faltaron canonistas que se esmeraron en tallar la noción fijando sus caracteres diferenciales. Calificóse de *manifiesto*, en un lugar, el hecho presenciado a lo menos por la mitad de los habitantes y oído por la otra mitad; de *famoso*, el hecho no presenciado y sí oído por aquella mitad, siempre que no se tratara de simples rumores o decires. Stryk resuelve holgadamente que lo notorio es aquéllo que aparece ante todos o la mayoría como evidente, manifiesto, público y noto, a la vez, y de lo cual, además, todos o la mayoría *"notitiam e indubitatam fidem habent"*[51].

¿Querellas sobre palabras más que "disidencias de substancia"? No enteramente, contesta Chiarelli. El propio derecho tampoco brinda un ejemplo más alentador. Sin olvidar el apotegma de Bentham: "La substancia de las cosas depende con frecuencia de las palabras".

3. CUESTIONES Y DISTINGOS

El nombre en doctrina hace a la cosa, aunque no en absoluto, lo bastante para que si no corresponde a su esencia, la perjudique. Máxime cuando hay que saber si existe, o de entenderla y definirla. Sestine decía de lo notorio, que

---

49 SCACCIA *(Tractatus de Judiciis causarum, 1648), en* TIRANTI *(Op. cit., p. 86).*

50 Lessona reduce a expresiva síntesis las distinciones más importantes (Op. cit., I, p. 227); Manzini hace otro tanto (Op. cit., IV, p. 108, nota 1). En extracto: lo notorio no era exactamente lo manifiesto, pues una cosa podía ser manifiesta y no conocida aún de todos o los más; ni, *estrictamente,* lo público (que consta "per faman publicæ" sin alcanzar a la notoriedad); ni, desde luego, lo *famoso.* Pero lo notorio era, sin duda, público, manifiesto y famoso.

Cada uno de estos matices podía aún provocar nuevos disgustos ideológicos según la especie de notoriedad en que recayera *(Ut supra,* en el texto, Cap. II, "La Ley", I: "El canon").

51 "Notorium ese quod omnibus vel plerisque ita manifestum, evidens, publicum notum cogni tumque est", etc. (Op. cit., cap. 1, parág. 15). Conf. MÜHLENBRUCK, *supra,* nota 42.

era una "especie de nebulosa". He aquí, ahora, que el nombre no conviene a la cosa, y la cosa misma se esfuma entre problemas e interrogantes.

¿Qué número de personas se requieren, como mínimo, para que pueda haber publicidad? Algunos canonistas hablaban de diez personas, asiento indispensable para una parroquia, bastando la simple mayoría a los efectos de lo notorio. Gamache precisa que donde no se congregasen diez convivientes, ningún resultado hacíase posible aunque se dispusiera de la unanimidad. Dentro de tales límites, seis opiniones alcanzaban, promedio que ascendía con el crecimiento del vecindario. Tratándose de ciudades populosas, como Roma o París, era entendido, según un comentarista francés, que había de entregarse la solución al hombre *"sage et prudent"*.

Disputaban también los doctores por escrúpulos dogmáticos. En una de sus Encíclicas, Benito XIV recomendó que se tuviese presente la diferencia que en lo notorio cabía según que versara sobre hechos en que el delito procediera de la sola acción exterior [52] o sobre hechos en que el delito dependiera, principalmente, de "la disposición interna del alma"[53].

Otra cuestión exhuma Calamandrei[54], dirigida a saber si una decisión judicial que declaraba la inexistencia de un hecho notoriamente verdadero o tenía por verdadero un hecho de inexistencia notoria era o no absolutamente nula. No hubo, por supuesto, acuerdo. Distinguíase, —acerca siempre del error en lo notorio para resolver si procedía la anulación de la sentencia—, entre el *"notorium jacti transeuntis"* y el *"notorium facti permanentis"*. Y, luego, ramificábase la discusión con sutiles derivaciones, como la que consistía en establecer si era nulo o no el fallo que se daba, por error, contra lo notorio superviniente *("notorium superviniens")*.

Las preguntas que han repetido con Bentham[55] los autores de diversos tiempos no son puramente escolásticas. Pueden reiterarse, todavía, frente a las concepciones modernas. ¿Qué se entiende, en efecto, por notoriedad? ¿Dónde está, exactamente, la frontera que la separa, contiene o define? Aceptando una entre tantas, o la mejor de las fórmulas emitidas para conocer lo notorio, ¿resulta suficiente, acaso, para convencer, al mismo tiempo, de que el hecho en las condiciones impuestas, es verdadero? ¿Extiéndese, con esta eficacia probatoria, a todas las particularidades del suceso, aun las de menor cuantía? Lo notorio, como se ha visto, descansaba en una proporción numérica; ¿y si estuviese en los menos la calidad? ¿Y si, aun en la mayoría, —tal vez accidental, tal vez insignificante, espontánea o provocada, más o menos lúcida, consciente, resuelta—, no tuviera para todos la misma fuerza, igual carácter, idéntica razón?

Las condiciones, en la actualidad, no han mejorado. El problema, desde luego, se presenta con un planteamiento más científico. Otro es, también, su enfoque teórico. Pero, en cambio, tropieza con dificultades nuevas, como la que afecta al comportamiento que ha de reconocérsele a lo notorio en el

---

52 O sea: "cujus facti reatus in ipsa sola externa actione consistit".

53 "Quorum reatus ab interna etiam animi dispositione plurimum dependet".

54 *La teoria dell' "error in iudicando" nel diritto italiano intermedio, en Studi, I, n. 36.*

55 *Traité*, II, (DUMONT), II, p. 265.

proceso de orden dispositivo. Todavía hay, pues, mucha niebla que disipar. El propio Calamandrei reconoce: "La honesta confesión de la Glosa, "*quotidie de notorio loquimur, quid autem sit ignoramus*" nos comprende aún: no podríamos decir, a fuer de sinceros, "*che si a del tutto superata dai tempi*"[56].

4. ABUSO Y DESCONCEPTO

La imprecisión conceptual es, en su trascendencia práctica, motivo de error, efugio para el mal. A la sombra de lo notorio prosperaron, con harta frecuencia, el interés de ocasión y la maniobra dolosa contra el derecho, la justicia y la misma verdad. Y así resultó "*screditato e malfamato*".

En un período que podría llamarse intermedio, la exención de prueba por consecuencia de lo notorio fue acordada con amplitud, sobre todo en materia criminal. La muerte de una persona estaba entre los hechos verificables "*per famam et vocem publicam*". El procedimiento regía, también, con el "*crimen dubium*". Un juez que podía prescindir de lo alegado y probado, podía igualmente hacer su voluntad, buena o mala, al abrigo de una endeble opinión *pública* (seis personas conformes), fácil a cualquier sugestión. Como los "actos de notoriedad", tenía que ser también, este maleable instrumento, "*molte volte, il pretesto per condannar l'innocente*".

El desprestigio moral acabó por desplazarlo, contribuyendo a su fin otros factores, sin contar, ya que pertenecen al género, los mencionados "*acto de notoriété*", que pronto degeneraron, por efectos peculiares "a la certificación de la creencia, cuando no era intencionada y parcialista", en uno de los tantos recursos puestos al servicio de la impunidad o la persecución.

Lessona y Florian suscribieron, mucho después, el juicio de Bentham: "la palabra notorio, en materia judicial, es merecidamente sospechosa: un pretexto que se esgrime a menudo cuando faltan las pruebas o es difícil encontrarlas"[57].

---

56 *Per la definizione, en Studi, II.*

Dice, también, MANZINI: "La noción jurídica de la notoriedad subsiste, pero siempre asaz incierta" (Op. cit, IV, p. 108, nota 1).

57 Op. cit., II, p. 265.

Abundan las expresiones desfavorables. CARRARA lo llama "famoso broccardo" (Op. cit., part. gen., II, p. 292). Es "embarrassant" para TOULUER y DUVERGIER (Op. cit., IV, 2ª part., núm. 13). HALÁSZ lo juzga "labile ed incerto" *(Sul procedimento civile ungherese,* en "Foro dello Nuove Province", III, núm. 78). GLASSON, LEDERLIN y DORESTE, dejan constancia, en fin, de que se ha hecho notar, "con razón", que la fórmula alemana sobre lo notorio es "peligrosa".

II

NOTORIEDAD Y NOTORIO

En la prueba
En el derecho material

NOTORIEDAD Y NOTORIO

ACLARACIÓN

Dentro de la expresión ambigua de notoriedad, lo notorio especifica un instituto relacionado con el derecho probatorio. La notoriedad es por tanto más vaga y diversa que ese instituto. Tiene aplicación desigual en todas las ramas del derecho. Alude, también, a lo evidente, lo público y lo manifiesto, pero más imprecisamente. Arrastra consigo, como lo notorio, desconcierto y obscuridad.

Sus variedades más importantes para la materia en estudio, son las que comprende el derecho procesal, sobre todo aquellas que pueden repercutir en la prueba. Otras muchas tienen cabida en el derecho material.

DERECHO PROBATORIO

1. LA NOTORIEDAD OFICIAL

La más próxima, en apariencia, a lo notorio. Se refiere, como ya se consignó, al hecho que el juez conoce en virtud de su función pública o invistiendo carácter oficial (*"Gerichtskundige"*). Los escritores alemanes la contemplan como una subdivisión de lo notorio. Y, por supuesto, divergen apenas entran a calificarla. De todas maneras, con ocasión o en ejercicio de la jurisdicción, "hechos de notoriedad oficial", o como se usa en la jurisprudencia angloamericana, "hechos ocurridos en presencia real de la corte", o, en fin, según la expresión española, "hechos de notoriedad en el Tribunal", la nota característica está en la circunstancia de que su conocimiento, aunque privado, lo adquiere el juez en la órbita de sus funciones[1].

Procediendo por exclusión habría que descartar, dentro de esa órbita, los hechos que corresponden a la causa. Luego, los que resultan de actos cumplidos por el juez en su cargo, o constan de documentos fidedignos u otro medio no menos pertinente. A estos últimos se refirieron Stein y Bennecke Beling, y contra lo que alegaron para calificarlos de notorios observóse que no planteaban, con ello, sino un problema de común verificación, puesto que todo se reducía a saber qué valor alcanzaban dichas constancias de acuerdo con las normas ordinarias de los juicios. Quedan, al final, los hechos que acaecen ante

---

1 FLORIAN, op. cit., I, núm. 44, p. 92, nota 1; GOLDSCHMIDT, Derecho Procesal *Civil,* p. 259; KISCH, *Elementos de* Derecho *Procesal Civil,* p. 196; PRIETO CASTRO, op. *cit.,* I, núm. 296; ALCALÁ-ZAMORA y CASTILLO, *Estudios de Derecho Procesal,* p. 456, nota 36.

el juez sin que éste, como juez, disponga de ningún poder sobre ellos, por lo que, no obstante su oficio, viene a conocerlos sólo como particular.

Esta notoriedad *sui géneris* es admitida expresamente en el derecho austríaco y alemán, como una forma de lo notorio[2]. La jurisprudencia angloamericana la reconoce, también, entre las modalidades posibles de *"judicially noticed"*. En cambio, no tiene aceptación en España, Italia ni Francia. No puede tenerla en el sistema dispositivo, ni siquiera para los partidarios de lo notorio, pues el hecho que el juez conoce, ahora, se aparta de las razones tan laboriosamente urdidas desde los tiempos del canon.

Por eso, de la actitud alemana que identifica a las dos especies en una sola noción resulta que: o no descansa el instituto en los mismos fundamentos o lo notorio significa, para ella, otra cosa.

Media, evidentemente, una gran diferencia entre lo notorio, tal como lo concebimos, y la notoriedad oficial, (no pública). Diferencia esencialísima, tanto que podría afirmarse que las dos figuras no caben en una misma fórmula. Como enseña Florian, lo notorio surge con los hechos acreditados fuera de la vida en que se desenvuelven los tribunales, hechos cuyo conocimiento se expande por el mundo haciéndose común, y que, por serlo, llega hasta el juez; mientras que la notoriedad oficial "deriva de un conocimiento que tiene su origen y su límite en las sedes judiciales".

2. "ACTES DE NOTORIÉTÉ"

Son de procedencia francesa. Aparecieron, obligadas por el uso, reemplazando a las "enquêtes par turbes" que aboliera la Ordenanza de 1667 sobre procedimiento civil. Posteriormente, el legislador les dió curso regular con diversa conformación jurídica. Sus efectos cambian, pero siempre son relativos. Sólo poseen fuerza plena cuando lo impone la ley.

Se emplearon para esclarecer un punto de derecho consuetudinario o jurisprudencial, y sirvieron, luego, para comprobar ante notario o juez de paz y, alguna vez, ante el alcalde, la creencia pública o la información, divulgada suficien- temente, del hecho a determinar en satisfacción de la ley o en interés de una persona. Se distinguen del certificado, aunque no esencialmente, y nada tienen que ver con lo notorio[3].

---

2 Código alemán, parág. 291; austríaco, 269. Las dos formas que cada uno estipula, aunque *substancialmente* distintas entre sí, están consagradas por la misma disposición legal; y de que así ocurra, sobre todo en lo que atañe al hecho conocido por el juez (y de ninguna manera notorio), surge claro que la verdadera causa determinante de esas excepciones radica en el principio de oficialidad.

3 *MERLIN, Recueil Alphabétique des questions de droit, en "Notoriété"; ROLLAND DE VILLARGUE, Répertoire de notariat; BIOCHE, Diction- naire; Pandectes Françaises, en "actes de notoriété".*

En Italia no tuvo, tampoco, mayor acogida por los jueces. Fué legislada en algún caso como procedimiento especial (*Il Digesto Italiano,* XVI, p. 452, notas 1, 2, 3 y 4). En Alemania se le relaciona, principalmente, con la demostración judicial del derecho consuetudinario y de la ley extranjera (GOROSTIAGA, *El Código Civil y su Reforma ante el Derecho Civil Comparado,* I, 1ª parte, p. 173, con información doctrinaria en nota 50).

La ineficiencia de estas actas proviene, en principio, del escaso contralor que se les dispensa. Además, su poder no estriba, exactamente, en la notoriedad misma sino en las afirmaciones concordantes de los testigos. Se reducen a un "testimonio colectivo". La opinión pública sólo vale accesoriamente. Su misma terminología es inadecuada y equívoca. "Trompeuse", resumen Planiol y Ripert[4].

3. "COMMUNE RENOMMÉE"

Es el rumor público, explican Baudry-Lacantinerie y Barde: "la notoriedad"[5]. Pero justificada en el proceso. No se trata, pues, de una prueba exterior. Ni menos de una eximente. Claro está que entonces no puede ser lo notorio. Consiste, por su forma, en deposiciones vertidas sobre hechos que se conocen *"par oui-dire"*, aunque diverge del verdadero testimonio en que no traduce lo que se percibe directamente, *"ex visu audivi"*, y con especialidad en que, por lo común, refleja una opinión.

En la *"commune renommée"* el testimonio no versa, tampoco, sobre el hecho que se discute sino sobre otro hecho que guarda con él una simple relación. Testimonio de testimonio, se ha dicho. Hace referencia, en el fondo, a la opinión pública formada ya, y, en tal sentido, escapa a una auténtica fiscalización. Además, contra lo preceptuado para la prueba testimonial, se le admite aunque no sea pertinente. A pesar de todo, no determina un "procedimiento original" y sí, cuando mucho, una simple variedad del testimonio, con menos garantías, con menos eficacia[6]. Procesalmente, bajo la desconfianza que la persigue, entra en la figura establecida para las *"enquétes ordiniaires"*.

La *"commune renommée"* se aplica, en derecho francés, cuando concurren las circunstancias que estipulan los arts. 1415, 1442 y 1450. Aunque haya quienes la extiendan por "real analogía", a diversos casos, prevalece el criterio que se opone a su aplicación fuera de lo expresamente autorizado. Y, aun así, no procederá sino en defecto de otra prueba; *"au besoin par la commune renommée"*.

Existe en doctrina mala opinión sobre todas sus variedades. Se las juzga *"exorbitantes du droit commun"* y hasta de la misma prueba. Y todavía más: imperfectas, inseguras y peligrosas[7].

---

4 *Traité Pratique de Droit Civil Français, VII, núm. 1513.*

5 *Traité Théorique et Pratique de Droit Civil,* XV, p. 332. Contr. en parte, GIORGI, *Teoría de las Obligaciones,* I, p. 497, quien la confunde con la "fama pública" y la separa, cuantitativamente, de la notoriedad.

6 BONNIER, op. cit., I, núm. 244; ZACHARIAE, *Le Droit Civil Français,* III, parág. 595; DEMOLOMBE, op. cit., XXX, núms. 222 y 227; PICARD, *De la preuve par commune renommée,* p. 144. Contr. TOULLIER y DU- VERGIER, op. cit., XIII, núm. 4 y PROUDHON, *Usufruit,* I, núm. 163, al sostener que esta prueba reposa en el conocimiento personal que se tiene de un hecho o en lo que "se ha oído decir"; por tanto, cúmplense en ella funciones "d'expert".

7 "Es evidente que esta especie de prueba no ofrece ninguna garantía, y que resulta eminentemente peligrosa. ¿Cómo obtener de ella precisiones? ¿Cómo controlarla seriamente? En fin, ¿no es incontestable que la mayor parte de las veces el rumor agranda y desnaturaliza los hechos, que él mismo a menudo inventa? Hay que concluir en que este modo de prueba es «*exorbitant et exceptionnel*»" (BAUDRY- LACANTINERIE y BARDE, *Des*

4. Fama pública

Ha sido identificada, y aún lo es, con lo notorio. Tiranti concedía que hubiera entre ambas sus puntos de contacto, ya que brotaban del mismo tronco, pero no que dejaran de ser, por eso, distintas. Equivale, en cambio, a la *"commune renommée"*, que es un amoldamiento legal de la fama pública a tres casos de excepción.

En el derecho canónico tenía esa "fama" una importancia especial. Y un gran valor probatorio. Discutíase, precisamente, en mérito a las circunstancias de tiempo, sobre la significación que acusaba a su respecto la persistencia: tratándose de un hecho antiguo, la fama hacía *"probationem plenam"*, y de uno reciente, "semiplenam". No se le acordaba idéntica eficacia persuasiva en materia civil y criminal, particularmente cuando se trataba de penas mayores. *"In causis civilibua fama probat sufficienter"*.

Durante un tiempo, subsistió en el derecho común. Las viejas instituciones la recibieron entre sus medios probatorios, aparte de la notoriedad, como lo recuerda el verso latino:

> *"Aspectum, sculptum, testis, notoria, escriptum, jurans, confessus, praesumptio, fama, probavit".*

Las Partidas[8] también la autorizaron, diferenciando la fama del hombre y la fama entre los hombres. Posteriormente, se la toleró tan sólo en función auxiliar, o para determinadas emergencias procesales. Al fin, desapareció, ahogada en su propio desprestigio, bajo la tacha común de "inútil anacronismo".

Otra época, otro derecho. Es indiscutible que existió un ambiente, ya desechado, propicio al criterio común de la gente. Como la fama, lo notorio también resulta hoy anacrónico. Aunque diversos en su constitución definitiva, los dos medios descansan en análogos fundamentos: la referida comunidad de juicio o de opinión. García Goyena, para abreviar citando a uno de los autores más conspicuos, repite que la fama "es la común opinión o creencia que tienen todos o la mayor parte de los vecinos de un pueblo acerca del hecho, afirmando haberlo visto u oído referir a personas ciertas y fidedignas que lo presenciaron". Más consistencia y volumen, pues, que el rumor, pero menos que lo notorio, fuera de que no entraba en el proceso como prueba ya constituida sino como prueba a constituir.

Obligations, IV, p. 332). "Nada más vago ni más arbitrario que una prueba en la cual se consulta a la opinión pública" (Bonnier, op. cit., I, p. 371). "La prueba resultante de la «commune renommée» constituye una presunción que no prueba con certeza, sino que nos induce a una creencia dudosa". La razón está en que "nada hay, como el pueblo, tan crédulo, tan fácil de sorprender por falsas opiniones" (Ferriére, *Preuve résultant de la commune renommée*, p. 562). V., todavía, Guillouard, n, núm. 659; Troplong, II, núm. 820; Duranton, XIV, p. 239; Aubry y Rau, VIII, p. 298; Garsonnet y Cézar-Bru. II. núm. 325).

8 Ley I, tít. VI, Part. 7ª; Ley VIII, tít. XIV, Part. 2ª. V., con respecto al derecho antiguo en España, las adiciones de Vicente y Caravantes a Bonnier. I. p. 376.

La doctrina acabó por rechazarla en todas partes[9]. El derecho procesal, tanto español como argentino, le presta exiguo interés. Se ha refugiado, por último, en la prueba testifical, que la absorbió confinándola a un requisito postrero, en la inercia de un trámite uniforme y rutinario[10].

DERECHO MATERIAL

1. DIVERSOS CASOS DE ADAPTACIÓN LEGAL

En las operaciones mentales a que recurre el juez, agotando las posibilidades de la ley para adaptarla debidamente al hecho, o, como se entiende en la doctrina alemana, para la subsunción de este hecho en la ley aplicable (*"Subsumtion des Thatbestandes unter das Gesetz"*), no es poca dificultad la que ha de vencerse ante los inevitables defectos en que incurre el legislador. Pero, a veces, esos defectos consistentes en imprecisiones de forma, son deliberados y quedan remitidos al juez con el mandato implícito de fijar el alcance que corresponda según el modelo elaborado por la experiencia[11].

Así ocurre con la palabra "notoriedad" inserta en numerosas disposiciones del derecho positivo, tanto material como procesal. Su aplicación deberá hacerse, en cada asunto, conforme a las pertinentes enseñanzas de la vida práctica[12].

---

9 En mayor o menor grado, aun cuando se pretenda que en el hecho notorio hay *otra* naturaleza —como arguye CHIARELLI, reiph- tiéndose a FARINACIO—, el que elabora el rumor, la fama (o la "com- mune renommée"), y la notoriedad es, siempre, el *Público, y* su incapacidad para encontrar y exponer lo verdadero, si radica en su propia constitución orgánica, no se repone porque cambie de objeto y de actividad. O, por lo menos, no tanto como para merecer un crédito absoluto. ROTVIAGNOSI, hace más de un siglo, sostuvo que la *"credenza"* del Público no puede ser, como criterio de verdad, superior a la del individuo; el testimonio no modifica su naturaleza ni su fuerza intrínseca porque sea comunicado a ese Público más bien que al particular, Puede suceder que el juicio del Público tenga un fundamento especial y conocido que lo acredite; pero, entonces, lo que vale es ese fundamento y el juicio resulta *superfluo.* Si no lo tiene, seguirá siendo incierto. En ningún caso, pues, constituirá un medio para discernir la verdad. *(Ricérche sulla validità dei giudizi del pubblico a discernere el vero dal falso,* 1837, ps. 310-311). MANZINI actualizó las sensatas reflexiones del insigne maestro, reputado en Italia como precursor, en cierta forma, de la dogmática jurídica, refrendándolas con la autoridad de su moderna orientación procesal (Op. cit., III, p. 192, nota 2).

Por lo que atañe a la fama, en concreto, BONNIER, entre muchos, escribe: "Nada más vago ni más arbitrario qüe una prueba en la que se consulta la opinión pública para preguntar lo que piensa de tal o cual hecho, sin tener obligación de comprobar este peligroso testimonio por medio de una prueba directa" (Op. cit., I, núm. 242). V., además, *supra,* nota 64. De los procesalistas nacionales: CASARINO, *Procedimientos,* p. 233; DE LÀ COLINA, *Der. y leg. Procesal,* II, p. 120.

10 No es preciso establecer que en el derecho material, especialmente civil, otra misión cumple la "fama", como elemento, formalidad o condición de institutos.

11 *Infra,* en el texto, cap. III, "Formas genéricas, II: Lagunas *sui géneris* de la ley".

12 *Diritto Giudiziario Civile italiano, I, p. 257, nota 4.*

No pretendo, ahora, sino traer una prueba más sobre la condición excesivamente plástica de un vocablo y su respectivo concepto. La digresión nos llevaría demasiado lejos. Hay que circunscribirla. Bastará reconocer la naturaleza múltiple que tiene la "notoriedad" para el mismo legislador. Cómo la adopta en procura de los fines más diversos. Requisito, modo, causa; ora de valor práctico y circunstancial, ora técnico. Tan pronto como justificativo de medidas urgentes; o para caracterizar determinada noción; o en interés del magistrado, habilitándolo con atribuciones discrecionales.

Huelgan los ejemplos. Indicaré, sin embargo, dos o tres, al azar.

Disponía en su art. 696 el código italiano del 65: "La reintegración debe ser ordenada por el juez, previa citación de la otra parte, ante la *simple notoriedad* del hecho". Esta notoriedad significa, a juicio de Mattirolo[13], que *"il pre- tore ha un potere discrezionale nella scelta dei mezzi probatori"*. Y, según Lessona[14], que puede prescindir de todo ritual para escogerlos, apreciándolos con "gran libertad de convicción". La jurisprudencia ha confirmado este sistema expeditivo, y aun fue más allá, estableciendo, por razones de urgencia, medidas oportunas (aunque preparatorias), sin previa citación.

Diferente alcance le asignaba al concepto "notoriedad" el art. 1445 del mismo cuerpo de leyes; por esta disposición se autorizaba a la mujer o a sus herederos, en la hipótesis consiguiente de disolución, para que repitiesen el valor de las cosas muebles que no subsistieran con su naturaleza primitiva, determinándolo "incluso por notoriedad".

Lo más frecuente es que singularice un estado de hecho como base de una situación jurídica de consecuencias peculiares. En derecho comercial, según las legislaciones, se presume el consentimiento del marido en favor de la mujer cuando ésta ejerce el comercio de un modo "público y notorio". O se permite la declaración de quiebra cuando es "notoria" la cesación de pagos[15].

---

13 Op. cit., I, p. 280, con referencia, también, a otras construcciones legales.

14 Op. cit., I, p. 280. En su nota 2, síntesis de las opiniones corrientes en la doctrina y los tribunales italianos.

15 *V.: FERNÁNDEZ (R. L.), La Cesación de Pagos en el Derecho argentino y universal, p. 128. V., también, PANDOLFO y MONDELLI, De la Emancipación y de la Autorización legal en el Código de Comercio vigente, p. 50.*

Si otros ejemplos fueran menester, a buen seguro que la sola mención de los problemas sobre la insania[16], la posesión notoria y el concubinato[17] donde este hecho se admite entre las causales que determinan la declaración de la paternidad ilegítima, sobraría para convencernos de que aun podemos repetir con Clarus, ajustando su frase a nuestra situación, *"quotidie de notorio loquimur..."*, todos hablamos aunque nada sabemos de la materia, y es natural que no nos entendamos cuando se trata de establecer lo que significa una palabra tan proteiforme como *notoriedad*.

---

16 Una simple mirada a la jurisprudencia, descubre cómo se debaten los jueces, para caracterizar la insania, con múltiples criterios: "por modo evidente" (cám. civ. 2ª Cap., octubre 22, 1926, en "J. A.", XXII, p. 977); "deben ser notorios a cualquier persona" (cám. civ. 2ª de la Cap., oct. 11, 1926, "J. A.", XXII. p. 964); "en hechos presenciados o en decires oídos con reiteración suficiente" (cám. civ. 1ª de La Plata, junio 8, 1926, "J. A.", XX, p. 1040); "demencia notoria y habitual o permanente" (cám. civ. 1ª Cap., junio 7, 1938, "J. A.", LX, p. 53); "publicidad y notoriedad" (S. Trib. San Luis, set. 4, 1937, "Rev. La Ley", t. '8, p. 757, fallo núm. 3710; "Demencia patente que se impone a primera vista y a cualquier persona" (cám. civ. 2ª Cap., set. 22, 1939, "Rev. La Ley", t. 16, p. 147, fallo núm. 8072).

Semejante es la situación en la jurisprudencia uruguaya. Reproduciré, substancialmente, las observaciones, en su máxima parte justas, que formula al respecto el Dr. Juan Carlos Imhof, juez letrado de 1ª instancia de 5° Turno, en su sentencia de fecha 17 de junio de 1939, confirmada por el Tribunal, sobre nulidad de escritura por "insania pública y notoria" de uno de los contratantes (características de los arts. 1279, 1560, y 438 del cód. civil uruguayo) :

lo público y notorio es concepto popular; se forma por repetidas experiencias, que todos realizan; pero la totalidad y aún la mayoría no pueden observar sino lo "grueso" de una personalidad, y en cuanto entran en el campo de lo "sutil" y conjeturable, el criterio se extravía por falta de capacidad para el análisis y aun la simple percepción; el criterio popular (en cuanto a la facultad de crítica y formación de juicio) es pobre, estrecho y limitado, sin posibilidad de distinguir el verdadero contenido de las acciones humanas; si, en el caso que se planteaba, "sólo el examen detenido y sistemático" de tres eminentes psiquiatras pudo evidenciar lagunas y deficiencias mentales, lógico es deducir que el insano apareciera en el ambiente social y comercial en que actuaba como un sujeto capaz, produciendo esta misma impresión aun "en elementos de preparación cultural y hasta en técnicos, no especialistas, que hubieren practicado un somero examen" ("La Justicia Uruguaya", 1942, V, p. 332, núm. 1182).

17 Códigos chileno, arts. 311, 312 y 313, y uruguayo, arts. 44, 46, 47 y 253, sobre posesión notoria. En Francia, ley 16 de nov. de 1912, y en el Uruguay, ley 5 de set. de 1914, sobre paternidad ilegítima. La doctrina y la jurisprudencia, en ambos países, llegan a la cumbre de sus padecimientos cuando tienen que determinar el sentido y el alcance de la notoriedad con respecto al concubinato. SAYAGUÉS LASO (*Vistas Fiscales*, I, p. 687), en el segundo país, entendiendo que bajo ese nombre se oculta "un concepto especial, podría decirse, técnico" rechazaba las declaraciones testificales que se reducían a exponer que el concubinato era notorio, si no resultaba, en alguna forma, que tenían de esta condición una idea equivalente a la legal. ANDRÉS LLERENA (*Investigaciones de la paternidad*, p. 14), pudo concluir, por entre el verdadero embolismo que se formó entonces: "es imposible encerrar en una definición" conceptos "que expresan modos de sentir general", debiendo quedar a cargo del juez, "ya que por su esencia vaga y caprichosa dependen en un todo de las circunstancias".

III

ANALOGIAS Y AFINIDADES

FORMAS INMEDIATAS
FORMAS ESPECIALES
FORMAS EXÓTICAS

ANALOGÍAS Y AFINIDADES

Introducción

Después de buscar sin éxito algún precedente auténtico de lo notorio en su moderna configuración, o alguna expresión legal con la que establecer relaciones comparativas, podría insistirse por otro lado, en procura de semejanzas, a las que recurren con frecuencia los partidarios del instituto.

Existe, precisamente, un género de creaciones entre las cuales se confundía el hecho notorio hasta que el autor dé "Privates Wisen" lo diferenció con "*insuperabile chiarezza*". Todas se componen de un elemento objetivo y de un elemento subjetivo: el substrato material o *corpus*, y el juicio o la opinión que acreditan, imponiendo a veces un valor normativo, declinando, otras, hasta la mera pauta o el simple consejo.

A todas les corresponde un nombre genérico: *máximas de experiencia*. Pero hay algunas que se perfeccionan de tal manera que adquieren categoría propia. Y hasta llegan a constituir, en ciertos países, normas obligatorias. Las otras, por lo general, componen la inmensa muchedumbre de las innominadas.

Su misión es importantísima. Sirven principalmente al intérprete para la más equitativa adaptación de la ley. O, en el proceso, para la interpretación y valorización de la prueba. En esto último, han sido poco estudiadas por los procesalistas. Pero se admite que su función es tan sólo subsidiaria, como regla empírica de una deducción.

El problema de las máximas que pueden o no erigirse en norma general y obligatoria queda fuera del subsiguiente examen. Un límite debe darse por sobrentendido: el que corresponde al derecho *formulado*[1]. No habría interés para la comparación con lo notorio, que es un hecho, si el otro término consistiera en una ley.

Sin el menor asomo de sistematizar, podría tomarse en cuenta para su distribución el referido criterio. Primero las creaciones que más se aproximan a la ley. De las restantes destacaríanse las que, no poseyendo tanta fuerza, ostentan, sin embargo, una fisonomía especial y propia. En seguida, las que tienen también su individualidad, pero que resultan extrañas para

1 Para zanjar cuestiones, acéptese con Calamandrei la tesis canónica del "íus generale", el que estaba "in corpore iuris clausum". Quedarían fuera, por tanto, las normas del derecho no oficial, las que se denominaban "extra-vagantes" *(La teoría del "error in iudicando" net diritto italiano intermedio,* en *Studi,* I, p. 80, núm. 15).

V., la rectificación de Carnelutti al concepto diferencial, admitido como Comúnmente, entre hecho y derecho *("Instituciones del Nuevo Proceso Civil",* núm. 206, aa).

nuestro derecho. Finalmente, el gran caudal indi- ferenciado, la heterogénea producción del vasto campó labrantío que es la experiencia.

FORMAS INMEDIATAS

1. La jurisprudencia que no es ley

Está dicho ya que si el legislador le asigna un alcance determinado[2], toda cuestión que sobre ella se provoque hábrá de ser remitida a la ley. Pero si queda librada a su propia gravitación, la que consiste en el respeto, no coactivo, que merece la autoridad de que proceda, y se gradúa conforme a la aceptación que obtiene en número de sentencias repetidas, el asunto escapa al *"iura novit curia"* como deber.

No perteneciendo al derecho *formulado,* el juez no ten- drá el deber pero sí el poder de conocerla, para utilizarla en alguna interpretación.

Cabe en lo posible que constituya, en un litigio, el objeto que se controvierte. No integraría, entonces, la realidad jurídica: las partes estarían obligadas a demostrar su existencia objetiva, y el juez a proveer de acuerdo con su demostración[3].

---

2 Graves problemas, que obligarían a un desarrollo mayor, discútense en el país, fuera del que atañe a la obligatoriedad en principio (Calvento, *El Código de Procedimientos,* núm. 515). Recordaré, al pasar, que existe una jurisprudencia particularmente obligatoria. El curso de las investigaciones a su respecto se desviaría hacia la ley núm. 7055, para las Cámaras de apelación del fuero ordinario en la Capital Federal, y la núm. 11.924, para la Cámara de Paz Letrada en la misma Capital. Me remito a los siguientes autores, que acometieron su estudio desde posiciones diversas: Martínez Paz, *Filosofía del Derecho,* lib. IV; Soler, *Derecho Penal Argentino,* I, 113; Salvat, en "Rev. del Colegio de Abog. de Buenos Aires", I, p. 318; Núñez, *La ley, única fuente del derecho penal argentino,* en "Boletín de la F. de D. y C. Sociales", Córdoba, 1941, núms. 1-2, p. 87; Aftalión, *La Escuela penal técnico-jurídica y la Teoría pura del Derecho,* en "Rev. La Ley", t. 23, sec. doct., p. 5; Gallegos Sánchez, *Interpretación de la ley. Valor de la jurisprudencia,* en "Boletín de Jurisprudencia, Comercio y Tribunales", Córdoba, III, núm. 40; Canmoti, *Unificación de la Jurisprudencia,* en "Boletín del Instituto de Enseñanza Práctica", Santa Fe, 1942, I, p. 133. V., aun, dos grandes sentencias, "Rev. La Ley", t. 24, p. 983, fallo núm. 12.708, y diario "La Ley", 19 y 20 nov., 1943.

3 Antes de pasar al tópico inmediato, conviene advertir que el *precedente* difiere de la jurisprudencia. Menor es su alcance y distinta su naturaleza. No puede observarse lo mismo en el derecho angloamericano donde tiene, procesalmente, una influencia considerable. Se le divide en precedente de autoridad ("authoritative precedent") y precedente persuasivo ("persuasive precedent"). El primero se subdivide, según provenga de una autoridad absoluta o condicional: absoluta, no admite discusión, y los jueces deberán respetarlo aunque lo conceptúen erróneo; condicional, no será obligatorio si la Corte, juzgándolo seria y claramente perjudicial, cree preciso derogarlo en mérito a los intereses superiores (Salmond, *Jurisprudence,* p. 162).

2. DERECHO CONSUETUDINARIO

Dentro del género costumbre, una especie[4]: pródiga fons *iuris* para el legislador y para el juez en sus respectivos predios. Hállase debajo, inmediatamente, de la ley: porque no es ley *aún* o porque sólo regiría a voluntad de lo que se denomina juez-legislador[5].

Esta costumbre, cuando no se transmuta, por sí, en norma imperativa (dónde tal medio de legislar se admite), o no lo hace expresamente el legislador, retiene un valor de *existencia,* que dependerá, por tanto, de las partes. Sin embargo, puede concebirse otra posición jurídica para la costumbre de que aquí se trata (incluyo en la *interpretación sui géneris* los casos en que invoca la ley una determinada costumbre o un uso particular): cuando ha sido señalada en forma explícita como fuente subsidiaria de la interpretación. El juez tiene, entonces, que conocerla. Y es en estas circunstancias que resultaría verdaderamente ilógico, suscribiendo la observación aducida por de Diego, que si la ley ordena el empleo supletorio de la costumbre, el juez se cruzara de brazos a la espera de que los interesados se la aportasen[6]. Sería mucho más, pues la costumbre susodicha habría dejado ya de constituir un hecho para informar esencialmente un precepto de ley.

Sintetizando: si el legislador no la consagra en norma, el juez no tiene el deber de conocerla y aplicarla; tiene, solamente, el poder de conocerla como elemento de interpretación. Porque, cuando la ley exige que se acuda subsidiariamente a la costumbre jurídica, el caso es de estricta aplicación legal. En las demás condiciones, habrá un hecho. Bien que provisto de gran eficiencia normativa, "fuero que non es escrito" según las antiguas leyes[7].

Ha sido estudiada, con fruto, en el derecho material, principalmente[8]. En lo que atañe al proceso, donde también suscita graves cuestiones, equipárase al

4 ALCALÁ-ZAMORA Y CASTILLO, lo ha deslindado, con perspicuidad, de los institutos similares *(Derecho consuetudinario y función judicial, en Estudios de Derecho Procesal,* p. 477).

5 Creo oportuno citar la disposición contenida en el art. 17 del Código civil, que establece: "el uso, la costumbre o práctica no pueden crear derechos *sino cuando las leyes se refieren a ellos".*

6 Alude a la regla de derecho supletorio inserta en el art. 6° de la legislación española: "Cuando no haya ley exactamente aplicable al punto controvertido, se aplicará la costumbre del lugar y, en su defecto, los principios generales del derecho".

7 Ley IV, tít. II, Part. 1ª.

8 Reduciendo este informe bibliográfico a los autores del país y escogiéndolos, siempre, en mérito a la diferencia de aspectos que encaran, surgen los siguientes nombres: SALVAT, *Tratado. Parte general,* 2ª edición, núm. 25, y *La reforma del Código civil,* en "La Prensa", 16 de marzo de 1939; SOLER, *Derecho Penal Argentino,* I, p. 112; AFTALIÓN y GARCÍA OLANO, *Introducción al Derecho,* cap. XVI; AFTALIÓN, *Los principios generales del derecho y la rejorma del Código civil,* en "Anales de la Facultad de Cienc. Jur. y Sociales de la Plata", XI, 1940, p. 253; BARCIA LÓPEZ, *La teoría general de las leyes, de las personas y de los bienes en el proyecto de reforma del Código civil,* en "Anales de la Facultad de C. J. y S. de La Plata", IX, 1939, p. 147; GOROSTIAGA, *El Código Civil y su Reforma,* I, 1ª parte, p. 383; DÍAZ DE GUIJARRO, LOS *usos y costumbres en el derecho mercantil,* en "J. A.", XXIII, p. 1026. Además, no puede prescindirse de ALCALÁ-ZAMORA Y CASTILLO, con sus "ensayos" de análisis diferencial entre derecho

hecho común: no existirá por sí sola, cuando pertenezca al objeto de la acción, pese a toda su notoriedad[9].

3. DERECHO EXTRANJERO NO RECONOCIDO LEGALMENTE

"El derecho extranjero es derecho", proclama Gierke ([10]). Pero en el régimen del derecho obligatorio sólo por mandato de la ley, no lo será más que como un antecedente. En realidad, el verdadero principio dispone lo contrario: la ley carece de vigor más allá de las fronteras nacionales.

Problema complejo, tanto por sus complicaciones doctrinarias como por sus dificultades prácticas. En el orden inter- nácional genéranse implicancias y contradicciones tan hondas, sobre todo a causa de la nacionalidad, que al fin se acaba en lo que Buzzati denomina *"circulus inextricabilis"*.

Se ha comparado precisamente a lo notorio con este derecho (razón por la cual se le incluye en el presente cuadro). Pero, una vez más, hay que distinguir bien. En algunos países, los códigos o los tratados acogen expresamente una ley extranjera y aun determinan el tratamiento a otorgársele; existirá en tal forma una disposición nacional que cumplir. Regirá, para el juez, el áforismo *"iura novit curia"*[11]. Si nada se ha establecido, legalmente, la ley extranjera

---

consuetudinario, costumbres, jurisprudencia, usos forenses, prácticas judiciales y demás formaciones colindantes, reunidos en su volumen, "Estudios de Derecho Procesal".

9 La doctrina es al respecto contradictoria. Predomina, sin embargo, la opinión siguiente (Piola, Consuetudine e usi locali, cap. V); pertenece al derecho cuando la ley la invoca, expresamente, como norma supletoria de interpretación o en casos de aplicación especial; el juez debe, entonces, conocerla y adaptarla conforme al "iuria novit curia". No teniendo valor de norma legislada, la costumbre es un simple hecho; si una parte la afirma y otra la niega, necesitará demostración y el juez proveerá por lo que resulte de los autos.

Admítese a este fin todo género de prueba. BIANCHI ha dicho que la más natural y lógica en materia de costumbre, hecho de dominio publico y común, es la notoriedad. Se refiere, sin duda, al "atto di noto- rietà" (BIANCHI, *Corso di codice civile italiano: principi generali suile leggi,* núm. 32). En cambio, parece que para el *Nuovo Digesto Italiano,* lo *notorio* justifica la existencia de la costumbre (V. artículo "Iura novit curia", *in fine).*

10 *Deutsches Privatrecht, I, p. 212.*

11 Es decir; ante el silencio del legislador no rige el aforismo. Sin embargo, se aduce que, según MANCINI *(Atti parlamentan,* Legisl. XIII, "Discuss", III, p. 2413), ese silencio en la legislación italiana, fue deliberado, para que el juez resolviera si podía suplir la ausencia de prueba con su propia cultura.

Las complicaciones a que se refiere BUZZATI, agrávanse en derecho internacional con la teoría del reenvío y el doble reenvío. En Italia se ha llegado a soluciones concretas: aplícase, en principio, para juzgar el estado de las personas, la ley nacional del interesado; si esta ley se remitiera a otra que consagrara, por ejemplo, la doctrina del domicilio, el juez italiano resolverá no según dicha norma, sino de acuerdo con la norma fundamental. Se objetaba, en la anterior legislación, que esta teoría era inadaptable a su régimen. Pero el nuevo Código civil ha dispuesto, en su art. 20: "Cuando, según los términos de los artículos precedentes, debe aplicarse una ley extranjera, se aplicarán las disposiciones de la misma ley, sin tener en cuenta el reenvío que haga a otra ley". (V. COVIELLO, *Doctrina General del Derecho Civil,* parág. 41; BUZZATI, *Il rinvío nel diritto internazionale privato*).

será un hecho, prescindiendo de las disensiones acerca de la vigencia y la existencia; asunto propio de la iniciativa individual.

FORMAS ESPECIALES Y MENOS IMPERATIVAS

1. Usos forenses

Difiere del derecho consuetudinario: por lo que éste comprende como costumbre, en que es forense; por lo que el mismo puede importar judicialmente, en que no es jurídico. El derecho consuetudinario, además, viene de un mundo polimorfo; el uso forense procede, únicamente, de la administración judicial. Difiere, asimismo, en cuanto al valor: la costumbre es lo normativo; el uso, lo simplemente normal. Aquélla implica, siguiendo en parte a Somló[12], un deber o una obligación de hacer; éste, en cambio, sólo concreta lo que por práctica general se hace, y es la expresión de una tendencia, el perfil indicativo que destaca un hecho al repetirse con habitualidad y regularidad.

Igualmente notables son las diferencias con respecto al derecho jurisprudencial. Entre las más relevantes, se establece que la jurisprudencia nace de una resolución, después de un conflicto; el uso, por el contrario, se forma en el trayecto, durante el desarrollo del conflicto, con los actos *firmes* que interesan a la *conducción* procesal. La jurisprudencia se refiere al objeto de la acción y el uso permanece extraño a tal objeto; mientras la primera *realiza* derecho positivo (material o procesal), queda el otro en la tramitación; la jurisprudencia tiene un progenitor declarado, el juez, en tanto que para el uso concurren diferentes sujetos que intervienen, también, de muchas maneras, en el desarrollo judicial[13].

El uso forense no es sino un hecho o, mejor dicho, una serie de hechos que traducen una "*inclinatio*" más o menos determinada, según la uniformidad y continuidad que esos hechos demuestran con su insistencia en articularse. Más que la mera práctica. Más, en otro ambiente, que el "simple uso", pura objetividad, "sin embargo ninguno", que dicen las Partidas[14]. Distante, siempre, de la norma. Ha iniciado, apenas, su ascensión, y no deja de encarnar, principalmente, un hecho.

Ahora, el Código procesal modifica el concepto y el sistema de los *motivos* que debe conocer el juez ("iura novit curia") y los que deben suministrar las partes ("da mihi factum, dabo tibi ius"). Excluye de que denomina "carga de la información", las normas jurídicas, legales o consuetudinarias, nacionales o extranjeras. (Carnelutti, *Instituciones del Nuevo Proceso civil italiano,* núm. 206 aa).

12 *Alcalá-Zamora y Castillo, Ensayo de diferenciación entre la jurisprudencia y los usos forenses, en Estudios, p. 263.*

13 Contr., Núñez, en materia penal, al expresar que "la jurisprudencia no es otra cosa que una costumbre de los tribunales, un *usus fori*", salvo que en estas palabras sólo quiera hacer el autor una simple *enunciación* aclaratoria (loc. cit., p. 116). V., en otro sentido, abarcando los tópicos anteriores, Aftalión y García Olano *(Introducción al* Derecho, p. 487. La jurisprudencia de los tribunales).

14 Ley IV, tít. II, Part. 1ª.

2. LAS "BUENAS COSTUMBRES"

Son también distintas del derecho consuetudinario. Los códigos suelen invocarlas en su título preliminar, y corresponden, en consecuencia, al derecho que el juez no debe desconocer. Variadas en el espacio, variables en el tiempo, obedecen en cada país, dentro de una común naturaleza, a razones propias y locales, que son absolutas. Podría decirse que representan en moral y conveniencia públicas la porción sagrada e inviolable del Estado. Supremos valores, pues, cuyo quebrantamiento acarrearía grave daño político y social[15].

No es fácil explicar en qué consiste su contenido. Basta sólo advertir que no se reduce a un producto de la vida práctica. En lo que precisamente se diferencia de otras "buenas costumbres", mencionadas en la ley como una expresión que, según las circunstancias particulares del caso, el juez interpretará consultando a la experiencia.

De todas maneras, unas y otras pertenecen, en las condiciones expuestas, a "ese material que, aun cuando se relacione con el proceso, no es genuinamente procesal"[16].

3. "BONUS PATER FAMILIAS"

Una más en la numerosa prole de las máximas. Existe como noción racional y ética, sin negar por esto su origen práctico. Tiene aplicación preferente en materia de culpa. Suministra un criterio con fines interpretativos, que el juez ha de conocer, extrayéndolo de la vida social, para medir la *"diligentia"* puesta en la conducta que analiza de acuerdo con los hechos probados en la litis.

Esta máxima, *"bonus pater familias"*, enumerada entre los *"standards"* jurídicos o legales, no requiere prueba, —como no la requiere ninguna regla de experiencia— cuando sirve para la interpretación de la ley. Pertenece a la cultura de que es dueño el juez. En las mismas condiciones, y por igual motivo, se encuentra cuando sirve para interpretar o valorar la prueba que se ha producido en una causa. Y puesto que es subsidiaria, como se ha consignado respecto de toda máxima en esta función, tampoco importa prueba, por sí misma, ni suple las omisiones padecidas por las partes. No ingresa, en fin, al material de la decisión.

---

15 Art. 21 del Cód. civil argentino. También el art. 21 del nuevo Código civil italiano prohibe toda clase de disposición o acto que "puedan tener efecto en el reino, cuando sean contrarios al orden público o al buon costume»". GOROSTIAGA aporta su gran erudición, refiriéndose al derecho positivo de diversos países (Op. cit., I, 1ª parte, particularmente ps. 179, 182, 454 [cap. "Actos prohibidos por la ley"], 473 ["Renuncia de las leyes y limitaciones a la libertad de contratar"]).

16 ALCALÁ-ZAMORA Y CASTILLO, *Actos procesales contra las buenas costumbres*, en *Estudios*, p. 498. V., especialmente, el parág. *"La «an-* tijuridicidad supralegal» (SAUER) y la «nulidad material de la sentencia» (KISCH)", p. 501. Sobre el *derecho supra legal*, observa SOLER "que en vano se esfuerzan sus partidarios en sostenerlo como legítimo, defendiéndolo como criterio no extra-supra o metajurídico, sino inmanente al derecho" (Op. cit., I, p. 305). Frente a disposiciones como la contenida en el art. 21 del Código civil, lo que vaya contra las "buenas costumbres", no será, dice SAUER, un caso de "antijuridicidad supralegal", sino una ilegalidad.

La *diligentia* (o la falta de diligencia) responsable debe ser la que surja del proceso, conforme a los elementos de juicio aportados regularmente por las partes; y el juez la estimará, comparándola con la *"diligentia boni patris familiae"*, que es el tipo medio de su valoración.

En la *"diligentia quam suis"* [17], la propia medida, en cambio, sirve de base para la apreciación judicial.

4. "JURIDICAL STANDARD"

"Standard", en general, es máxima de experiencia.

Pero hay un *"standard"* particularmente conocido, que corresponde a un determinado orden de relaciones, corolario impuesto como regla de conducta por natural selección de la experiencia en las circunstancias pertinentes, casi siempre económicas y sociales: el *"juridical standard"* [18].

Roscoe Pound que con Buckland, Mc Nair y Schultz, entre otros, concurre tan eficazmente a fundar el estudio jurídico sobre un concepto de amplia conexión entre el derecho de su país y los otros derechos incluso el latinoamericano, y Edouard Lambert, el admirable *"chercheur scientifique"* como le llama Hauriou, le dieron a este "standard", prestigiosamente, doctrinaria circulación. En puridad, se ha observado, lo único nuevo en tal instituto es la etiqueta[19].

---

17 *GIORGI, Teoría de las Obligaciones, II, p. 65; FADDA, Il buon padre di famiglia nella teoria della colpa, en Atti della R. A. di Scienze di Napoli, XXXII, p. 161; AGUIAR, Hechos y Actos Jurídicos, II Actos Ilícitos, núms. 47, 48 y 49.*

18 *FREUND, Standards of American Legislation; AL-SANHOURY, Le standard juridique, Recueil d'Etudes, en honor de GÉNY, II, p. 145 y citas en p. 155, nota 2 (V. El standard jurídico, en "Rev. La Ley", t. 2, sec. doct., p. 26); STATI, Le standard juridique, también con citas, p. 8; LAMBERT y BROWN, La Lutte Judiciaire du Capital et du Travail organisés aux Etats- Unis; E. LAMBERT, Le gouvernement des juges contre la legislation sociale aux Etats-Unis, y prefacio a Espéces choisies de jurisprudence; HAURIOU, Police juridique et fond du droit, en Revue Trim., 1926, p. 265; POUND, An Introduction to the philosophy of Law, The Aplication of Law (V. en "Revista Forense", Río de Janeiro, 1942, jimio y julio, p. 659).*

19 HAURIOU, op. cit., p. 265. Contr., AL-SANHOURY, op. cit., p. 29.

POUND se remite al lejano tiempo de Cicerón, quien, aludiendo, a las "actiones bonae fidei", juzgaba que requerían un juez fuerte. De ese "artificio judicial", extrajéronse varios moldes aplicados como simples medidas de procedimiento. Más tarde, en Inglaterra, la equidad ("equity") inspiró, análogamente, en el fideicomisario, fórmulas flexibles de actuación. "The law of Torts" (son principios sobre las obligaciones por daños civiles en la "Common Law"), determinó, luego, el "standard" según la conducta que, en determinadas circunstancias, adopta un hombre moderado y prudente. En la aplicación de la ley sobre servicios de utilidad pública configuróse un nuevo "standard" en una serie: "standard" del servicio razonable, de las condiciones razonables, de las contingencias razonables... Después, se produjo la reacción; doble reacción, porque se pronunciaba contra el instituto en sí y porque, en 1o tolerado, se pretendía imponer una reglamentación minuciosa y rígida que anulaba todo arbitrio judicial. Pero el "standard" al fin triunfó, multiplicándose en numerosas especies, aunque sometidas a dos organismos principales, el "jury" o la comisión de servicios públicos, asimiladas, esencialmente, en el concepto de la apreciación legal hecha según el sentido común, la experiencia y la intuición: estimábase, en efecto, la *cualidad* de una conducta, según las ideas que sobre lo justo abrigaran los

Análogo principio, con otras apariencias y modalidades, existió en todos los tiempos, si bien fue por efecto de las modernas rela- ciones en el orden económico, sobre todo en el sector del trabajo, que adquirió una conformación distinta, perfectamente extensible a las otras aplicaciones del concepto inicial. Según Stati, la jurisprudencia francesa hacía *"standard"* jurídico o legal sin saberlo, *"tout comme M. Jourdain faisait de la prose"*.

Varias figuras congéneres había ya en el período clásico del derecho: la buena fe, el orden público, la equidad. Subsisten aún, corregidas y aumentadas. Tienden, en principio, a reparar las injusticias que se producen entre lo concreto del caso a resolver y la rigidez de lo general que caracteriza a las leyes; son como acentos de entonación jurídica en toda sentencia que aspire a la adaptación correcta del derecho fija en normas, al hecho en su viva y cambiante realidad. Eficaces recursos del *"nobile officium"*, que difundió Erich Danz. Discuerdan, sin embargo, en su alcance y en su naturaleza.

El *"juridical standard"*, específicamente, ofrece características inconfundibles[20]. Se formó en interés de las relaciones entre el capital y el trabajo, donde acabó por consagrarlo la justicia angloamericana, que lo adoptó con preferencia en los asuntos sobre restricción a la libertad contractual, *"restrants of trade"*.

No sería justo desconocer el gran mérito que en tal conquista, parte de otra más honda y general, corresponde a la propia magistratura. Lambert, al concentrar sus observaciones sobre esos *"restrants of trade"*, ponderando los auspicios que provoca en la vida judicial, señala con encomio el respeto que en Estados Unidos obtiene sistemáticamente el *hecho* ante el derecho. Los magistrados le dan la importancia que merece. Y, sobre todo, pueden hacer efectiva su buena disposición gracias a los poderes de que disfrutan al respecto, mediante un régimen compatible, instrumento *"a quatre cordes"*, que saben pulsar con acierto y energía.

El criterio dispositivo en adecuada proporción no obsta ciertamente al ejercicio de esa discrecionalidad, siempre que no vaya contra sus derechos inalienables, siempre que no trastorne la finalidad interpretativa que la contiene. Puede ser recordada como ejemplo aquella actitud judicial que tanto contribuye al progreso de la ley por contacto fecundo con el desenvolvimiento económico y social. Puede serlo, en general, respecto de la misma aplicación del *"standard" jurídico,* si no se extralimita con resoluciones más administrativas que jurisdiccionales, si en su legítimo funcionamiento se mantiene, efectivamente, bajo el doble contralor que aseguran los principios de racionalidad, *"rule of reasonableness"*, y *"expediency"* o de oportunidad.

---

hombres legos de ese "jury" o según las que sobre lo razonable sustentaran los miembros, más o menos peritos, que componen dichas entidades administrativas (Roscoe POUND, *An Introduction to the Philosophy of Law*, ps. 100-143).

20 Tres características principales se indican en el derecho angloamericano: envuelve el "standard" un juicio moral sobre la conducta humana (justa, razonable, previsora, diligente); no requiere un conocimiento legal exacto, ni tiene tampoco aplicación exacta, sino que se la usa conforme al sentido común y para hechos de orden común, o, también, por intuición acerca de lo que resulta de la experiencia general; es, en fin, esencialmente relativo, pues depende del tiempo, del lugar, y aún de las circunstancias.

"Standard" significa modelo, pauta, regla, medida (términos, todos ellos, que convienen a la máxima de experiencia); justamente lo que es para el magistrado en la acepción jurídica ya expuesta, fórmula de *"equity"* que permite descender un poco del razonamiento puro y la terrible lógica a las contingencias de la realidad, con el fin de adaptar un texto, interpretándolo, y de interpretarlo, aclarándolo, según dice Morín, *"a la flamme de la vie"*. No tanto (o no sólo) por la ciencia, como por la experiencia, ni por el conocimiento como por la intuición, agrega Al-Sanhoury. En lo alto siempre mantendrán los principios su imperio permanente. Renovación, pues, y estabilidad.

"Juridical standard" significa, también, norma y molde; reclama, igualmente, el concurso de la experiencia, e impone un mayor ajuste al medio evolutivo sin perder el arraigo esencial con los preceptos superiores; pero, dentro de un determinado orden, en un sentido concreto y, a juicio de Pound, con peculiaridades específicas. Es un modo (procedimiento, dice Stati) para calibrar los actos de una persona en ciertas circunstancias, tomando como *"étalon"* un tipo medio de conducta social correcta (según la opinión dominante) para la categoría de actos a que pertenece el propio acto que se quiere juzgar. Tiene en su terreno diversas aplicaciones, y entre ellas, las que se relacionan con la teoría de la imprevisión, con la validez de los acuerdos del comercio y la industria y con las restricciones contractuales a la libertad de trabajo.

No han faltado, por supuesto, presunciones temerosas de abusos judiciales, ante el posible riesgo de arbitrariedad que se afronta con una apreciación tan libremente subjetiva, sin el amparo que constituyen los elementos objetivos "contra los caprichos y las fantasías del juzgador". Pero, se ha contestado, no se entrega el *"standard"* a la plena discrecionalidad de nadie. En sí mismo, representa una medida y comporta, en consecuencia, restricción. Además, está sujeto a dos autolimitaciones: la que inquiere, para juzgar, el concierto necesario con la razón jurídica; y la que, en el ejercicio del poder conducente, se modula conforme al sentimiento de oportunidad.

Contiene, sin duda, una porción considerable de conocimiento privado y directo que el juez adquiere a voluntad, para descubrir un tipo medio de conducta en los respectivos núcleos sociales. Y necesita una gran amplitud de juicio para adaptar racionalmente ese tipo al acto de la misma clase que configura el caso planteado en el proceso. Pero dichas concesiones son propias de toda labor interpretativa; y el *"standard"*, como la costumbre, la equidad, las máximas de experiencia, en fin, concurre a su legítimo desarrollo en calidad de mero auxiliar.

Hay, sin embargo, una tendencia norteamericana que insiste en confiar el *"standard"* o ciertos *"standards"* —pues aumenta, siempre, su número y se diversifica, a la par, el motivo que los pronuncia— a comisiones especiales de administración, munidas de fuerte potestad para resolver en términos breves y formas expeditivas; órganos y funciones que no podrían existir en nuestro régimen procesal sino con expresa autorización de la ley.

En suma: el *"juridical standard"* no constituye como principio sino en su aplicación, una novedad; es admisible, igual que otras expresiones del mundo y de la vida, por acto libre del magistrado, para el más equitativo cumplimiento de la justicia; nada se opone, por consiguiente, a su misión subsidiaria en nuestro derecho (distinta de la que pretende el hecho notorio, semejante a la que desempeña la notoriedad en las circunstancias que la ley positiva observa al invocarla) como "solución nueva y necesaria ante un texto obscuro o deficiente". O, según Demogue, como un *"phare"* que alumbra al juez en sus actividades interpretativas del derecho formulado[21]. Criterio y guía, reitera Al-Sanhury, para resolver cuestiones que "afectan a la técnica legislativa y a la interpretación del Derecho"[22].

---

21 DEMOGUE, op. cit., ps. 265-312; POUND la deriva, también, de la actividad de interpretación: el *"standard legal de conducta"*, así le llama, implica latitud de arbitrio y afirmación personal de hechos (como ocurre en la interpretación de toda ley mediante las máximas de experiencia). Entre nosotros, COLOMBO (Op. cit., I, núm. 610): "«Standards», o «directives» flexibles e imprecisas, que representan un método de solución, indicándole al juez sólo *la dirección* hacia la cual debe orientarse y dejándole gran amplitud estimativa para adaptar la ley a las circunstancias especiales del caso".

22 Lo ya consignado establece, por sí solo, algunas diferencias fundamentales de concepto, sobre el particular, con el profesor COUTURE. Después de exponer, sintéticamente, la definición moderna de esa *directiva,* el autor de "Fundamentos del Derecho Procesal", agrega (p. 113) que "una noción semejante domina el derecho en materia probatoria", y, por su parte, la incluye en el capítulo de "Los hechos evidentes", los hechos que no requieren prueba en el proceso, o que la excluyen, y que, por tanto, pueden ser incorporados al material de la decisión en virtud de su sola *evidencia.*

Prosigue, —confirmando esta deducción que se hace no sin reconocer que en la síntesis vigorosa de que la obra es ejemplo, el detalle ha de someterse, inevitablemente, en holocausto del atributo descollante—, con estas otras reflexiones: "El «standard» es la suposición absolutamente natural de que los hombres mantienen su línea habitual de conducta; que los hechos se desenvuelven de acuerdo con las previsiones regulares de la experiencia; que los actos se inspiran en los móviles que se reflejan en el mundo exterior". Y, finalmente: "El relevo de prueba en esas circunstancias, como consecuencia natural de lo evidente y normal, se apoya tanto en un principio lógico (el principio de causalidad), como en una regla empírica (el normal conocimiento de la vida y las cosas)".

Entiendo que el "standard" jurídico o "standard" legal de conducta fue originado por una necesidad de índole interpretativa. Tiende a constituir, con ascendente dominio en su diversidad cada vez mayor, dentro de su género —las máximas de experiencia—, un sistema cuyo objeto es darle flexibilidad a la ley para que se ajuste a lo viviente y mudable: la realidad.

El criterio legislativo en el curso del tiempo, varió fundamentalmente, alejándose de la contemplación pormenorizada y concreta del caso, grata a las primeras realizaciones del derecho, para sentar, en una segunda etapa de su evolución, fórmulas generales. Entonces, la interpretación se hizo especialmente necesaria y útil. Pero era menester adaptarla al hecho en examen, colmando una distancia que fue reducida con la interposición de las máximas de experiencia. Estas máximas se encuentran así entre los principios supremos y permanentes, y las realidades evolutivas y transitorias.

Como las máximas, el "standard" concurre a interpretar la ley, amoldándola a la vida. Ofrece, con tal fin, un padrón de conducta humana para juzgar la conducta singular en discusión. Y así es como puede admitirse que interviene en la interpretación suministrando una medida, no ideal sino real, ni de justicia sino, más bien, de equidad.

El "standard" de conducta propende, en esa forma, a la individualización judicial, mas no al caso aislado y concreto como quiere una tendencia extremista. Se funda en un "tipo medio", resultante lógica de la experiencia, y respeta, siempre, el imperio superior de aquella justicia, o, como explica HAURIOU, "el doble magisterio de los principios jurídicos y de la doctrina".

FORMAS EXÓTICAS

1. LA "APARIENCIA JURIDICA"

Opuesta, como simple apariencia, a la *realidad*, y, desde luego, distinta, no porque sea necesariamente falsa, aunque puede serlo, sino porque representa el aspecto de las cosas, lo que éstas dicen y que, por lo demás, también constituye a su manera una *realidad*. Una realidad, entonces, diferente del verdadero ser, que traduce o no con exactitud. Por tanto, sur- gente de relaciones jurídicas y objeto de posibles conflictos, ya se la considere en sí misma, ya en su condición dependiente de la verdad substantiva que oculta o manifiesta mal.

La "apariencia jurídica" *("Rechtsschein")*, espécimen de la doctrina alemana, en el siglo actual, como principio autónomo, había sido contemplada otrora en algunos institutos legales[23]. Suscita gran diversidad de pareceres acerca de las causas que pueden sustentarla con fundamento propio: las que se conectan,

---

En su cumplimiento, el juez adopta una regla empírica, y, por lo tanto, recurre a su saber *personal* acerca de un orden normativo de hechos. Existe cierta discrecionalidad en su decisión. Pero todas las creaciones similares (la buena fe, el orden público, la equidad, la diligencia) requieren ese arbitrio judicial. En el derecho romano, la equidad prosperó, justamente, con el "imperium" reconocido al pretor.

El "standard" es una especie de máxima; y el "standard" jurídico.

expresión más exacta que "standard" legal, una especie de "standard" Volveré, más adelante, a considerar todo el género. Mientras tanto, establezco las siguientes conclusiones:

el "standard" jurídico de conducta comporta un elemento de interpretación aunque puede servir, también, para valorar la prueba;

en su aplicación al derecho probatorio, no es un medio de prueba, ni substitutivo de prueba, sino una base de apreciación lógica; no pertenece, entonces, a la categoría de los hechos evidentes, que, como evidentes, se imponen por sí, haciendo innecesaria la prueba;

se funda el "standard" en hechos cuya existencia conoce el juez personalmente; pero lo que le interesa al juez en dicho "standard" es el valor moral asignable al tipo medio de conducta que tales hechos determinan, socialmente, vale decir, la regla o la medida que fundamentan, y con la cual se podrá estimar el hecho que se discute en la litis;

este hecho, en discusión, existirá sólo si es probado y en el grado en que sea probado;

aquellos hechos, los que fundamentan el "standard", pertenecen a la cultura particular, subsidiaria de la ciencia jurídica, que el juez obtiene libremente, pudiendo recurrir, si lo cree oportuno, como enseña CARNELUTTI, al concurso del perito;

el "standard", pues, no se incorpora al material objetivo de la decisión, ni repara las deficiencias de la prueba existente, ni autoriza al juez para que lo compute por su sola cuenta;

si el "standard" fuera objeto de controversia, si constituyera el hecho que individualiza la acción, tendría necesidad de prueba que el juez no podría suplir con su conocimiento meramente personal.

23 DOMINEDO, *Publicità, apparenza e società irregolare.*

por ejemplo, a la razón de la apariencia misma —así, la fe a que naturalmente obliga o la imposibilidad de conocer por distinto modo lo verdadero—, y las que se preocupan del que confía en ella y a quien hay que defender contra lo que deliberadamente *aparece* como obra engañosa, manifestación, al fin, de un comportamiento individual y responsable.

Una de las definiciones preferidas en el derecho material, entre las que procuran caracterizarla como principio autónomo, es la que resulta del siguiente postulado: toda "apariencia jurídica", situación que un sujeto da a conocer externamente, como si fuese verdadera, responsabiliza al que la hizo o provocó, en igual forma y grado que cualquier otro acto de su voluntad[24].

La *"Rechtsschein"*, propiamente dicha, ha trascendido al derecho procesal, sugiriendo una especie de forma probatoria, por reacción, que en nuestro ambiente pecaría de exótica. Sin embargo, en ciertas condiciones, puede ofrecer un vago parecido con la "ficción" legal, induciendo en el error de admitir, agrega Pistolese, un origen común.

Asemējase a la "ficción" cuando es impuesta por la ley. Nada a lo notorio, y un poco a la "notoriedad" aducida en algunas disposiciones del derecho positivo. Su trascendencia en el derecho procesal, especialmente con respecto a la institución de la prueba, consistiría en que la situación *exteriorizada* obliga a la persona que la creó a no desconocerla en perjuicio de quienes la aceptaron como existente. La diferencia con lo notorio es así insalvable.

Responde al apotegma alegado por Riezler, que prohibe actuar *"contra factum proprium"*. En forma directa o indirecta, pero incidental, la han consagrado algunas leyes. Lo que más resistencia levanta es su erección en principio absoluto, con efectos generales y perentorios, pues entonces repugna a la ética. El juez no tendría que saber si la situación aparente es o no falsa, ni estimar, para nada, la conducta responsable; limitaríase a establecer si la situación pudo afectar a un tercero de buena fe[25].

2. "ESTOPPEL"

Es de creación inglesa. El mismo fundamento: nadie puede ir contra sus propios actos. Para algunos autores, importa una sanción; para otros, satisface conveniencias políticas y éticas en cuanto propende a la seguridad de las relaciones jurídicas. No menos diversiforme en la jurisprudencia norteamericana. Escasamente difundida en el derecho latino, donde obtiene, según Coviello, alguna que otra adaptación.

Interesa, principalmente, como noción substantiva, a los problemas de responsabilidad civil. El que ha hecho, aun sin culpa, que otro se forje determinada convicción, y sufra por ella un perjuicio, es responsable ante el damnificado como si lo aparente que le impulsó con dicho efecto dañoso, hubiera sido real.

La semejanza que se pretende respecto del hecho notorio podría apenas surgir en sus derivaciones procesales y tratándose de la prueba. Semejanza,

24 SOTGIA, *Apparenza giuridica e dichiarazione alla generalità;* STOLFI, *L'apparenza del diritto.*

25 CARNELUTTI, *Teoria giuridica della circolazione,* p. 161, y Teoria *General del Derecho,* parág. 125.

por lo demás, inaceptable. Equiparóse el *"Estoppel"* a las presunciones que el derecho angloamericano califica de "concluyentes", según Reinolds, como las nuestras, *iure et de iure*. Su principal resultado consiste en eliminar la prueba directa. En vez de prueba, exclusión de prueba. Mayor causa hubo para compararla a la excepción que en derecho francés se llama *"fin* de *non recevoir"*. Aunque sin fundamento. Otra es, en verdad, su naturaleza jurídica. Bien que, prácticamente, se resuelve en una inhibición de probar[26].

FORMAS GENÉRICAS

1. MÁXIMAS DE EXPERIENCIA

Con tal nombre *("Erfahrungssatze")* las ha consagrado Stein. Fitting las denominó "reglas de la vida" *("Lebensregel")*. Tienen en el derecho alemán una autoridad que puede servirnos de inspiración, mas no, rigurosamente, de modelo[27]. Disfrutan, en ese régimen, de las prerrogativas que se le acuerdan al juez sobre la prueba, y, en el peor supuesto, de las que particularmente pueden atribuirle las circunstancias relativas a la notoriedad[28].

Se deben a la voluntad organizadora de la experiencia. La noción que de esas máximas dio Stein hace medio siglo, no ha sido aun superada. Son

---

26 EVEREST y STRODE, *Law of Estoppel;* REYNOLDS, *Teoría de la Ley de Evidencia,* p. 69, con notas jurisprudenciales en p. 175; COVIELLO, *La responsabilità senza* colpa, en "Riv. It. per le Se. Giur.", p. 188.

Podría agregarse, para completar el concepto, que hay varias especies de "estoppel", y que de ellas, las más importantes, según TIRANTI, son tres:

"Estoppel by deed", que impide probar contra el acto escrito;

"Estoppel by matter of record", que le confiere a la cosa juzgada plena autoridad;

"Estoppel by matter in pais", que no le permite a una persona, cuando, con sus afirmaciones, ha provocado en otra, determinada conducta, que presente sus impugnaciones para eludir responsabilidades.

27 Calamandrei advierte que el derecho común no concibe las máximas como el derecho alemán (La teoría dell'error in iudicando, Studi, I, p. 95); corrobora Pistolese, aduciendo, todavía, que rige en el segundo para dichas máximas, el principio inquisitivo (p. 33, nota). Ambos autores sostienen, no obstante, la admisibilidad de las mismas en el derecho italiano (Op. cit., p. 25, núm. 12).

28 La afirmación de GOLDSCHMIDT (el principio dominante y de mayor interés en el proceso alemán es el dispositivo), no impide sostener que la prueba, a pesar de que su aporte corresponde a las partes, se orienta hacia el principio inquisitivo. Prescindiendo de ciertas causas como las matrimoniales, de paternidad y filiación, y procedimientos como los de interdicción y declaración de muerte, donde el juez averigua *ex officio* la verdad, con independencia de las afirmaciones, la evolución procesal tiende a un acrecimiento de los poderes judiciales. En las máximas de experiencia estos poderes se ponen, en mi concepto, de relieve. Además, GOLDSCHMIDT entiende que las máximas pueden ser incorporadas por el juez al material de la decisión cuando son notorias, lo que sólo puede explicarse, dados los términos en que está concebido el art. 291 (ZPO), mediante el principio de oficialidad ("Derecho Procesal Civil", ps. 82 y 257). V. CALAMANDREI, *Linee fondamentali del* processo *civile inquisitorio,* en *Studi in onore di Chiovenda,* p. 131, y en "Riv. dir. proc.", 1924, I, p. 365.

juicios hipotéticos de contenido general y, por esta misma generalidad, independientes del caso a resolver e independientes de los casos análogos que lo generaron con su regularidad en la vida práctica, hasta definirlos con una solución por lo menos probable.

Lógicamente se fundan en una generalización. Tienden a constituir un juicio universal de experiencia.

Su variedad es infinita. Como su eficacia. En términos elementales, pueden señalarse en el movimiento que siguen, dos direcciones: por una se elevan hacia la norma, acumulando fuerza imperativa, como los usos y las costumbres; por la otra, evolucionan hacia una regla de simple demostración práctica. La finalidad, por la primera, consistiría en ser ley; por la segunda, en constituir una prueba.

Las máximas de experiencia sirven de intermediarias, con su valor de generalidad relativa, entre lo más general o universal que es la ley, y lo singular, que es el caso concreto. O sirven de medida —función esencialmente distinta— para comprender y estimar la prueba aportada en un litigio. Son meros auxiliares, y su alcance queda comprendido, naturalmente, dentro de los límites a que llegan, en cada situación, los poderes del juez: en la interpretación de la ley hasta dónde sea admisible el ejercicio de esa actividad; en la interpretación y valoración de la prueba hasta un punto que no importe reparar las ausencias en que incurren las partes, puesto que se lo impide el principio de disposición.

Las máximas poseen un valor propio e independiente, y aunque su origen está en los hechos, la conclusión que fundamentan se emancipa de acuerdo con su valor de generalidad, en un principio autónomo. Son razones inductivas acreditadas en la regularidad o normalidad de la vida y el mundo. Por ello, puede el juez utilizarlas como reglas, para un hecho similar a los que forman la categoría de donde proceden.

En ese carácter insistía justamente Stein para caracterizarlas, distinguiéndolas a la vez del hecho notorio, que nunca se libera de su objetiva singularidad. Las consecuencias, ahora, por la diferente posición que ocupan en el silogismo del juez son más decisivas: las máximas representan la *"propositio major"*; el hecho notorio, la menor.

¿Equivalen las máximas al derecho? ¿Puede el juez o debe aplicarlas? A cuenta de mayor cantidad, recordaré por ahora que Mazzarella admite la iniciativa judicial para decidir *ex officio*[29]. La cuestión cambia según el papel que desempeñan tales máximas, y comprende, en ciertos casos, otros problemas, como los que afectan a la trascendencia limitativa de la alegación o la simple información[30].

---

29 *Appunti sul fatto notorio,* en "Riv. dir. proc.", 1934, II, p. 67. Creo interesante añadir que MAZZARELLA rechaza la distinción de COUSTIN y PLANCK en las máximas, según que éstas sean de conocimiento general o de un conocimiento especial y reducido a los técnicos en las ciencias y las artes.

30 *Infra,* nota 145. El nuevo Código italiano tampoco las comprende en la carga de la información. (V. CARNELUTTI, *Instituciones,* p. 201). Las palabras alegar, afirmar e informar tienen, en dicho código, distinto significado.

Betti sostiene que las máximas integran la ciencia oficial o profesional, puesto que su conocimiento se torna indispensable para la debida actuación de la ley[31]. Habría, entonces, no ya el poder sino el deber de conocerlas y aplicarlas cuando procediera, so pena de sufrir las consecuencias de la respectiva impugnación. Aliorio, desarrollando un concepto de Calamandrei[32], inscribe en la misma ciencia, con las máximas, al hecho notorio.

Incidencias sutiles promueve la referida impugnación- Descartadas las soluciones que predetermina un concepto absoluto sobre el particular[33], se distingue el uso de las máximas según que se refiera a la interpretación de la ley o a la valoración de la prueba. Admítese, en general, que la casación procede en la primera hipótesis, como resulta de la jurisprudencia italiana, compartiéndose el parecer de Chiovenda[34], o el que invoca la violación de la máxima porque viene a concretarse en una violación directa de la norma, una aplicación falsa de la ley.

En esta monografía, lo que interesa es la misión de las máximas con respecto a la prueba que se ha producido en un litigio. La tesis que impera corrobora las características indicadas oportunamente. Cuando se trata de la elección o la adaptación erróneas de una de esas reglas, la casación no procedería, pues se considera que el juez provee en la valoración, con libertad absoluta, o como dicen los autores italianos, *insindacabile*[35].

No se trata ya de lo que realmente significan las máximas en la interpretación de la ley. El problema es distinto: la interpretación y valoración de la prueba, que se ajusta a otros preceptos y acata otras exigencias. La semejanza no existe sino de nombre. En la litis, mientras rija el principio de disposición individual, las máximas servirán de peso y medida, por decirlo así, a las pruebas *diligenciadas,* y no para reparar, judicialmente, los descuidos o faltas

---

31 "La ciencia oficial y profesional", expresa BETTI, que le incumbe al juez como un déber de su oficio "en la valoración de la posibilidad natural y la verosimilitud de los hechos afirmados" (Op. cit., p. 318, núm. 85).

32 *Osservazioni,* en "Riv. dir. proc.", 1934, II, p. 13. Combate, fundándose en la unidad de la cultura media, la clasificación de STEIN en "Offenkundige Tatsachen" y "Erfahrungssatze", sentencias de contenido general y corolarios de la vida o de las ciencias (historia y geografía); esta división, si bien tiene un "fundamento de indiscutible verdad", es, a su juicio, "absolutamente estéril y académica".

33 El juez tiene el deber, no la facultad, según ALLORIO, de admitir aun el hecho notorio; contra la sentencia que no lo hace, procede, en su concepto, el recurso de casación (Op. cit., ps. 9 y 15).

34 CHIOVENDA se refiere a las máximas de experiencia como elementos de interpretación legal. En *Instituciones,* donde sus ideas sobre el punto han sufrido evidentes retoques, escribe que "toda norma implica, para poder ser aplicada, una serie de juicios generales de *hecho",* vale decir, máximas de experiencia, que "están comprendidos en el juicio de *derecho* revisable por el Tribunal" (II, p. 106); insiste más adelante en que la norma los requiere "para saber si es o no aplicable" (III, p. 445); y concluye: lo que se resuelva, por tanto, con "una aplicación falsa", resultará censurable en Casación. Por lo demás, conceptúa (III, p. 446) que es también de hecho, "pero censurable, todo juicio contrario a lo *notorio"*.

35 CARNELUTTI, *La prova civile,* p. 75, nota 2; CALAMANDREI, en "Riv. dir. proc.", cit., 1927, II, p. 129, y *La Cassazione Civile,* II, núms. 104 y 105. (Sobre lo notorio, en la parte atinente, esta misma obra, II, núm. 121).

de los interesados. Dejan intacto el aporte que éstos hicieron y sólo inciden en el juicio necesario para interpretar y valorar de acuerdo con la experiencia.

Podría ocurrir, aunque sea infrecuente, que el debate se refiriera a la misma máxima. Por lo común, agrega Betti, *"non formano oggeto di accertamento nella causa"*. Pero si constituyeran el objeto que se controvierte, el juez no podría declararlas sin previa y suficiente demostración en el proceso, como en el caso de cualquier hecho, salvo que se impusieran por su evidencia[36].

---

36 Lo notorio tiene (para muchos de sus mejores partidarios) un valor absoluto. Y constitutivo; diferencial. *Infra,* nota 211. Es lo verdadero en si, por su *naturaleza,* no presuntivamente. (Mencioné ya este carácter —*supra,* notas 26 y 66—, de que hacen mérito, como se verá en la síntesis de sus respectivas concepciones, CALAMANDREI, MAZZA-

Por esa causa es que se exime de prueba. Ninguna *presunción* judicial podría aspirar a tanto, por sus propias y exclusivas fuerzas; no estaría jurídicamente en su naturaleza, ni en sus posibilidades; y se lo rehusaría el proceso, que la reclama para someterla a sus exigencias cómo a cualquier otro medio probatorio. (V., no obstante, sobre presunciones, en el texto: "¿Puede ser rechazada la prueba en contrario?").

Ahora bien; las máximas de experiencia determinan sólo un juicio hipotético. Su valor es lógico y relativo, oscilando entre lo simplemente probable y lo indudablemente cierto. De esta manera, pueden llegar a la certeza.

Pueden llegar o no. Como pueden llegar o no a ser *notorias.* GOLDSCHMIDT, en efecto, observa: "Es tan inexacto que las normas de experiencia son siempre notorias (así opina STEIN) como"... que no lo son (Op. cit., p. 259, nota 26). PRIETO CASTRO, aporta la palabra corroborante del derecho español: "muchas normas de experiencia son también notorias" (Op. cit., I, núm. 296). En suma, las máximas no constituyen una medida absoluta de valor.

Traducen un cálculo, una inducción lógica, una enseñanza, con vigor más o menos persuasivo, siendo en cualquier caso, igualmente, máximas de experiencia. La variedad en esa eficacia no afecta a su condición esencial. Leyes naturales o científicas (certezas evidentes) : máximas de experiencia. Reglas o consejos prácticos (meras probabilidades): también máximas de experiencia.

"Amplísima y variable es su esfera", escribe FLORIAN, pudiendo alcanzar las regiones del arte y la ciencia, hasta la verdad más soberbia, las abstracciones más altas. Como pueden también descender a las generalizaciones comunes, a lo que llama Kisch, simples "conocimientos de la vida y de los hombres". Recuérdese la difundida explicación de POLLACK: juicio de hecho, "*este* anciano camina despacio"; máxima de experiencia: "los ancianos caminan despacio".

La eficacia de las máximas frente a la prueba depende, no de su propia existencia, sino de esa calidad, de ese valor demostrativo. Porque, insistiendo, las máximas sólo ilustran al juez en la interpretación de la ley. O en la interpretación y valoración de la prueba, para ese *soprappiú di lavoro intellectuale* (como dice LESSONA y realza CALAMANDREI) que *en nada aumenta* el caudal probatorio acumulado en el proceso. Mas si, por excepción, fueran el objeto del litigio, constituirían un hecho y su existencia debería probarse como la de cualquier otro hecho. A no ser que alcanzaran la plena certeza que nos permitiera reconocer, con evidencia, una verdad. Entonces se exonerarían de la prueba, no por máximas sino por evidentes. Confirma FLORIAN *(Elementos de Derecho procesal penal,* p. 311): "Los principios de la experiencia ofrecen un campo vastísimo; pueden ser evidentes y no necesitar prueba; o complejos y controvertidos, en cuyo caso la necesitarán y será obligatoria.

(Contr., en parte, COUTURE, op. *cit,* I, p. 111, por cuanto identifica a toda máxima, sin hacer distingos, con lo evidente, manifestando, en forma absoluta, a su respecto, y al hablar

Las máximas y lo notorio difieren demasiado para hacerse copartícipes de la misma suerte procesal. La razón de cultura, que se aduce, es diferente, según el instituto, en cantidad y en esencia. Sus efectos no lo son menos. Concuerdan sólo cuando deben componer el material objetivo, porque se igualan en su constitución de simples hechos. Y entonces, no están dispensados de prueba.

Sobre estas diferencias he de volver todavía, destacando otros aspectos, porque también se hace de las máximas un argumento preferente en favor de lo notorio. Me concretaré, ahora, a las que revelan en su naturaleza. Las máximas, como ya dije, poseen un valor propio, con la generalidad aludida que les permite influir desinteresadamente en el convencimiento judicial. Son *independientes* del hecho a que se aplican, aunque tal hecho resulte *idéntico, o* poco menos, a los que integran la serie causal en que se engendraron. Identidad ésta, necesaria para que pueda establecerse la comparación; independencia aquélla, necesaria a la jerarquía del principia o regla para que el juez pueda aplicarlas imparcialmente.

Lo notorio, en cambio, no se emancipa del hecho, sino que lo afirma e impone. Las máximas traducen un determinado curso de fenómenos que se suceden regularmente. Lo notorio labora sobre un hecho singular, aclarando y bruñendo el respectivo testimonio con el concurso de opiniones variadas que discuten y analizan hasta llegar a una solución.

Podría imaginarse que producen las máximas un movimiento centrífugo, y lo notorio, concéntrico. En las primeras, el hecho es motivo; en lo notorio, fin. Para este instituto lo que importa es el hecho mismo en su existencia objetiva. Se encuentra por eso, en el pasado. Para las máximas, la objetividad concreta y singular tiende a desaparecer en la generalización lógica encaminada a producir juicios universales. Y, por eso, valen hacia el futuro.

En lo notorio no hay estrictamente un juicio general sino *común*. Se produce por la concurrencia activa de juicios diversos que, venciendo los obstáculos que los separan, convienen, al fin, en una misma opinión. Son como firmas que se acumulan certificando la autoridad de un testimonio.

2. LAGUNAS "SUI GÉNERIS" DE LA LEY

No es raro encontrar en la ley, *palabras* cuyo sentido no está bien determinado o no coincide con el concepto pertinente en la realidad. Si pertenecieran al derecho, el juez procedería recurriendo a su ciencia oficial y aun a su cultura jurídica. Pero han sido recaudadas en la vida corriente e insertas en la ley con su imprecisión de significado y alcance naturales. Es lo que alguna vez sucede, como se ha visto, con la palabra "notoriedad". El juez, para aplicarlas equitativamente, debe acudir al medio en que se usan y establecer el concepto acreditado según las circunstancias de tiempo y lugar.

Interprétase la ley, por tanto, con el auxilio de la experiencia, preguntando a los que pueden contestar, que no son los principios, sobre la significación de las palabras que esa ley contiene y no define; labor, que se cumple, entonces,

---

conjuntamente de los hechos controvertidos que se. redimen de la prueba: "no rige la prohibición común de no admitir otros hechos que los probados en el juicio").

utilizando los conocimientos prácticos. Hellwig contempla estos casos como "una categoría especial de lagunas de la ley".

No es que falte la razón de derecho dominando el valor justificativo de las susodichas palabras; pero el juez tiene, además, que definir su acepción no jurídica, y reajustarlas conforme al dictado que en esa emergencia promulgan los hechos. Lo que falta es el concepto circunstancial y variable de la vida práctica; el legislador no podía preverlo y lo remitió aí juez, quien ha de buscarlo en su debido ambiente, valiéndose de la respectiva máxima de experiencia[37].

---

37 Instructivo análisis el de CALAMANDREI *(La genesi logica della sentenza civile,* en *Studi,* I, p. 1, núms. 17 y 18, y en "Riv. crit. di scienza soc.", 1914, núm. 5) sobre la interpretación *especial* que en tales circunstancias cumple el juez "no como jurista sino como hombre que vive en la sociedad de su tiempo".

Muchas son las palabras que el legislador usa en la ley y que ha dejado para que el juez les ponga contenido recurriendo, libremente, al conocimiento personal que tenga o adquiera sobre el valor dado a las mismas palabras en la vida práctica. He aquí, accediendo a una preocupación informativa, el siguiente extracto de la clasificación hecha por aquel procesalista:

a) palabras cuyo sentido no puede captar la ciencia jurídica a no ser con un criterio técnico o práctico; entre otras, la más típica en materia penal es "arma";

b) palabras que en determinado hecho señalan un requisito o un atributo no connaturalizados con el hecho mismo, accesibles a la percepción común, bien que sujetos al juicio del observador; suman un número considerable, y, sólo en el código civil pueden ser:

morales, como por ejemplo, "violencia", "dolo", "culpa", "fraude", "buenas costumbres", "equidad", "buen padre de familia";

económicas, "solvencia", "ventaja", "utilidad";

políticas, "orden público";

lógicas, "verosimilitud", "imposibilidad", "urgencia", "justo motivo";

técnicas, "vicios de construcción".

Hay, fuera de las precedentes, otras palabras que escapan a la sistematización, pero que corresponden al mismo género. Todas obligan a la operación judicial que, en definitiva, se apoya sobre una máxima de experiencia. Oportuno es señalar, por eso, la contestación de CALAMANDREI a RANELLETTI, quien las concibe como ejemplos de libertad resolutiva en el juez sobre cuestiones de hecho *(Studi* cit., p. 34, nota 75).

IV

FRENTE AL PROCESO

Panorama jurídico
Soluciones extremas

FRENTE AL PROCESO

PRECISIONES

La búsqueda de precedentes, analogías y elementos de comparación, aunque minuciosa, no dio ningún resultado. Lo notorio queda solo, al fin, con sus pretensiones, frente al proceso. El trabajo consistirá, ahora, en pulsar las resistencias que este proceso opone a su intrusión. Proceso, como ya consta, de orden dispositivo, dentro de la noción chiovendiana, hacia la cual deben evolucionar nuestros códigos. He aquí, esquemáticamente, el problema: las partes disponen; bajo su responsabilidad, de los hechos determinativos de la acción; ejercen sobre ellos, por derecho propio, un monopolio absoluto en cuanto a su afirmación y relativo en cuanto a su prueba: lo notorio, que es típicamente un hecho, pretende *erigirse,* no obstante, en un bien judicial.

PANORAMA PROCESAL

1. EL MUNDO DISTINTO QUE ES EL PROCESO

Desde que se constituye, tiene el proceso una trascendencia que compromete de un modo actual la voluntad pública, y, potencialmente, el orden jurídico. No se trata, pues, de una actividad en relación como cualquiera de las que se desarrollan en la vida privada. Surge así, con él y en él, la necesidad de una caracterización que lo distinga y acredite. Es la primera y, desde luego, elemental justificación que el proceso incluye como *realidad distinta,* señalando su jerarquía diferencial entre las *realidades ordinarias.*

El proceso, entonces, tiene *su* realidad, diversa de la realidad común. Es un pequeño mundo, con su vida, normas y personas (objeto, modos y sujetos). Personas propias, no sólo por su función, fisiológicamente, sino también psicológicamente. El juez es una de esas personas y, en consecuencia, opera sobre la realidad aludida y no sobre otra. Es que tampoco ninguna otra *existe* para él, como juez. Lo corrobora el precepto: *"quod non est in actis non est de hoc mundo".*

2. UNA ABSTRACCIÓN IMPOSIBLE

Esta caracterización que aisla al proceso en una órbita propia no es ni puede ser absoluta. Imposible parece que el juez se abstraiga tanto en su función que se deshumanice por completo. Algo llega siempre del mundo al proceso; algo trae consigo, por su parte, ese juez, que le presta el hombre de quien nunca puede, tampoco, deshacerse. Las exigencias más radicales sobre la identificación del juez con su cargo contienen implícitamente un principio de transacción con esta doble necesidad, por lo demás, fecunda y saludable.

Todo proceso, recuerda Carnelutti, se hace con hombres y cosas. Es un fenómeno real, no una fusión de conceptos jurídicos. El proceso destaca una realidad propia, ya que tiene que proveer conocimientos y justificar actuaciones de la ley en observancia del orden público; más sin desarraigarse esencialmente de la otra realidad que a todos nos contiene, formada por la vida y el mundo.

El famoso reproche de A. Sorel contra el juez, *"il déduit et n'observe pas"*, yerra por exagerado, puesto que nadie se resigna a proceder como un matemático o un logista. Lo cierto es que por muchas maneras, interpretando o valorando, entra en el proceso, a veces inadvertidamente como apunta Mortara, la influencia aleccionadora de la circundante realidad.

Pero existe otra contribución, no menos forzosa, que paga el proceso, esta vez a la vida, la que vive el hombre que hay en el juez, relacionada no sólo con la naturaleza sino también con la sociedad, a las cuales se debe ese hombre, íntimamente, por leyes indestructibles.

Una escuela de afanes realísticos se apoya en dicha verdád y exalta la influencia del valor humano en la realización del derecho por el órgano de la justicia. Tiene su principal sede en Estados Unidos, y entre sus sostenedores figuran altas personalidades jurídicas. No puede negarse que mucha razón le asiste, aunque abusa en las consecuencias[1]. Basta convenir, no obstante, en que el magistrado más imparcial pone siempre algo que no está en el proceso y que le pertenece, en subjuicios, preconceptos o modalidades, estados previos de ideas, opiniones y sentimientos.

En toda sentencia hay un "coeficiente personal", fuera del aporte integrante que se agregue a título de interpretación o de cualquier otro que corresponda, llevado por el juez como hombre o miembro social, no en términos que afecten a su rectitud sino dentro de una actuación irreprochable, COMO# reflejo de su cultura, idiosincrasia o temperamento.

Cada sentencia tiene, pues, su marca, porque ningún juez se despoja enteramente de sus hábitos, inclinaciones y preferencias, que influyen, sin quererlo y sin saberlo, en su decisión[2]. Ningún juez podría ser, ya lo significó Ellero, la *tabula rasa* de Locke.

---

1 HUBERT W. SMITH en un artículo publicado por "The Yale Law Journal" de New Haven, Conneticut, febrero de 1942, p. 537, se refiere a la prueba, señalando entre sus componentes, un peso muerto de supersticiones, ideas y emociones adquiridas; pero dice que esa suma de factores preexistentes forma como el cimiento de la convicción con que el testigo declara y el juez sentencia. V., desde otro punto de vista, C. MORRIS, *"Law an Fact"*, en "Harvard Law Review", Cambridge, junio de 1942, p. 1303.

2 Anótese la paradoja del "justice" norteamericano: ningún juez, si es honesto, dejará de resolver según sus convicciones *personales*. MORRIS ha escrito: "El juez que ignorara el mundo donde la contienda se promueve y que no tuviera en cuenta las repercusiones que puede causar su decisión, realizaría un lamentable servicio público".

En este sentido, la *fórmula* estricta fue considerada siempre como un exceso. Mucho antes de que la caridad recibiera el encargo de suavizar las aristas del derecho, antes de que se exigiera en la aplicación de las leyes el influjo moderante del criterio equitativo que completa y sanciona transigiendo, *legis supplementum,* ya se abominaba del rigor inflexible, lo abstracto y eterno como única medida para calificar y resolver lo contingente y variable. Si la justicia, como exclamara Martínez Paz, celebrando la inauguración del período judicial de Córdoba, en el presente año, "ha arrojado lejos de sí la venda", no ha sido porque sólo ahora admitiera la necesidad de conocer las "situaciones reales". En todo tiempo se la exhortó a ver y sentir para pensar con rectitud, cuando juzgaba a los hombres.

Aunque incurra en cierto desentono, dada la materia que se estudia, quiero todavía evocar una imagen que encontré no recuerdo en qué libro. Exhíbese en el Louvre una estampa egipcia que describe la escena del Juicio Final. Las almas valen, conforme al rito clásico, por lo que pesan. Está allí, pues, la balanza infalible. Mecánicamente infalible. Pero, también, está Horus, hijo de Osiris el señor de la eternidad, nieto de la Tierra, Horus que, mientras se procede a la fría operación, compadeciéndose de los que tiemblan ante lo inexorable, apoya furtivamente el dedo sobre uno de los platillos, el que aparece cargado de pecadores. ¿Misericordia? Tal vez; pero lo cierto es que la justicia de lo absoluto se pone, así, en contacto con una razón que viene de la carne deleznable y sensible. Aun cuando el gesto concretara un impulso de equidad bondadosa, como se ha interpretado, la consecuencia no varía. Y subsiste, además, él tremendo cargo: solamente la justicia divina puede ser implacable y, en tal concepto, injusta. La equidad, en cambio, es cosa más bien empírica y humana.

3. La doble realidad procesal, jurídica y objetiva

El fin del proceso consiste, prácticamente, en proporcionarle al juez, para la actuación debida, el material que necesite. En hacerlo llegar a su conocimiento, fundamentando las respectivas convicciones.

Todo el proceso y todo en el proceso es, en esta primaria acepción, prueba. Lo demás, no *existe.* La prueba en tal sentido comprende el material de la decisión en sus dos realidades, una compuesta por el derecho, otra, por el hecho. De la primera es dueño el juez; de la segunda, la parte[3].

Ahora bien, el juez tiene ya el conocimiento del derecho. Debe tenerlo por razón del cargo que desempeña, por la índole oficial de su función. La prueba de tal derecho, cuyo resultado no sería otro que el conocimiento respectivo, tómase, entonces, innecesaria e improcedente[4]. No se prueba el derecho,

3 Dos realidades, una puesta por el legislador, otra, por las partes; entre esas dos "posizioni" se mantendrá la función del juez (Carnelutti, *La prova civile,* p. 13).

4 La existencia de la realidad jurídica, anterior y general, consta oficialmente, de una manera indudable y pública; su conocimiento ha de traerlo el juez hasta por una razón de consecuencia, pues las leyes proceden del Estado y el juez las aplica, en su nombre, como órgano jurisdiccional.

porque ya está probado. La única prueba a producir es, en conclusión, la que se refiere a los hechos.

4. "IURA NOVIT CURIA"

La realidad jurídica se impone al juez como *existencia,* en este concepto: el juez no puede aplicar una norma que no exista; ni tampoco abstenerse de aplicar una norma que existe, aunque las partes no la hayan invocado, aunque las partes hayan invocado a una por otra. Promovida la acción, el juez se atendrá a la norma *existente* y que no puede ignorar.

Tiene, pues, que conocer y aplicar la norma legal que corresponda, *supliendo,* si fuera menester, a las partes, en sus errores o deficiencias; correlativamente, puede buscar ese conocimiento y su adaptación al caso. Todo deber implica el poder necesario para cumplirlo. Por consecuencia, el juez dispondrá también, al mismo efecto, en iniciativa y en extensión, de un ilimitado poder informativo.

El *"iura novit curia"* (deber y poder) reconoce, en esa doble condición, la soberanía judicial, (incluyendo la indicada preparación técnica), y se extiende hasta el derecho subjetivo a más del objetivo; y no sólo a la individualización de la norma aplicable, sino a todas las operaciones referentes a su actuación correcta, hasta comprender la misma calificación jurídica del hecho. El juez no requiere, para ello, el consentimiento de las partes. La oposición individual o conjunta de las mismas no obstará, tampoco, a su actividad jurídicamente supletoria.

Se detendrá, sin embargo:

> en una dirección, ante el límite opuesto por la incompatibilidad psicológica entre su oficio de juzgar y el oficio de legislar[5]; en otra, ante el límite representado por el *derecho* de las partes sobre el hecho determinativo de la acción.

SOLUCIONES EXTREMAS

1. EXPLICACIÓN

Si todo hecho queda comprendido en el poder-carga de la afirmación o información, —la alegación define actualmente un concepto distinto—, lo notorio no podría eludir la misma suerte sino en virtud de alguna de estas soluciones extremas, (extremas desde el punto de vista convenido, no ciertamente, en sí mismas, ni menos aun con respecto a sus premisas): el hecho, en razón de lo notorio, deja de pertenecer a las partes o no pertenece a la categoría de los hechos.

Han sido sustentadas las dos soluciones.

---

5 LASCANO, Jurisdicción y competencia, p. 206.

2. Tesis de Carnelutti

Poderoso temperamento científico lleno de originalidad y autonomía espirituales; "el más autorizado procesalista de la hora actual", dice Lascano. Levanta en el derecho moderno, sobre un nuevo sistema que se relaciona estrechamente con su metodología, una posición singular de gran vuelo arquitectónico.

No sería oportuno resumir, ahora, su pensamiento. Conviene señalar, empero, algunas de sus innovaciones, empezando por la que se refiere a la jurisdicción. Calamandrei la ha destacado al comentar su proyecto de 1926. Substituye el binomio proceso-acción por el binomio proceso-litis, el concepto de acción como derecho a una concreta actuación legal por el que denomina, "la justa composición de la litis", con lo cual todos los institutos que forman el proceso aparecen enfocados bajo una luz diferente.

¿Qué se entiende, pregunta Carnelutti, por "justa composición de la litis"? En las primeras páginas de su "Sistema" estudia el derecho objetivo, regla creada por los hombres en sociedad para resolver sus conflictos, y que se impone en virtud de un mandato. A través de esa norma, el derecho arraiga en la justicia; significa, entonces, fundamentalmente, *"conformità a una regola"*. (El derecho, continúa, da expresión a la justicia, como la forma a la substancia. "La justicia está en la ley como el oro en las monedas; el derecho es su cuño"). Habrá, pues, una composición justa cuando exista conforme a la regla que ha de aplicarse en el proceso.

La litis, por tanto, se halla en el proceso *("como la malattia è presente nella cura")*, pero no es el proceso. Consiste en un conflicto intersubjetivo de intereses, que se manifiesta mediante una pretensión y una resistencia a esta pretensión. Y el proceso es un medio para *componerlo* según el derecho (algunas veces, también, de acuerdo con la equidad).

¿Cómo se desenvuelven las actividades en tal proceso? ¿Cómo actúan? No a capricho de los sujetos que lo integran, ni a impulso de su interés particular, porque el método fracasaría. La armonía conducente resulta, para Carnelutti, del juego regulado y condicional de poderes y deberes contrapuestos. En "Sistema" funda concretamente el equilibrio procesal en la "antítesis del poder derecho de las partes con el poder deber del juez".

Ahora bien, las partes que tienen sus poderes al respecto los ejercitarán o no según les convenga. El primero de todos, el que pone en movimiento al proceso para la justa composición de la litis, siente el interés que el proceso representa ante el conflicto planteado y sufre la reacción de los sacrificios en que ha de consentir. Sólo que no promoviéndose la acción, el conflicto no se compone y el interesado tampoco obtendrá la tutela que necesita. Esta especie de sanción estimulará razonablemente a la parte, que, al fin, decidirá lo que más le convenga. Es así como se convierte el poder en una carga. "Por dicha valuación económica el poder se hace, en efecto, un *onere:* la parte tiene que valerse de su poder si quiere procurarse una determinada utilidad".

Para Carnelutti[6], los principios dispositivo e inquisitorio son como direcciones diversas hacia una sola meta; ni uno ni otro influyen sobre el *objeto* de la acción y sí, solamente, sobre el *modo* de la misma. Mas lo que importa es obtener el mayor rendimiento posible por la justa composición de la litis. El mayor rendimiento con el menor costo.

En lo que atañe al material objetivo, el poder de disposición que se le adjudica a la parte, con la prohibición consiguiente para el juez respecto del saber privado, no puede quedar a su entero arbitrio. Ni es absoluto. Ha dé condicionarse al fin recién expuesto, que en general la favorece, pues la justa composición de la litis exige que sólo se le confíe al juez la actividad de *juicio* y se le separe de la actividad *investigatoria,* siendo la parte, mientras tanto, la que en ese material objetivo puede rendir más y mejor.

La exclusividad aludida en cuanto al aporte de los hechos encontrará su límite en la propia razón que la legitima y en las consecuencias que persigue. Si esta razón descansa, como se ha establecido, en el concepto de que la parte es el órgano inmediato y más eficaz para trasmitir el hecho, cuando deje de serlo, cuando tal parte por cualquier circunstancia no posea ya semejante superioridad o no experimente el mismo estímulo, desaparecerá, también, la base del privilegio, y caerá la exclusividad de su iniciativa.

Carnelutti entiende que en tales condiciones se hallan, precisamente, las máximas de experiencia y el hecho notorio[7].

Su conclusión es lógica dentro del silogismo planteado. Si las partes disponen de los hechos no por un principio *general* sino por una razón concreta y procesalista, obvio es que, desaparecida esta razón, ninguna causa mantenga aquella actividad. Máxime si el valor de una atribución se mide por la importancia que se le asigna a sus efectos.

---

6 Consúltese el extracto hecho en Sistema, I, particularmente en los núms. 82, 6, 7, 14, 15, 16, 83, 133, 158 y 166

7 *Lezioni,* II, núm. 131 y Sistema, I, núm. 161.

Si la carga de la afirmación en que se manifiesta la iniciativa exclusivamente individual sobré los hechos está limitada por su razón y sus consecuencias, terminará, prosigue CARNELUTTI ejemplificando, en dos circunstancias: la que se presenta con los objetos sobre los cuales no están las partes en condiciones de conocer mejor; y la que resulta con cierta clase de litis que, por exigencias de un alto interés, deberán componerse de acuerdo con la justicia y no por lo que dispongan las partes.

En la primera circunstancia, hay que distinguir si las afirmaciones versan o no sobre el interés superior. Si le afectan, el juez no puede ser desplazado, en su debido conocimiento, por el particular. En consecuencia, no comprende la afirmación:

las normas de derecho nacional, extranjero y consuetudinario; en *Instituciones,* p. 200 aa, establece CARNELUTTI, esta amplísima fórmula: "normas jurídicas, legales o consuetudinarias, nacionales o extranjeras";

los denominados "comandi colletivi", incluso los contratos y las sentencias "colectivas" (en la "litis de categoría" en que la pretensión o la resistencia a la pretensión no se relaciona simplemente con un conflicto singular, sino con una serie de conflictos, problemas que interesan, especialmente, al derecho corporativo); las máximas de experiencia; los hechos notorios.

Carnelutti, sintetizando las diferencias que separan a la facultad y al derecho subjetivo, y teniendo en cuenta la obligación correspondiente en el juez, sienta estas dos peticiones de principios: por la primera, la parte "puede hacer algo porque el juez debe dejárselo hacer"; y, por el segundo, "el juez debe hacer o no hacer porque la parte así lo quiere"[8]. Pero si no se redujera todo a un *prius* y un *posterius,* simplemente, si la parte dispusiera de los hechos en virtud de un verdadero principio, y la restricción del juez en cuanto al material expresado fuera una consecuencia, por reacción, de ese principio, los casos de aplicación práctica en que fallaran las razones circunstanciales quedarían, a pesar de ello, dentro de lo fundamental. Es lo que procede, también, con la regla y la excepción; solamente la última cesa cuando cesa la causa: *causa cessante, cessat exceptio*[9].

Y habría que saber, además, si el traslado realiza un fin de utilidad bien entendida; si la entrega del hecho notorio al juez porque abrevia espacio y tiempo, disminuyendo el costo, no acarrea otros inconvenientes. La distribución acordada, según el propio Carnelutti, como plan básico, asegura el mayor rendimiento y satisface la justa composición de la litis que obliga a mantener separadas la actividad de juicio y la de *acción.* Pero ocurre que con la teoría de lo notorio se confunden ambas actividades en el juez por el afán de rendir mucho, sacrificándose el objeto principal cuando en buena lógica se impone que ceda precisamente el menor.

Si la parte, el órgano más adecuado, por su capacidad de rendimiento, para la formación del material objetivo, es, además, por su costo, dada la condición de interesada que inviste, el más peligroso[10], también puede serlo el juez, aunque de otra manera, cuando se coloca en su situación, ilusionado por la perspectiva de ventajas materiales. Autorizarlo a proceder en nombre de lo notorio, a investigar el hecho y calificarlo a su albedrío, concentrando funciones de juicio y de acción práctica, es comprometer una actitud espiritual insubstituible, razón y garantía de acierto, y exponer a grave riesgo el interés superior de la imparcialidad.

---

8 *Instituciones, núm. 201; Teoría General del Derecho, p. 184.*

9 Contra una adaptación mecánica de este aíorismo, LÓPEZ DE LA CERDA, *Las normas excepcionales pueden interpretarse extensivamente, en* "Revista de la Escuela N. de Jurisprudencia", México, núm. 15, p. 293.

La doctrina, al respecto, se opone en general a la analogía, que importa una verdadera integración, no así a la interpretación extensiva, que si dilata el significado expreso lo hace dentro de los límites del legislador y adoptando casos que aun siendo nuevos "encajan en el contenido substancial".

Rocco, entre los que aceptan la analogía para la interpretación de las leyes excepcionales, se refiere al derecho mercantil, pero distinguiendo la norma que desarrolla principios del derecho común de la que destaca su excepción, en forma categórica, frente a las disposiciones correlativas de este derecho. Se rechaza, actualmente, la calificación de excepcional dada otrora al código de comercio.

Sobre estos puntos, COVIE O, op. cit., p. 83; MANZINI, *Trattato di Diritto Penale italiano,* I, cap. VI; ROTONDI, *La analogía de la ley mercantil frente a las fuentes subsidiarias del derecho* en "Revista de la Escuela N. de Jurisprudencia", México, núm. 15, p. 305, nota 2.

10 CARNELUTTI, *Lezioni,* II, núm. 94.

3. TESIS DE ALLORIO

El autor de *"La cosa giudicata rispetto ai terzi"* no aborda en puridad la cuestión, pues que más bien la niega. El hecho notorio no es, plenamente, un hecho, por lo cual no se afecta al principio de disposición entregándolo, en su caso, a la autoridad del juez[11].

Encomia el criterio de Calamandrei al reintegrar las diversas especies en la unidad de la cultura media (aunque no concibe dicha cultura en una acepción tan elemental). El mismo fundamento existe para las reglas y principios lógicos, los conocimientos de la naturaleza y de la vida, las nociones geográficas e históricas y los hechos notorios. Hechos que serán, en su base, eventos singulares, pero que sustentan una significación general, de manera que el propio juez los posee, también, de un modo general.

Los hechos notorios no entrarían, según eso, en la ciencia privada sino en la oficial, lo propio que el conocimiento del derecho. El juez procedería, en consecuencia, no por simple facultad sino por deber. Aceptará el hecho cuando sea notorio, aunque no estuviere probado por las partes: en su defecto, la decisión será impugnable, como si hubiere desconocido una norma jurídica, mediante el recurso de casación[12].

Allorio pertenece al núcleo de los que sostienen que el hecho es notorio por su razón constitutiva y esencial. Combate la definición de Carnelutti en su "Proyecto": lo que importa no es el número de persona ante quienes aparece la notoriedad sino el título por el cual se impone al conocimiento, y que radica en los caracteres intrínsecos del hecho. Su inclusión en la misma clase de saber a que pertenece el derecho, justificaría su privilegiado comportamiento procesal.

El criterio de Allorio no ha prosperado. La distinción entre hecho y derecho[13] no se altera en virtud de la notoriedad, por mucho que ésta se consubstancie con el evento y lo transfigure. Tiene lo notorio una objetividad demasiado singular y típica para permitir un tratamiento tan distinto del que impone su naturaleza.

Podría aun decirse que el empeño del ilustrado procesalista resulta contraproducente al pretender por esa vía la caracterización de lo notorio con el fin de eximirlo de la prueba, porque entre la premisa que se afirma (el hecho, al igual del derecho, como parte de la ciencia oficial) y la conclusión, —que se tiene por anticipado[14]—, lo más dudoso es, justamente la premisa.

---

11 *Osservazioni sul fatto notorio* en "Riv. di dir. proc. civile", 1934, II, p. 3.

12 Declara que se acoge, por extensión interpretativa, al art. 517, núm. 3, del código procesal entonces vigente en Italia. *Supra,* nota 107.

13 Derecho, en la definición carneluttiana de mandato sistematizado para solucionar conflictos de intereses entre dos sujetos *(Teoría,* parág. 71; *Instituciones,* núm. 206 aa).

14 "Un *posterius,* escribe ALLOMO al comenzar su estudio, la simple forma, sirve para reconstruir el *prius,* la substancia del instituto". Existe acuerdo, a su juicio, en cuanto a la consecuencia, y lo que se indaga es el motivo, la "fattispecie".

V

EXAMEN DE POSIBILIDADES

I. Actividad limitada del juez

Doctrina

Límites objetivos:

Ante la afirmación

ante el "contradictorio"

y ante la prueba

Derecho positivo

Oposición general e irreductible

II. Actividad ilimitada del juez

EXAMEN DE POSIBILIDADES

PLAN

Puede hacerse una distinción entre las actividades del juez que tropiezan con el principio dispositivo, y las que disfrutan de entera libertad.

En la misma forma podría distribuirse el examen de las perspectivas que cada situación ofrece en favor de lo notorio. Dicho examen, por consiguiente, se referirá:

> primero, a las actividades del juez con respecto a la formación del material objetivo; segundo, a sus actividades en la interpretación y valoración de la prueba.

I

ACTIVIDADES LIMITADAS

EN QUÉ CONSISTEN

Las partes disponen del material objetivo y excluyen, por tanto, al juez: consecuencia lógica de la contraposición establecida, fundamento del equilibrio que se persigue bajo un ideal común de justicia.

Pero el interés de las partes en la formación de ese material no es siempre el mismo. Ni se manifiesta con la misma intensidad. En la afirmación tiene cada parte un interés propio. Además, aunque la iniciativa pertenezca a las dos partes, les pertenece de un modo exclusivo. En cambio, el interés con respecto a la prueba (interés *a la* prueba) es de las dos partes para cada hecho, indistintamente, aunque en dirección contraria, puesto que una de ellas afirma y la otra niega que tal hecho exista. Y, ahora, también el Estado tiene su interés. Al Estado le interesa, efectivamente, que se haga la verdad en el proceso para que la justicia sea satisfecha. Las partes, entonces, no dispondrán de la prueba con su anterior exclusividad.

A) DOCTRINA
LIMITES OBJETIVOS AL PODER JUDICIAL

1. ENUMERACIÓN

Manifiéstanse, dichos límites, en dos formas: una veces, prohíben; otras, obligan.

Poder-carga de la afirmación, que es exclusivo (procede, no obstante, según las leyes, cierto contralor: por ejemplo, contra la "imposibilidad" que pretendan los hechos afirmados o su "irrelevancia" jurídica a los fines de la demanda):

el juez no puede utilizar su saber privado;

el juez debe mantenerse dentro de los actos procesales:

"quod non est in actis non est in mundo".

Poder-carga de la prueba, que no es exclusivo:

el juez no puede buscar, por sí mismo, la prueba que falta;

el juez debe juzgar conforme a lo alegado y probado:

"iudex iudicare debet iuxta allegata et probata".

2. SABER PRIVADO

Sólo un interés de parte determina el ejercicio de la jurisdicción civil. Esta exclusividad se impone como valor axiomático. El juez que extrajera un hecho de su saber privado y lo computara sin afirmación previa, intervendría sobre la parte a quien se lo impusiera, y, a la vez, se erigiría en parte él mismo[1]. Su decisión iría, pues:

> contra la libertad del individuo que la parte representa; contra el orden fundado en la igualdad de las partes que litigan; y contra su propio carácter de órgano público[2].

Violaría los dos preceptos fundamentales: *"ne procedat iudex ex officio"* y *"nemo iudex sine actore".*

3. "QUOD NON EST IN ACTIS NON EST IN MUNDO"

Si no hay más hechos que los que provienen de las partes, los actos consiguientes serán los únicos en que se mantendrá el juez para considerar la *existencia* objetiva que ha de componer el material de su decisión. (Lo que sugiere, a la vez, que el aforismo, adaptado a los actos procesales, ostentaría una amplitud demasiado imprecisa para no provocar algunas salvedades).

---

1 LASCANO, *Jurisdicción y competencia,* ps. 12, 15, 30, nota 27.

2 CHIOVENDA, *Principios,* II, p. 188, nota 1, *Instituciones,* III, p. 65.

El mundo del juez no es el mundo del hombre. La mencionada existencia objetiva con la que ha de expedirse dicho juez tiene que estar, por lo mismo, dentro de su ámbito: el proceso. (Lo que tampoco importa reconocer que *existirá* cuánto se halle, sobre la materia, en los actos procesales, si, además, no hubiere sido objeto de afirmación individual).

En resolución: el juez no tendrá como existente hecho alguno, en el proceso, que no resulte de un acto[3].

4. "SECANDUM ALLEGATA ET PROBATA"

"Secundum allegata et probata partium debet iudex iudicare, non secundum suam constientiam". Tal dice el viejo aforismo, que se correlaciona perfectamente con los anteriores.

El juez no puede ni debe *instaurar* de oficio el procedimiento, lo que equivale a establecer que ha de ajustarse a la demanda, en lo que respecta a la *iniciación* y a las *proporciones* de la misma, puesto que si pudiera extenderla o alterarla fundamentalmente, asumiría la facultad de iniciativa que se le niega. De aquí la regla: *"ne eat iudex ultra (vel extra) petita partium", o* sea que el juez tiene que resolver conforme a la petición de las partes. En forma amplia: el objeto de la sentencia debe guardar la debida correlación con el objeto de la demanda: *"sententia debet esse conformis libello". Y,* particularmente, como dice Rocco ([4]), los elementos del saber objetivo empleados por el juez en su decisión habrán de guardarla con los elementos del saber mediato sobre los hechos que individualizan la acción: *"secundum allegata et probata".*

El aforismo, en realidad, está compuesto por dos proposiciones, y no podría entenderse *a priori* que ambas desarrollan igual fuerza vinculativa. La primera, por lo pronto, reposa en el principio de disposición, plena e inmediatamente; la segunda, se aleja un tanto de él y admite la posibilidad, que defiende Calamandrei, de que se amolde en parte a razones de oportunidad y conveniencia procesales.

El "*secundum allegata*" reviste, sin duda, un valor absoluto, y traduce una fórmula no ya restrictiva sino impeditiva. Si el órgano de la jurisdicción no procede espontáneamente, si tiene que ponerlo en marcha un impulso de origen individual, quien posea esta iniciativa necesaria habrá de ejercerla con idéntica exclusividad en la pretensión o *causa petendi,* determinada por los hechos que expresan el interés en conflicto. El juez no puede alterar ni extender la acción promovida, porque de hacerlo, se adelantaría, oficiosamente, en busca de ese interés particular, y consumaría, siempre, con diferencias de grado, una intromisión de la voluntad pública en las relaciones de la voluntad privada, para concluir en la desnaturalización del respectivo derecho.

Es el "*secundum allegata*" que puede considerarse estrictamente correlacionado con los aforismos esenciales. Consecuencia lógica de las reservas tan severamente acreditadas en favor de la parte, ratifica y completa

3 Aforismos corroborantes: "In iudicio quod non apparet non est", y también: "non sufficit ut iudex sciat, sed necesse est ut ordini iuris sciat".

4 *La Sentencia Civil, p. 149.*

el *"ne eat iudex ultra. (vel extra) petita"* y, a la par, reitera el *"ne procedat iudex ex officio"* en su aplicación al impulso inicial, donde es intransigente, consagrando, en definitiva, el principio básico, el ineludible *"nemo iudex sine actore"* que califica y distingue, en su concepto más autorizado, a la jurisdicción civil.

En el ejercicio del poder por la parte que alega, la carga que lo afecta para estimular a este sujeto no desconoce ni disminuye la eficacia del pertinente derecho de disposición. Y como se reintegra en una exigencia que es total, que no puede ser cumplida a medias, que tampoco tolera coparticipaciones, (Rocco argumenta sobre este punto[5], que, de consentirse para el amparo de los intereses de parte la iniciativa del Estado junto a la individual, habría, como consecuencia, "en todas las relaciones de derecho privado, entremezclada, una relación de derecho público, y los intereses referidos tendrían doble tutela, pública y privada", con la consiguiente "desnaturalización policíaca del derecho civil"), el desahucio del juez, en la materia, resulta a su vez de un modo absoluto. Con lo que, por lo demás, se contribuye, en el proceso, a un mayor y mejor rendimiento. Porque el hecho verdaderamente *alegado,* no el que aparece envuelto en manifestaciones ulteriores y despreocupadas, no, pues, el que "surge de los autos procesales"[6], es el que acucia la atención del adversario y promueve su fiscalización, ascendiendo al conocimiento del juez con las mayores garantías de pureza y eficacia.

La obra de corrección incesante que comporta la terminología impone, en breve inciso, una aclaración con respecto al verbo *alegar.* Sin desconocer la importancia que tienen aun científicamente las precisiones tecnológicas, juzgo que a veces perturban o desconciertan, por lo cual es prudente, en ciertos casos, atenerse a su valor de cambio. Una de las palabras más escudriñadas es, precisamente, *afirmación.* Entendíase, por lo común, que en la demanda el interesado *afirmaba* la pretensión o razón que hacía valer. La carga de la razón venía a resolverse en la carga de la afirmación de los hechos, que era lo que se probaba. Carnelutti decía "que normalmente el juez no puede poner en la razón de sus decisiones un hecho que no hubiere sido afirmado"[7]. Empero, la acepción adolecía de una difusa generalidad. El juez también afirma "cuando fundamenta sus decisiones". Hubo que especificar mejor. Ya el mismo Carnelutti distinguía, en "*Sistema*", entre afirmación y alegación, explicando por qué la *alegación* es afirmación de razones, o, más concretamente, *afirmación del hecho a título de razón.* En "*Instituciones*" ultima estas diferencias[8]. *Informar* es afirmar un hecho *con un fin de conocimiento* para el órgano jurisdiccional. Dice

5 Op. cit., p. 99, nota 1, in fine.

6 Reprende CHIOVENDA a los jueces que aceptan hechos no afirmados, sólo porque "resultan de autos". Considera que esa costumbre "está llena de peligros". Quien no se sienta cómodo "en los cauces marcados por la voluntad dominadora de las partes debe resignarse pensando que éstas son los mejores jueces de su propia defensa" y que nadie puede superarlas en él conocimiento de lo que deben alegar. Refirma luego que, admitiéndose un hecho no alegado, se afronta la posibilidad del error y se toma partido por una de esas partes contra el principio de igualdad, que es esencial al proceso (Principios, II, p. 183; *Instituciones,* III, p. 59; *Saggi di Diritto Proc. Civile,* p. 175).

7 *Sistema, I,* p. 161.

8 *Instituciones,* núms. 206, 278, 282.

relación con ciertos actos simplemente adquisitivos, poniendo a disposición de aquel órgano "los elementos lógicos y físicos que han de servirle para la composición de la litis". Las alegaciones constituyen, típicamente, actos de parte, que también informan, pero en cuanto a los hechos que fundamentan la pretensión o la razón para que el juez pueda resolver.

No podría sostenerse que el *secundum probata es* igualmente limitativo de los poderes judiciales. Hay entre los poderes-cargas, como afirma Betti, una coordinación rigurosa[9]. En todo caso, más o menos rigurosa, que no afecta con la misma intensidad al juez, quien interviene en la prueba como no interviene en la afirmación. La ley puede autorizarlo, ahora, sin desmedro del principio de disposición. Y sin provecho alguno para lo notorio. Calamandrei, que desarticuló el aforismo en las dos proposiciones susodichas, se fundaba en la relativa liberación de la segunda con respecto a ese principio, para deducir ventajas en favor de su tesis. Ninguna deducción, por optimista que sea, puede envolver sin embargo a lo notorio, que rompe toda vinculación procesal.

En suma: los hechos pertenecen a las partes por un principio que no consiente excepciones en cuanto al aporte y que consiente pocas y expresas excepciones en cuanto a la prueba. Se sobrentiende: los hechos que individualizan la acción. *"L'azione,* subraya Chiovenda, *s'individua per il fatto"*[10].

Corolario final: los hechos que las partes no aportaron, o que, aportados por ellas, no recibieron en el proceso la prueba conveniente, no existirán para el juez, aunque invistan gran notoriedad. Porque, como escribe Carrara, *"il notorio non é persona viva che comparisca al cospetto del giudice a farlo convinto"*[11].

---

9 Op. cit., p. 336. Aunque observa *a priori,* que la coordinación referida cesa, como única excepción, en lo atinente a la prueba de los hechos notorios.

10 Fuera de los hechos en que recae la decisión hay otros que son más o menos indispensables. Este trabajo se concreta a los hechos que hacen valer las partes, los hechos que se discuten. (CHIOVENDA, *Identificazione delle azioni: sulla regola "ne eat iudex ultra petita partium",* en *Saggi,* I, p. 157, núm. 7).

En cuanto a los cálculos matemáticos, CARNELUTTI, contra HEGLER que se resiste a incluirlos en la definición de STEIN sobre las máximas, les atribuye carácter jurídico, fundándose en que la propia ley los confía a la capacidad del juez *(La prova civil,* p. 79). Podría extenderse el criterio a las operaciones sobre el sistema métrico, régimen monetario y otras de análogo valor oficial.

Algunos códigos (uruguayo, art. 466) exigen que se exprese en la sentencia "el día, mes, año y lugar". En el derecho argentino, que no tiene una disposición semejante, la omisión de la fecha es considerada como causa de nulidad, porque estableciendo el Código que las actuaciones se practicarán en días y horas hábiles no se sabría, de otro modo, si el requisito fue o no respetado. (ALSINA, *Tratado,* II, p. 556, incluye la fecha entre las "formalidades extrínsecas" del documento: que es toda sentencia; CASTRO, *Curso de Procedimientos Civiles,* II, núm. 229).

11 Con una frase parecida le había contestado al mismo CARRARA la Corte. *(Programma,* parte gen., II, p. 290, nota 1).

5. Prohibición de investigar

Consecuencia de la limitación impeditiva referente al objeto. El juez no puede investigar (en este sentido es que se habla de prohibir) los hechos que compondrán el material objetivo de su decisión, porque debe recibirlos únicamente de las partes.

La debida composición de la litis requiere que no se confundan en una persona las actividades de juicio y de acción. Frustraríanse de lo contrario los fines de utilidad a que se propende. Los dispositivistas creen que la acción obsta a la imparcialidad y rectitud del juicio.

Abundan las razones para demostrarlo. Es sencillamente humano exaltar el fruto del propio esfuerzo. El juez que practicare investigaciones personales sobre los hechos que motivan la acción, predispondría su ánimo en pro o en contra de un objeto determinado, materia del litigio. Por eso, en lo que atañe a la prueba civil, si puede colaborar en ella, su poder a tal respecto no le habilita para substituir a ninguna de **las** partes, ni menos para subsanar las omisiones en que dichás partes cayeran, porque enturbiaría la serenidad de su espíritu y trabaría el juego imparcial de su razón.

Interpondríanse, al mismo tiempo, entre las respectivas actitudes, una serie de implicancias. Desde un punto de vista general, observa Carnelutti: "cuando el juez desciende de su posición para acercarse a las partes, se convierte siempre en un poco menos juez"[12]. Entrando en especificaciones, escribe Chiovenda: "las esferas del juez y del defensor deben estar netamente separadas, porque existe una incompatibilidad psicológica entre el oficio de juzgar y el de buscar los elementos de defensa de las partes"[13].

Otra incompatibilidad, también psicológica, se opone decididamente a que la *función* practique determinadas actividades investigatorias, que se relacionan con el testimonio: la que a todo observador le impide verificar imparcialmente, vale decir, eficazmente, su propia observación. La teoría que le confiere al hecho notorio el privilegio de eximirse de la prueba supone que esa incompatibilidad ha sido superada: mera hipótesis.

Por sus efectos de índole procesal es aún menos admisible la confusión de actividades que en principio corresponden a sujetos diferentes. El órgano que tiene la función de juzgar declinaría, al cometerla, de la imparcialidad equilibrada en que ha de mantenerse, para descender, con menoscabo de la igualdad que debe existir entre quienes litigan, a tareas de colaboración unilateral[14].

Las investigaciones que ese órgano público efectuara privadamente con efectos supletorios o substitutivos de la voluntad individual atentarían contra derechos esenciales a la parte, que "no podría comprobar la exactitud" del

---

12 *Lezioni*, II, p. 150.

13 *Principios*, II, p. 183; *Instituciones*, III, p. 39.

14 Betti, op. cit, p. 56; Chiovenda, *Principios*, II, p. 188; Instituciones, III, p. 65. Moralmente desaparecería la entidad del tercero, cuya intervención frente a los conflictos intersubjetivos asume con ese carácter diferencial, precisamente, la jurisprudencia civil.

resultado y, en su ignorancia al respecto, estaría temiendo, siempre, cualquier sorpresa judicial.

Pero si el magistrado ha de confinarse en los límites que forman el reverso de los poderes-cargas ya reconocidos, nada se opone a que se provea de lo que necesite para ejercer, cumplidamente, sus poderes-deberes. Y a que, en subsidio de su ciencia oficial, enriquezca por cualquier medio su cultura privada.

¿Qué entonces desciende también la *función* a menesteres propios de la *acción*, y, en tal virtud, se expone el *juicio* a perder la serenidad e imparcialidad requeridas? No, por la doble razón de que siendo estas actividades, con las que se nutrió la cultura privada, generales y anteriores, ningún conflicto pueden promover en el ánimo del que juzga. Y menos, todavía, frente al objeto imprevisto que se discute, objeto único y distante, en que ha de recaer la sentencia.

LO NOTORIO ANTE LA AFIRMACIÓN

1. Tres tendencias

Si la afirmación (o serie de afirmaciones) en que la parte de un proceso de naturaleza civil hace valer su razón o pretensión corresponde al mismo sujeto con carácter de exclusividad, poca o ninguna es la chance que le queda a lo notorio. La doctrina, sin embargo, (y aun la legislación), no se muestra tan uniforme.

Enúncianse, en efecto, tres tendencias[15]:

> una, según la cual ningún hecho por notorio que sea puede hurtarse a la necesidad de la afirmación; otra, en el extremo opuesto, que faculta al juez para que compute lo notorio, esté o no afirmado por las partes; y la intermedia, que distingue el hecho del mero indicio, el que individualiza la acción del que no reviste igual significado, considerando necesaria la afirmación sólo en el caso de que la notoriedad se refiera al objeto de la demanda.

Este último distingo puede ser académico y frustráneo. En algunas circunstancias carecerá de interés; ocasionado, cuando mucho, a discusiones bizantinas[16]. La ineficiencia del hecho haría inexistente el problema. Sin ignorar que la dosificación prolija de su importancia, además de ser difícil, expondría el asunto a las tentaciones de la arbitrariedad[17].

---

15 Calamandrei. *Per la definizione* en *Studi.* II, ps. 299 y 314, con información doctrinaria y legal en notas 18, 19 y 39.

16 Aceptando con Florian que la notoriedad es "una circunstancia extrínseca", podría ocurrir que la parte alegara el hecho más no dicha circunstancia; podría ocurrir, también, que alegara el hecho y su notoriedad, y que la contraparte admitiera esta circunstancia como existente pero negara la verdad del hecho. Una mentira, un error, pueden ser notorios.

17 Señálase la actitud de Allomo que comparte el criterio de transacción, aunque involucra lo notorio en la ciencia oficial del juez.

La tendencia que domina, aun entre los partidarios de lo notorio (Langenbeck, Leuffert, Calamandrei), se detiene ante la afirmación de las partes, como requisito imprescindible, comprendiendo que, de lo contrario, el juez, al introducir un hecho no afirmado, oportunamente, modificaría el radio de la acción, acortándolo o extendiéndolo a voluntad[18].

2. LA POSICIÓN DE CARNELUTTI

En lo ya expuesto cabe destacar, ahora, la misión que se le asigna a la parte, que el proceso necesita y utiliza porque de ordinario es la más apta para conocer los hechos y la más interesada en transmitirlos al juez. La carga propende, justamente, al mismo fin: estimular de la manera más enérgica la iniciativa del sujeto que puede dar, en el terreno de las investigaciones, el mejor rendimiento[19].

Si la parte es, por lo común, el sujeto más productivo, cuando deje de serlo porque no se halle en las condiciones que acreditan su aptitud y su estímulo, el juez debe recuperar, lógicamente, el dominio de las acciones probatorias, aunque en principio repugnen a su verdadera misión funcional. No rige, para atribuirle a la parte el ejercicio de aquel poder, ninguna razón de esencia. Y en tal virtud puede exclamar Betti, que el límite objetivo *"cade cuando ne venga meno il fondamento"*.

Este criterio es de los que prueban demasiado. En buena lógica habría que acordarle al juez la misma autoridad para proceder, sin prueba, siempre que los hechos se presentaran en las condiciones referidas. No es así como se razona, sin embargo; en vez de la consecuencia general, se establece, por separado, cada hipótesis posible, y esta misma en una acepción compuesta *ex profeso.*

Instructiva, por lo demás, la evolución del pensamiento carneluttiano sobre la propia índole del instituto. He aquí la definición que de los hechos notorios acaba sustentando en "Sistema":

> "En antítesis *con los hechos de la litis,* no son los hechos conocidos por la generalidad de los ciudadanos ni tampoco los hechos cuyo conocimiento está comprendido en la cultura media o común, sino los hechos concernientes al interés general, aquéllos de que todo

---

Un sistema distinto, dentro de ese criterio, aplica el código procesal de Hungría, estableciendo en su art. 267, que el juez puede tomar en cuenta hechos notorios no alegados por las partes, siempre que antes de la clausura del debate sean admitidos para las pertinentes conclusiones.

18 ¿*Debe* el juez, o *puede* el juez conocer el hecho cuando es notorio? CHIOVENDA (*Instituciones,* III, núm. 261) y BETTI (Op. cit., p. 319), que justifican, por distintas razones, la autoridad de ese juez para decidir con independencia de las propias afirmaciones correspondientes a las partes, coinciden también en que "otra cuestión" es si está obligado a proceder así de oficio. BETTI declara "preferible la solución negativa".

19 *Sistema,* núm. 161, ps. 419 y 420.

hombre de cultura media *non tanto ha la possibilità quanto ha lo stimolo di conoscere*"[20].

ANTE EL "CONTRADICTORIO"

1. NECESIDAD Y UTILIDAD DE LA CONTRADICCIÓN

Muchas razones hacen necesaria y demuestran cuan útil es la contradicción (regla general en lo contencioso):

una razón esencial, directamente relacionada con el principio dispositivo que, según opinión unánime, se refirma ointegra mediante la reciprocidad activa en que, a impulso de sus particulares intereses, rivalizan las partes;

una razón de consecuencia con la bilateralidad de la relación jurídica en el proceso, relacionada también con aquel principio que extiende a las dos partes el poder de iniciativa;

una razón de conveniencia ética, en cuanto impide que se oculte o desfigure lo real y existente, más adecuada a la naturaleza del proceso y más eficaz en su aplicación que la expuesta en el deber de decir verdad, deber que: o se desvanece en un reclamo exhortatorio, o no es deber sino precepto (con sus sanciones);

una razón práctica, porque es con la contradicción que acrece el rendimiento y disminuye el costo, al constituirse cada parte en el mejor fiscal de la otra y conjurar así el peligro que respectivamente significan, facilitando en común la tarea del juez a efecto de que separe lo que no sirve o daña, y asegure para el proceso la mayor utilidad posible.

---

20 En *Instituciones,* núm, 206, vuelve CARNELUTTI sobre el tema, desde otro punto de vista. Se refiere a la carga de la información. El juez no puede llegar a ninguna conclusión sin conocer sus motivos; y quien debe suministrárselos es, naturalmente, la parte. O, concretando: tiene dicha parte la facultad de informar al juez. Facultad que Se convierte en carga (y, a su vez, la estimula) cuando el juez no puede considerar otros motivos que los informados.

Ahora bien, dicha carga, según CARNELUTTI, no se extiende sino a "los motivos que no sean de interés general". Quedan excluídos, pues, los de interés general que se llaman notorios. Hay, entonces, una diferencia entre este concepto y el expresado en el art. 115, 2, donde se exonera de prueba a las nociones de hecho "pertenecientes a la experiencia común", que es también un concepto de lo notorio. El que corresponde al "interés general" tiene más amplitud. La carga de la información no abarca, por ejemplo, a las máximas de experiencia ni a los hechos históricos, que el juez puede considerar de oficio, aunque no pertenezcan a la experiencia común, aunque sean accesibles sólo a una cultura especializada. (¿En qué consiste, por último, lo notorio?).

Concluye su interpretación CARNELUTTI sosteniendo que debe ser transformada la expresión del art. 115 de manera que en la "experiencia común" se comprendan "no tanto las nociones que el hombre medio posee *generalmente,* sino todas las nociones que interesan a la generalidad de los hombres". (*Supra,* nota 20).

Por eso, los autores coinciden en opinar que la contradicción entre las partes, dedicadas a su propio interés, que es la actitud más normal y fecunda, determina el necesario complemento y el feliz correctivo del sistema fundado en el principio de disposición[21].

Era preciso dar esta síntesis para que resaltara, por contraste, la ilegitimidad de lo notorio, que pretende soslayar una exigencia tan perentoria so pretexto de que pasó ya por el *"vaglio"* de la experiencia colectiva. Arraigada como está, evidentemente, a uno de los derechos esenciales del individuo, tanto que muchos países la consagran en sus propios estatutos constitucionales ([22]), la contradicción no puede ser omitida ni suplantada sin menoscabo del proceso mismo. Las razones expuestas, aparte las normas escritas, exigen que *esa* y no otra contradicción sea observada, no otra que, por añadidura, ofrece diferencias radicales de forma y de naturaleza: como que la cumplen, dando de barato que constituya un contralor efectivo, ajenas personas (los miembros sociales) en un medio extraño al proceso (la sociedad).

Lo notorio no llena esas funciones con sino contra las partes. Y lo notorio, añade Florian, carece de poder suficiente para despojar a dichas partes de sus derechos procesales[23].

2. DISCORDIA DE MAZZARELLA

El principio de contradicción, según Mazzarella[24], no alcanza a lo notorio. Sólo quiere que la afirmación hecha por una de las partes se transfiera a la contraria para que ésta la examine y conteste, entablándose una fructuosa discusión. "Funciona cuando hay actividad de parte y no cuando la hay de juez. La actividad judicial, por ser desinteresada, no tiene necesidad del correctivo que procura la contradicción".

Desinteresada en absoluto, no. Interesada, más bien, aunque de otro modo. Y, además, por el hecho de que las partes obedezcan a un interés propio, el órgano jurisdiccional no se desvincula enteramente del "contradictorio".

---

21 El "contradictorio", afirma CARNELUTTI, "responde a uno de los principios fundamentales del proceso civil" *(Sistema,* I, núm. 148). Y no sólo civil; VÉLEZ MARICONDE, *Los Principios Fundamentales del Proceso según el Código de Córdoba,* ps. 89 y 90.

22 ALSINA, *Tratado,* I, p. 265; F. DE ABREU, *Novos Aspectos do Processo Penal Brasileiro* en "Rev. Forense", 1942, nov., p. 333.

23 Observa FLORIAN que los principios en virtud de los cuales el hecho debe ser afirmado y controvertido no se aplican igualmente en el proceso penal; pero su oposición a lo notorio como prueba es, de cualquier modo, irreductible. No militan en favor de lo notorio, normas especiales; está siempre en juego la ciencia privada del juez. Tampoco hay cuestión alguna de substancia, sino de mera forma. Poco importa la notoriedad; lo que interesa es que el hecho esté debidamente adquirido en el proceso. La "vantata" notoriedad no auxilia a la prueba si no ha sido alegada y no entró, además, en la "materia del dibattimento" Este principio es ineludible, habiéndolo confirmado diversos procesalis- tas, como KLEINFELLER en lo civil y BIRKMEYER en materia penal *(Elementos de Derecho Procesal Penal,* p. 310; *La regola "notoria non egent probatione" in materia penale,* revista *La Scuola Positiva,* 1929, parte segunda, p. 137; *Prove Penali,* núms. 42 B y 182 a, nota 1).

24 *Appunti sul fatto notorio* en "Riv. dir. proc.", 1934, p. 65, n. 12, nota 2.

Tiene también un interés que sustentar. Y en ningún momento se reduce a una actitud estrictamente pasiva. Por lo que a la contradicción respecta, interviene para estimularla, como anota Carnelutti, si no se desarrolla con la eficacia debida, o para moderarla cuando está *"per vercare i limiti della utilità"*[25].

Las conclusiones que podrían favorecer al juez para que dispusiera de lo notorio, no se acomodan a las premisas que sienta Mazzarella. Aunque la contradicción fuese "cosa de las partes", es, también, componente del proceso, y si pudiera tener desenvolvimiento cabal con la prescindencia del juez, no por ello autorizaría al mismo juez para que la inutilizara. Por lo demás, estará circunscripta a determinados sujetos, las partes, pero no a determinados hechos. Todos los hechos, incluso los notorios, deben caer dentro de la contradicción procesal.

Podría observarse aún que el resultado efectivo niega la consecuencia que se pretende. Porque si el juez, que, según Mazzarella, debería abstenerse, incorpora al material de su decisión un hecho no discutido, no fiscalizado por las partes, en realidad no se abstiene sino que participa hasta el punto de acarrear el desplazamiento de las mismas partes, suplantándolas en la misión que se les asigna con tan rigurosa exclusividad.

Cierto es que Mazzarella no hace de la abstención comentada un argumento directo para su tesis, alegándola, más bien, en previsión de posibles objeciones. Pero las ideas del distinguido procesalista llevan al desarrollo indicado, pues que, en definitiva, sostener que la contradicción queda entre las partes y no le impide al juez utilizar lo notorio, es sostener, implícitamente, que el juez puede substituir a dichas partes, en ciertos hechos, y quedar relevado *aun entonces de* toda contradicción.

ANTE LA PRUEBA

1. Amplitud del criterio dispositivo

Si en la prueba concurre con el interés individual un interés público, no debe prescindirse, por completo, del juez, ni acordársele tanta libertad que pueda resolver con *plenum arbitrium.*

En ningún momento es tan sensible y exigente la verdad de que el proceso se hace con hombres y cosas. Ha de contemplarse, entonces, junto con las razones de esencia jurídica, la razón de orden político cifrada principalmente en el progreso de las instituciones y de la vida.

El legislador, al organizar la prueba civil, procederá, aun dentro del sistema dispositivo, con espíritu pragmático, estimando las condiciones ambientes para calibrar las medidas en que se distribuirán los poderes de las partes y los poderes del juez, quien participará, así, con facultades propias en cuanto a la producción de la prueba y en cuanto al valor de la prueba producida.

En este segundo aspecto, que interesa especialmente a la conciencia del magistrado, rige un sentido práctico de liberalidad. No tanto, sin embargo,

25 *Sistema,* I, p. 495.

como para negarle al legislador que haga sus reservas, tasando ciertas pruebas, y las imponga, por otros motivos, en favor de las partes, con la procedente regulación del poder judicial[26].

¿Qué posibilidades le ofrece a lo notorio esta doble coparticipación atribuida al juez?

2. PREDETERMINACIONES OBLIGATORIAS

Destácanse, pues, dos géneros de predeterminaciones que obligan al juez en materia probatoria: uno de ellos, impuesto por el principio dispositivo; el otro, dictado por la ley.

Si las partes son las únicas en el proceso que pueden afirmar hechos, *a fortiori* el juez no puede considerar sino los hechos que estén afirmados por alguna de las partes. Si son las únicas, también, que pueden plantear diferencias, no podrá el juez suscitarlas cuando las nieguen con la concordancia de sus afirmaciones. De lo contrario, proveería *ex officio* teniendo en cuenta hechos que no existen en la demanda (por no inclusión o por exclusión).

El principio dispositivo está en esa fuerza vinculante, sin oponerse, necesariamente, a que, observada que sea dicha relación, colabore el juez presentando bajo ciertas condiciones su prueba, y valuando, con relativa libertad, (no se trata de lo que se conoce, estrictamente, por "valoración" lógica), la que se cumplió en el proceso. De la mencionada vinculación resultan dos corolarios:

---

26 La prueba, en lo que se emancipa del principio dispositivo, tiene que resultar de una distribución de poderes, regulada por el legislador con criterio posibilista, pesando todos los factores que de un modo u otro pueden afectarla. En este primer sentido, toda prueba es legal.

A dos motivos atenderá, principalmente, en tal distribución: a la disponibilidad de la prueba y a su eficacia. La disponibilidad corresponde, en principio, a las partes; la eficacia obedecé a una disciplina más o menos estrecha, según la ley. En este segundo sentido es que se habla, especialmente, de prueba *legal* y prueba *libre*.

La decisión del juez oscila, entonces, entre dos extremos: la legalidad que lo anula y la libertad que le permite graduar la eficacia probatoria según su criterio. Esta libertad de juicio puede estar o no condicionada al aporte anterior, cumplido por la parte, por el mismo juez o por ambos sujetos.

De manera que el juez puede ser, aun en dicha situación:

más o menos libre, o enteramente libre, para valuar la prueba aportada en el proceso, y no otra alguna;

libre en absoluto, aun frente al proceso, y facultado en consecuencia para decidir contra la prueba aportada si otra, que adquirió personalmente, satisface más a su conciencia.

Prevalece el criterio que reserva en general el aporte de las pruebas a las partes y reduce, progresivamente, en cuanto a su eficiencia, el radio de la legalidad. En esta prueba, aunque es el legislador quien determina la eficacia a reconocer judicialmente, dos clases de razones influyen: en algunas figuras, el legislador consagra razones de orden dispositivo; en otras, tiene sus propias razones que imponer. Y no siempre tampoco, bajo igual forma ni con igual rigor.

no puede haber hecho alguno a probar sin una afirma- ción de parte; la afirmación coincidente de ambas partes (alegaciones concordes, puntualiza Carnelutti) hacen prueba (la eliminan) con respecto a un hecho.

Las partes, en esa forma, pueden *crear* un hecho que no existe; o *anular,* con su silencio, un hecho que existe.

El juez, en fin, está vinculado:

a la afirmación bilateral, como *condición necesaria* para que haya prueba;

a la afirmación bilateral, como *condición suficiente y obligatoria,* que la excluye.

Bellavitis[27] establece, en este punto, dos limitaciones, debidas: una, a la admisión de la contraparte; otra, a lo notorio (bien que, reconoce, "no pueden darse reglas absolutas al respecto"). La semejanza es posible únicamente en la consecuencia; pero tan distintas resultan por sus particulares causas, que la razón en virtud de la cual se justifica la primera, el derecho dispositivo, se opone a la aceptación de la segunda, que precisamente desconoce este principio en nombre de la notoriedad.

Otras predeterminaciones hay que no sólo afectan a la carga de la prueba, como las anteriores, sino que se traducen en prueba (discutible concepto) legalmente valorada. La comparación con lo notorio se torna así más difícil. Pudo encontrarse algún tópico en que establecerla a propósito de la admisión; después de todo, los hechos que se admiten (incontrovertidos) "non egent probatione". Pero ninguno se percibe para concertarla con la confesión, por ejemplo, que, como las otras *pruebas* de su especie, ha sido colocada, también, en un plan común con lo notorio. Goldschmidt[28], de acuerdo con sus principios, sostiene que los hechos acreditados por cualquiera de estos medios, se eximen de prueba.

Un estudio minucioso entraría a discernir si lo notorio es prueba, substitutivo o exención de prueba; sorteando la incidencia, puede observarse, aún bajo el criterio alemán, que, en cualquier hipótesis, todos esos medios, salvo el que corresponde a lo notorio, pretenden existir y valer sólo dentro del proceso.

3. POR LAS PARTES

A. LOS HECHOS CONFESADOS. Según Garsonnet y César- Bru, la confesión hace *"mutile et frustratoire"* la prueba judicial. Según la cátedra alemana, como ya se ha recordado, no constituye prueba, equivaliendo a la admisión, consecuencias ambas del principio dispositivo. Su efecto es independiente

27 BELLAVITIS, *Diritto processuale civile,* p. 219, n. 200; CARNELUTTI, *La prova civile,* p. 17, nota 1 y p. 29.

28 Op. cit., p. 259.

de la convicción judicial. Los hechos que se confiesan no son, en realidad, probados, imponiéndose a la voluntad más que a la conciencia del juzgador[29].

B. JURAMENTO DEFERIDO. Se le explica, también, como una confirmación del principio dispositivo; o en virtud de razones político-legislativas, por efecto del criterio convergente de auto-responsabilidad individual. A pesar de todo, resulta dudosa, en muchos casos, la ética por la que adquiere este juramento ciega eficacia.

Análoga discusión que en el caso precedente. Un resumen fugaz, al sólo objeto de restablecer posiciones frente a lo notorio: entre los civilistas, Baudry-Lacantinerie y Barde[30] hablan de una *"espèce de transaction"*, y Demolombe[31] de una transacción *condicional;* entre los procesalistas, Chiovenda cree, con Mortara[32], que esa tesis no tiene ni merece crédito, opinando, además, que "el carácter del juramento es el de una prueba legal", y Kisch[33], no encontrando en su resultado ninguna influencia posible sobre la convicción del juez, entiende que "lo más exacto sería considerarlo como un medio de fijación (de la verdad) formal *(Mit- tel Formeller Fertstellung)"*.

4. POR LA LEY

Varias son, en este aspecto, las formas de solución previa, que el juez debe acatar. En el fondo, *prueba hecha* ya por el legislador; o, según la expresión de Camelutti, prueba legal al cien por ciento.

A. *Las presunciones absolutas (o, genéricamente, legales)* mandan en el juez, obligándole a una conclusión. Una conclusión que, a diferencia de las anteriores, vale por ministerio de la ley. Su efecto característico se manifiesta en el orden de la carga. Goldschmidt distingue estas presunciones legales de las normas que legalmente fijan la apreciación del juez, en que gradúan, por anticipado: aquéllas, la eficacia de un hecho a probar; éstas, la eficacia de una *prueba.* La presunción absoluta constituye una "prueba de indicios, con la atribución de una fuerza legalmente plena"[34].

Se percibe al través de tal prueba la función decisiva que desempeñan las máximas de experiencia. La presunción absoluta es una máxima erigida en regla obligatoria; la presunción natural, una máxima que el juez aplica según su prudente raciocinio.

---

29 CHIOVENDA y LIEBMAN concluyen con estas preocupaciones, sosteniendo: "La confesión debe ser considerada como una declaración de ciencia (coincide, también, CARNELUTTI, en *Sistema,* I, núm. 311); la cuestión de si constituye un verdadero medio de prueba o, más bien, una «relevatio ab onere probandi», parece desprovista de importancia práctica" *(Estudio comparativo de las pruebas* en "La Revista de Derecho, Jurisprudencia y Administración", Montevideo, XXXVII, núm. 3, p. 66.

30 *Des Obligatioris,* IV, núm. 2730.

31 *Cours de code civil,* XXX, núm. 580.

32 MORTARA, Comm. *del Cod. e delle Leggi,* III, núm. 493; CHIOVENDA, *Principios,* II, p. 301, *Instituciones,* III, p. 220.

33 Op. cit., p. 239.

34 Op. cit., p. 259.

También a la presunción absoluta ha sido comparado lo notorio. Es verdad que resulta casi un trabajo de ingenio decidir en que pueden parecerse. Lo notorio reposa en un testimonio, y si pudiera ser una presunción, el antecedente no estaría en el proceso ni lo aportaría la parte, sino que el propio juez, acudiendo a su saber privado, lo sacaría, libremente, de la experiencia.

B. La *ficción* pertenece a otro campo y apenas justifica su examen en este lugar la semejanza, más bien exterior, que tiene con la presunción *iuris et de iure*.

Los escritores admiten, cuando mucho, una equiparación parcial: Giorgi, Ferrini, Coviello. El primero, que transige en que las presunciones son "cuasi una ficción", critica a quienes las catalogan entre las pruebas; el segundo concede al respecto una mera posibilidad; el tercero observa que tal equiparación es sólo posible en cuanto a los resultados prácticos pues todas se resuelven en expedientes urdidos por el legislador para adaptar a un hecho ciertas y determinadas consecuencias que de otro modo no resultarían.

Pero, en general, se cree en una diferencia más profunda, explotada ya, con acierto, por los viejos maestros, como Bartolo, Cujacio y Menochio. Posteriormente, Lessona descubre sobre esa base una diversidad mayor, aunque se particulariza, con preferencia, en la ficción que Unger denomina teórica y Ihering, dogmática.

Se comprende, pues, que las notas diferenciales entre esta creación y las presunciones resulten agravadas frente a lo notorio. Me limito a decir que, entre las últimas, hasta la de carácter legal opera con realidades; la ficción, en cambio, prescinde de ellas. Las dos concluyen sentando un hecho; pero mientras una lo impone porque presume racionalmente una verdad, la otra lo impone aunque no se encuadre en la verdad. Sobre todo, es diverso el mecanismo, que para las presunciones, aun legales, consiste en una deducción lógica fundada en la experiencia. Finalmente, la ficción no tiene cabida en el instituto probatorio. Pertenece al derecho material. Es, podría decirse, también, asunto dé conocimiento para el juez; no de convencimiento. Máxime cuando ocurre, y el juez no lo ignora, que en el hecho ficto no existe el hecho.

Todo lo contrario de lo que se pretende con lo notorio: expresión distintiva de la realidad[35].

35 LESSONA, *Teoría General,* IX, núm. 65; GIORGI, *Obligaciones,* I, p. 241; FERRINI, *Archiv. giur.*, L, p. 566; COVIELLO, op. cit., p. 600; MATTIROLO, *Trattato,* III, núm. 452; RAMPONI, *Riv. Ital. per le sc. giur.*, XIV, p. 334; MARTÍNEZ PAZ, *Filosofía del Derecho,* p. 366, 4.

B) DERECHO POSITIVO

UNA OPOSICIÓN IRREDUCTIBLE

1. REGLA SIN EXCEPCIÓN

Todas las leyes procesales que se agrupen bajo el signo hispánico y, por ende, las leyes del país, están cortadas según el mismo padrón dispositivo. Todas niegan, en principio, cuando y donde corresponde, la posibilidad de que lo notorio quepa dentro de sus normas.

La oposición no viene sólo de la doctrina informante, ajustada a un espíritu liberal en cuyo origen se encontrará, seguramente, una instintiva exigencia étnica. Ha sido ratificada, en diversas formas, por el legislador.

La reseña que subsigue, mostrando aquí y allá uno que otro de los relieves más destacados en conceptos, leyes y apotegmas, evidenciará, fácilmente, con qué uniformidad y constancia se pronuncia dicha oposición. No se concibe, entonces, que lo notorio pase, en nuestro derecho, sin una disposición también expresa de la ley: que el legislador, si lo desea, puede ser inconsecuente.

Bien que la inconsecuencia, en el caso, no tendría ningún fundamento. Después de todo, para salir con semejante sorpresa, en desestima de los principios y del orden procesal, no valía la pena esforzarse en afianzar tanto los poderes individuales sobre el aporte del material destinado a la sentencia. Ni en crear, para sustentarlos, una verdadera absoluta si habrían de ser menospreciados, luego, por tan fácil excepción.

Pero, mientras la incongruencia no tenga carácter legalmente impositivo, nada podrá cohonestarla. Sin embargo, autores muy respetables la prohíjan. Reconocen la necesidad de la prueba en el proceso y no admiten contra ella ninguna excepción, salvo la que se funda en lo notorio: precisamente, la más discutible y peligrosa.

2. AFORISMOS, NORMAS, OPINIONES

El propósito de las referencias que siguen tiende en concreto a demostrar que no se incurrió ni pudo incurrirse en olvido con un instituto de tanta notoriedad como era y es lo notorio. No cabe aludir, entonces, al silencio del legislador.

A.— En el aporte de los hechos la doctrina resulta más explícita que la ley. Recuérdese la disposición contenida en el art. 71, inc. 4° del código que rige para nuestra Capital: si determina una formalidad también importa un mandato, y, en conjunto, establece *que debe* y *cómo debe* presentar los hechos el demandante. La Recopilada disponía: "Cada parte simplemente ponga el hecho en encerradas razones"[36].

---

36 Ley I, tít. 14, lib. II, Novísima Recopilación.

B.— Debe ponerlo, ejerciendo una iniciativa propia mediante la afirmación de un hecho. De un hecho como razón de un juicio, que es lo que caracteriza especialmente a la alegación. Notable trascendencia la que irradia esta alegación, con efectos vinculantes sobre los actos sucesivos, y, en particular, la prueba y el "contradictorio". A estos dos últimos han de ceñirse las referencias prometidas.

El demandado, según el art. 100 de nuestro código, tiene que "confesar o negar categóricamente los hechos establecidos en la demanda". Las Partidas ordenaban ya: "Otrosí dezimos, que non debe valer el juizio que es dado sobre alguna cosa ante que sea fecha demanda, e respuesta sobre ella". Y, también: "non deben los judgadores dar juizio sobre ningún pleyto... a menos de ser comenzado primero por demanda e por respuesta"[37].

Admítese, no obstante, cierto contralor judicial aun en materia de hechos. El art. 104 previene: "siempre que se hayan alegado hechos *conducentes* acerca de los cuales hubiere conformidad entre las partes, el juez recibirá la causa a prueba". Porque, según las Partidas, "non debe consentir el judgador que las partes despierdan el tiempo en vano probando cosas de que no puedan después aprovechar magüer las probasen"[38]. La fuerza vinculante de la afirmación con respecto a la prueba está legislada en el art. 108 al establecer éste que no se probarán sino los "hechos que hayan sido articulados por las partes", aunque dispone que se desechará (irremisiblemente) *en la sentencia definitiva* la prueba de los hechos no articulados.

C.— Los aforismos *"ne iudex ultra petita"* y *"sententia debet esse conformis libello"*. El art. 216 dice que la "sentencia definitiva debe contener decisión expresa, positiva y precisa, con arreglo a las acciones deducidas en el juicio"[39]. Aplicación expresa del postulado según el cual ha de ser el juez "congruente con la demanda, en las pretensiones deducidas"[40].

Puede afirmarse, también, que el *"secundum allegata et probata"* obtiene su debido tratamiento, con diversa eficacia limitativa de los poderes judiciales, en sus dos proposiciones componentes. Pero si el juez puede intervenir en la prueba, no llegará por ello hasta sanear las faltas de las partes, ni siquiera a título de "mejor proveer".

D.— La doctrina, aun en sus expresiones más avanzadas, se mantiene en actitud dispositivista: intransigente con los hechos no alegados, para no modificar la razón o pretensión que incumben sólo a las partes (aunque puede haber, fuera de la alegación, hechos que no comporten alteración ninguna); transigente, en cuanto a la prueba, con distinta elasticidad según las tendencias, pero unánime en su oposición a que el juez se incline hacia una de las partes, movido por el ansia de inquirir la verdad.

37 Ley XV, tít. 22, Part. 3; Ley V, tít. 26, Part. 3.

38 Ley VII, tít. 14, Part. 3.

39 Sobre cada artículo citado, toda la información que se necesite, V. en las disposiciones respectivas, ESPINOSA, *Concordancias y Fuentes Bibliográficas del Cód. de Proc. en lo Civ. y Merc. de Córdoba.*

40 Este mismo código establecía, art. 174: "Los interesados podrán producir prueba sobre todos los hechos que creyeren convenir a su derecho, hayan sido o no alegados".

A las citas de autores argentinos hechas oportunamente pueden sumarse, ahora, muchas otras. Escogiéndolas entre las que guardan la mayor distancia posible dentro de la orientación común, tenemos, por ejemplo, a Rodríguez, quien manifiesta: "el juez está obligado a fallar sobre lo pedido y probado, y hacer mérito de los justificativos que se hubieren rendido, por más que la exactitud de tal o cual hecho o circunstancia le constare personalmente"[41]. Resumiendo, insiste aun: "deberá desconocer en absoluto todo aquello que no resulte de las constancias del expediente". Por su parte, Aguiar y Cabral, modernamente, propugnan la amplificación de los poderes judiciales, pero "sin suprimir la iniciativa de las partes ni quebrar su igualdad". ¿En qué forma? "Adoptando todas las medidas conducentes a la verdad, siempre que ello no importe producir prueba no invocada, ni suplir las omisiones de las partes"[42].

3. LA PRUEBA CIVIL, PRODUCTO NECESARIAMENTE PROCESAL

La distribución de los diferentes poderes, en la materia, con todas las concesiones que se deseen para el juez, termina expresa o implícitamente, en la ratificación de una exigencia indisputable, que no puede ser transgredida sino a impulsos de un afán resueltamente autoritario: cualquier intervención judicial que se admita en lo relativo a la prueba debe *constar* en el proceso, (aparte de la afirmación), o *no existirá.*

Nunca se consintió, ni directa ni indirectamente, en que se desconociera tan imperiosa obligación. (Descártese el procedimiento romano). Si en el derecho clásico español se exhortó a los jueces para que fueran "acuciosos en puñar de saber la verdad", antes se había definido esta verdad estableciendo: "es cosa que los judgadores *deben catar en los pleytos* sobre todas las cosas del mundo"[43].

En el Libro de las Leyes se recomienda: "escodriñada e sabida la *verdad del pleyto,* debe el judgador dar su juyzio"[44]. Y la Novísima Recopilación insiste en que "seyendo hallada y probada la verdad del fecho *por el proceso...* los jueces que conoscieren de los pleytos, y los que hobieren de *librar, los determinen y juzguen según lo* verdad que hallaren probada en los tales pleytos"[45].

La prueba, según las Partidas, "es el averiguamiento *hecho en juicio* en razón de alguna cosa dudosa". Más adelante, se repite que el "averiguamiento de prueba, de cual natura quier que sea, debe ser fecho e *mostrado al judgador* ante quien es el pleyto, e non a la parte contra quien la aduze, como quier que esto se deva fazer *estando ella delante"*. Y la siguiente Ley, refiriéndose, entre otros medios, a la "fama", confirma la imposición al definirla como prueba "que *las partes muestran en juyzio"*[46].

---

41 *Comentarios, I, p. 329.*

42 *Proyecto, ps. 22 y 34.*

43 Ley XI, tít. IV, Part. 3.

44 Ley VII, tít. XXII, Part. 3.

45 Ley II, tít. 16, lib. 11, Nov. Ree.

46 Leyes I y VII, tít. XIV, Part. 3.

No hay tampoco otra opinión en la literatura jurídica. Según de la Cañada[47], la prueba "es de esencia y substancia del proceso". Uno de sus requisitos indispensables consiste, para Reus[48], en que sea *hecha y mostrada* ante el juez de la causa. Entre nosotros, Castro[49] escribe que "es necesario que el averiguamiento se haga en juicio, porque todo lo que sea fuera de él sale del campo procesal". Bartoloni Ferro[50] sostiene, dentro de las instrucciones penales, la necesidad y la conveniencia del sistema que investiga los hechos a través del proceso, triunfo de la organización metodizada, cuyo objeto específico es la averiguación de la verdad.

4. COROLARIOS

Chiovenda señala en la escuela dispositiva dos orientaciones: la que se aferra al dogma, que proclama absoluto, "como homenaje a la voluntad de las partes en sí misma"; y la que se acomoda a un criterio de oportunidad, para la mayor eficacia realizadora de los fines procesales.

Predomina la tendencia que confía en una clasificación gradual de poderes. Las partes disponen en forma absoluta de los hechos que hacen valer, hasta el punto de que se sobreponen, en ciertos casos, a la conciencia judicial; tanto, efectivamente, que las mismas operaciones que autoriza el *"iuris novit curia"* y que se extienden hasta la propia calificación de esos hechos, respetan su inmutabilidad cuando sea necesaria para identificar la razón o para justificar la pretensión establecidas.

En cambio, no disponen de la prueba con igual exclusivismo. Se le reconoce al juez, según las circunstancias, la iniciativa concurrente de presentarla y la libertad de valuarla. (En rigor, la última no afecta a la disponibilidad). Pero aquella iniciativa se abstendrá de recaer en defensas parcialistas, y esta libertad de ultrapasarse hasta incluir pruebas extrajudiciáles.

La reseña que antecede, en lo que respecta a la doctrina tanto como al derecho modelado legalmente de acuerdo con sus inspiraciones, demuestra la voluntad reflexiva de hacer infranqueable este doble término: el que no transige con la confusión de actividades tan implicantes como las de juez y defensor, y el que se resiste a que la prueba se cumpla, con anulación de las partes, fuera del proceso.

Vanos resultarían, ahora, los alardes de amor a la verdad. El proceso, arreglado a un juicioso plan dispositivista y, dentro del proceso, la prueba,

---

47 *Instituciones Prácticas, I, p. 48.*

48 *Ley de Enjuiciamiento Civil, I, p. 48.*

49 *Curso,* I, núm. 371.

50 *El Proceso Penal y los Actos Jurídicos Procesales Penales. ps. 161, 162 y 170.* VÉLEZ MARICONDE aboga *por un amplio criterio en los* poderes *judiciales* sobre *la* investigación *de la verdad; pero no tanto que el juez penal forme su convicción con elementos que "no estuvieron a disposición de todos los sujetos procesales". Dice, por el contrario: "es preciso que se trate de hechos examinados durante el juicio, única forma de que no escapen al contralor de las partes". E insiste: "la convicción debe emanar de pruebas debidamente incorporadas al debate" (Los Principios Fundamentales, ps. 88 y 90).*

representan la culminación de un movimiento comprensivo y armónico de garantías seleccionadas que integran un método cuya definición, considerando a la vez sus fines de justicia y de utilidad, podría encerrarse en una sola palabra: eficiencia. El proceso, "la prueba de la prueba" como lo ha designado Galdi, *"mirabile or- digno di indagine"* como lo ve Calamandrei contra el pesimismo de Menger, es, a pesar de sus inevitables descomposturas, lo mejor que se conoce para obtener prácticamente la verdad.

En lo que interesa a este trabajo, la aplicación más generosa pero concreta del principio dispositivo, según lo expuesto, sin hacer cuestión por tanto de territorio más o menos, sino de legitimidad originaria, no llegaría nunca hasta lo notorio, porque lo notorio conspira contra la imparcialidad del juez y quebranta la igualdad entre las partes, y, sobre todo, penetra subrepticiamente en la sentencia, esquivando un contralor necesario y útil, a pretexto de que habría sido ya efectuado en el misterio de una psicología social que para los mismos que se especializan en su estudio constituye una incógnita.

Puede concebirse que el juez proceda imparcialmente; siempre adolecerá lo notorio de un defecto que lo torna inadmisible, por mucho que el principio dispositivo se adapte y ceda: su clandestinidad.

Habría, por lo demás, una situación de antítesis con el espíritu de la doctrina consagrada y con la voluntad del legislador; una situación que estaría fuera del más vasto alcance interpretativo. Reduciéndola, para dar entrada a lo notorio, actuaríase, judicialmente, en contra de aquel espíritu. No se acogería una de las posibilidades, más o menos remotas, admisibles dentro de la previsión en que puede situarse el juez para interpretar, puesto que la correspondiente a ese instituto ha ido excluida por el legislador. Más que una excepción, lo notorio configura, pues, un contra-derecho, y, en consecuencia, la tesis que lo reclama persigue una ilegalidad.

II

Libre Actividad Judicial

1. Cuando puede investigar el juez

En la interpretación y valoración de la prueba recobra el juez su autonomía. No puede buscar la prueba, pero sí estimarla. Es perfectamente compatible con el sistema dispositivo (que remite a las partes en forma exclusiva o primordial la formación de los elementos materiales) el libre ejercicio de interpretación y valoración (concíbese este ejercicio lógico distintamente de la valuación jurídica, ya enunciada).

Libre, no arbitrario ejercicio[51]. Enfocado, además, sobre la prueba existente en el proceso. Y, también, provisto de las facultades que permitan efectuarlo.

51 La libertad que se le reconoce al juez en la apreciación de la prueba, advierte Goldschmidt, "no es un mero arbitrio, sino un margen de actuación ajustado a deberes profesionales" (Op. cit., p. 90). Carnelutti, analizando la protesta discrecional y la vinculada, escribe que aquélla se exime, en su ejercicio, de sometimientos legales, "pero no de toda clase de

En concreto: el juez puede y debe prepararse, adquiriendo a tales fines la información que necesite y poniendo su saber privado al servicio de su capacidad.

¿Se le autoriza, entonces, para practicar investigaciones hasta ahora vedadas? La situación es distinta. El hecho pertenece a la parte[52]. Mas la valoración de la prueba (sobre todo en su fase ulterior, consistente en una apreciación íntima, posible aun con las pruebas legales) exige por necesidad y como garantía, una entera independencia mental.

El juez interpreta la prueba rendida; la valora; le da, en fin, todo el desarrollo que le consienta la deducción lógica. Y así recoge un conocimiento que compara con las afirmaciones de las partes. La verdad total o parcial resultará de la mayor o menor coincidencia entre esos dos extremos: *adœquatio intellectus et rei.*

Las operaciones aludidas reclaman el concurso de las máximas de experiencia. Frustráneo resultaría el trabajo de interpretación y valoración sin dichas reglas fundadas en la regularidad o normalidad empíricas, y que el juez, por tanto, cosecha en la vida práctica, *"da tutti i campi"*, según la frase de Carnelutti. Entendiendo, contra el parecer de Betti y de Allorio, que no integran la ciencia oficial o profesional, y que configuran, en substancia, modalidades objetivas, resultará que el juez efectúa también sus adquisiciones privadas sobre ciertos hechos. Puede hacerlo, sin contradicción, puesto que, después de todo, las subordina al cumplimiento de sus legítimas atribuciones[53].

Surge así, y muere al mismo tiempo, la primera oportunidad aparentemente propicia a lo notorio, que, por cierto, quiere ir más lejos. Quiere que el juez lo haga valer por su sola voluntad. Sin embargo, también hay máximas que reciben un tratamiento de excepción; se las ha considerádo como elementos de prueba que el juez obtendría autoritariamente. Su aplicación, entonces, no sería subsidiaria. El juez las acreditaría, *prima facie,* como un valor efectivo, en la presunción que, por su intermedio, resultare. Lo que, al fin, acusa una

---

reglas, como las técnicas o éticas"; consecuencia, ese ejercicio acepta una obligación dentro de las reglas mencionadas, y si la infringe acarrea, también, responsabilidad *(Instituciones,* p. 172).

52 CALAMANDREI, La *genesi logica della sentenza civile* en *Studi,* I, núms. 26, 7 y 8. En la categoría de operaciones lógicas referentes al hecho, el juez "no puede exceder los limites del material" aportado por las partes, lo que no implica negar la libertad de juicio, dentro de esos límites *objetivos,* en las actividades de interpretación y valoración.

53 Todo es interpretar y valorar en el oficio del juez; en tal concepto queda implícito un elemento lógico aun bajo la misma actitud receptiva. Y si comienza con el proceso la sucesión de silogismos que termina en la sentencia, queda admitido, desde el primer momento, el subsidiario concurso de la realidad. ¿Cómo? El juez es quien debe informarse al respecto, porque tales silogismos están encomendados a su libre razón. ("El silogismo, enseñan ROMERO y PUCCIARELLI en *Lógica y nociones de teoría del conocimiento,* p. 93, nunca se basta a sí mismo cuando se trata de objetos reales, sino que supone una previa generalización, una inducción anterior que se haya enunciado en un juicio universal de experiencia"). Sólo que, tratándose de hechos, el antecedente de la deducción es singular, y hay que establecer, entonces, la la máxima correspondiente o generalización de la experiencia, como premisa mayor del silogismo.

diversidad frente a lo notorio, desde que, como presunción, se supeditarían a la eficacia de la prueba fundamental.

2. PRESUNCIÓN JUDICIAL. SUS TRES POSICIONES

Las presunciones se encaminan hacia su conclusión inmediata, deductivamente, sobre una regla forjada por la experiencia de la vida y el mundo. Esta regla, juicio general, es la medida de su valor probatorio; regla que no constituye sino una cifra incierta de probalidades[54].

Innecesario es advertir que se trata de la presunción que unos llaman natural y otros judicial. Y, también: *hominis, aut judicis, aut facti*. Sólo importa recordar que son obra del juez.

El valor de la presunción puede tener distintos efectos. Y no sólo por las circunstancias del caso. Tan variada y tan importante es la función de esta prueba, que ocupa, como ninguna otra, las más diversas posiciones. Perfílase, especialmente, por su posición en el proceso:

> como prueba común, confiada a "las luces y a la prudencia del magistrado";
>
> como prueba excepcional, con carácter previo o, mejor dicho, anticipado;
>
> como elemento de juicio en su genérica forma de libre deducción, equiparada al "*simple raisonnement*", sin normas legales que respetar y tan sólo normas lógicas con que desplegarse, instrumento del raciocinio, según Laurent, que se aplica a toda prueba, para que pueda ser estimada y para hacerle rendir su mayor fuerza demostrativa.

3. FUNDAMENTO COMÚN: LA NORMALIDAD

Si la presunción se regula por la máxima correspondiente, su valor tiene que ser muy relativo. La máxima no es sino Una de las infinitas fórmulas en que se manifiesta la variable regularidad de los sucesos en la vida, tanto de la naturaleza como de la sociedad.

Admítese, aunque no sin discusión, que "el curso de la naturaleza es regular". Pero las cosas y los hombres no siguen un solo curso. Hay infinitos "cursos", no igualmente regulares, que trazan los fenómenos, ahondándolos a veces, y otras, rectificándolos. La normalidad, en conjunto, no es sino ese "orden" inconstante y diverso de relaciones, *cantidad más o menos*, dentro de un conocimiento restringido y que, por restringido, abre un gran margen de sombra donde siempre caben muchas posibilidades adversas.

Se observará que rigurosamente no existen verdades absolutas. Y en cuanto a la misma prueba, que toda es relativa. Sin duda: no hay certezas

---

54 CONIGLIO previene contra la tendencia, que existiría en FITTING, por ejemplo, a exagerar el contenido lógico de la presunción en lo que respecta a la máxima de experiencia (*Le presunzioni nel processo civile*, p. 5, nota 2).

insospechables, y menos cuando se trata de las que puede suministrar el proceso. La ausencia de esa perfección lógica es, a juicio de Bartin ([55]), "inherente a la propia noción de la prueba". Por eso, entiende Mazeaud ([56]), "el juez está obligado a conformarse con probabilidades".

También se ha objetado contra la diferencia que se aduce, al pretender que la prueba directa suministra una certeza y la indirecta sólo una convicción moral, que esta convicción puede corresponder a una certeza, y que la certeza de que se habla, como emergente de un juicio, puede estar, a su vez, viciada prácticamente por el error.

Sensatas consideraciones. Pero lo que sucede es que la prueba indirecta, y singularmente la presunción judicial, no encierra, por cierto, más valores de certeza. Todo lo contrario. Aun compartiendo el criterio de Lessona y de Camelut- ti sobre la equivalencia de mecanismo lógico entre las diferentes pruebas, resultará que la presunción judicial a la que los mismos códigos califican de indicio, se caracteriza, entre todas, como la *"meno sicura"*.

La presunción, fundada en la normalidad, es una relación que puede culminar en soluciones necesarias, como las leyes naturales, imponiendo evidencias, y puede también descender hasta confundirse con lo imposible. Entre uno y otro extremo se escalonan los innúmeros grados en que se diversifica la probabilidad.

Porque la normalidad será, en principio, un término ideal, pero en la vida práctica, no hay normalidad sino, más bien, normalidades, y a veces, normalidades aparentes o fortuitas, materia confusa de observación falible, para ser reducida a cálculos no menos susceptivos de error.

Hay que vencer muchos riesgos: en parte, comunes a todas las pruebas, debidos a la falibilidad humana de la observación, al parcial dominio de la realidad, a las circunstancias espurias que defraudan, perturban y desvían; y en parte, exclusivos, por las dificultades propias del objeto y del sistema, especialmente en lo que afecta a la razón originaria, la causalidad.

Sólo es posible obtener resultados por simple aproximación, o según una expresión de la estadística, en rodear de números las hipótesis de la vida. Hay que procurar, entonces, que sea una aproximación "suficiente", no la "alegre" aproximación que moteja Th. Mann.

Aun las certezas que por estos procedimientos se conquistan pueden caer bajo nuevas observaciones y mejores cálculos[57]. Laplace, el autor de la "Teoría analítica de las probabilidades", había comprobado en 1797 que el sol, los planetas y sus satélites giraban en "sentido directo", asegurando, de acuerdo con sus matemáticas, que "podía apostarse por *cuatro mil billones contra uno*" en favor de que el fenómenos cumplía sencillamente una ley natural. No mucho más tarde, imprevistos descubrimientos obligaron a reconocer las

55 Prefacio al libro de Picard, De la commune *renommée dans ses rapports avec la théorie des preuves.*

56 *La preuve intrinséque, p. 126.*

57 Decía Proudhon que el progreso consiste en una revisión continua que permite descubrir, "sans cesse, de nouveaux absolus". Y el inglés Wharton: "una presunción irrebatible hoy, será rebatible mañana".

excepciones constituidas por los satélites de Urano y de Neptuno, que giraban en "sentido inverso"[58].

En lo que toca a las presunciones, la normalidad pertinente es aun menos segura y más relativa, porque descansa en la apreciación elemental, el buen sentido, las "luces naturales". Nada le impide al juez asesorarse de un perito especializado en la materia, mas lo común es que se atenga a sus conocimientos prácticos para escoger y estimar la máxima conveniente, que constituye, a tales efectos, el padrón lógico de la normalidad aplicable.

Todavía el problema, en estas presunciones, tiene dificultades más hondas. Es preciso advertir, por ejemplo, que se refiere a hechos humanos que desafían a la comprensión y la lógica, obscuras y falaces urdimbres acaso de una voluntad que puede ser arbitraria y aun dolosa, guiada por el oculto designo de cubrirse con falsas apariencias. ¿Cómo adecuar, lealmente[59], esos engendros a los hechos que formaron la máxima de experiencia? Fuera de que, según se ha consignado, también dicha máxima puede ser mentida o anómala.

El juez debe interpretar y valorar los hechos que forman el antecedente de la presunción, aportados al proceso, y los que abonan la legitimidad y la eficacia de las reglas empíricas, para establecer sobre sus resultados bien cernidos, la identidad necesaria a la relación silogística.

Ha de inquerir, entonces, antes de adoptar una máxima, la verdad que la acredita y el valor que representa. Investigar si dicha máxima es efectivamente normal como parece, y, cuanto vale su normalidad. Si no es un producto fortuito o una creación intencionada que obedece, para eludir responsabilidades, a una causación deliberadamente atípica. Y si el cálculo de las probabilidades concernientes permite excluir la posibilidad adversa por lo menos hasta el punto de fundamentar una convicción afirmativa[60].

---

58 *MOREUX, Los enigmas de la ciencia, p. 290.*

59 Indispensable a la eficacia de la presunción, como a toda inferencia analógica, es la identidad de fondo o circunstancial entre los hechos del proceso y los que integran la categoría de donde procede la máxima (CONIGLIO, op. cit., p. 177).

60 COUTURE parece entender que lo normal, aun de la vida corriente, está por encima de la prueba. O que no la requiere para hacerse valer (Op. cit., I, núm. 89). Refiriéndose a los *hechos evidentes* asevera que su demostración "está fuera del objeto de la prueba". Que tales hechos, en consecuencia, se imponen por sí solos. Y así es, en mi concepto, siempre que se trate de la evidencia lógica, la inmediata y plena aprehensión de la verdad y no, por tanto, lo probable y relativo. Sin embargo, COUTURE incluye entre esos hechos evidentes a lo *normal.* canon medio de frecuencia al que tanto PESCATORE como FITTING le atribuían sólo un valor moral, no absoluto. A su juicio, "la tesis de que lo evidente no necesita prueba" ha tenido en lo normal "una extensión o prolongamiento".

Más adelante insiste: "La regla, en el sentido que acaba de ser expuesto, es que los hechos normales no son objeto de prueba". Su conocimiento pertenece al haber privado, no obstante lo cual podría el juez usarlo libre y soberanamente en la decisión. "Lo contrario de lo normal es, eso sí, objeto de prueba".

Creo conveniente detenerme un poco a considerar las nociones transcriptas, contra las cuales tengo reparos de fondo que oponer. Concedo las reservas debidas a la circunstancia de haberlas reproducido fragmentariamente. Pero no cabe duda, por los términos en que están expuestas dichas nociones, por su identificación con lo evidente y hasta por el lugar

La máxima, vehículo común a todas las presunciones para llegar de lo noto

---

que ocupan en el plan del libro, que tienden a justificar un nuevo caso de exención. Habría, entonces, aparte los hechos presumidos por la ley, tres especies que harían innecesaria la prueba: la evidencia, lo notorio y la normalidad.

La evidencia es un criterio de verdad que se impone tan claramente y con tanta fuerza que ninguna inseguridad ni discusión admite como posibles. Lo notorio pretende ser intrínsecamente una verdad. Pero el modo o los modos en que se ordenan ciertos acontecimientos de la vida denunciando una relación, no lo son ni pueden pretenderlo por su sola normalidad, que recorre una grada infinita. En uno de los extremos de esta grada cabe una razón absoluta; es, entonces, que se confunde con lo evidente. Hablando de la normalización, escribe GARCÍA BACA *(Introducción a la Lógica Moderna,* p. 221), que la probabilidad tiene un límite supremo: 1; y otro inferior: 0. Esto es: necesidad e imposibilidad. Entre uno y otro, los numerosos grados intermedios corresponden a una probabilidad mayor o menor.

Esos diferentes grados representan máximas, que *valen* por sí *mismas,* no como prueba, aunque sirven, por comparación, para estimarla, sobre todo cuando se trata de presunciones. Tal la misión que viene a desempeñar, precisamente, la normalidad, auxiliando al juez para saber si la conclusión es más o menos probable. No puede suponérsela, así, excluyente de la prueba, desde que está a su servicio. Toda presunción, en efecto, implica una deducción a través de una inducción (la máxima: lo normal, lo probable). DELLEPIANE la denomina "inferencia analógica".

Esta aplicación, la única, a mi juicio, que puede consentírsele a la normalidad, en la materia (CHIOVENDA, en *Instituciones,* III, p. 260, invoca el "orden normal de las cosas", mientras que BETTI, en "*Diritto Processuale*", acude al "orden natural"), no equivale a la que se sustenta en las nociones reproducidas, donde el ilustrado autor aborda la tesis de lo *normal y regular,* con independencia de la prueba (para eliminarla por superflua), como un desarrollo ulterior de lo evidente.

Prescindo, en este comentario, de su referencia a la normalidad sobre la distribución de la carga probatoria (LESSONA, op. cit., I, núms. 106 y 107, en que se resumen y analizan las ideas de PESCATORE, FITUNG y RAMPONI), cuestión ajena al tópico de la eficacia demostrativa. Pero apartaré estos dos conceptos que permitirán definir posiciones:

"los hechos deben suponerse conforme a lo normal y regular" (p. 112).

"los tribunales suplen las ausencias de prueba de las partes, admitiendo que las cosas deben haber ocurrido como suceden naturalmente" (p. 112).

A mi juicio, no se implanta en la decisión ningún hecho, ni se le admite, *sin prueba,* sólo porque se ajuste a lo normal y regular. Salvo que lo normal y regular lleguen hasta un punto en que determinen una certeza. En cambio, lo que corresponde en dichas circunstancias es *presumir,* partiendo de un hecho demostrado en el proceso en busca del que se ignora y discute, que se calificará según lo normal y regular en su especie. La razón determinante de esta consecuencia estriba en la verdad del antecedente (probado en juicio), y la guía o medida para determinar la misma conclusión inmediata son provistas por la normalidad, que el juez obtiene de su saber privado.

El juez, que puede obtener en dicha forma la normalidad, no puede, empero, agregarla a la litis, ingiriéndola en el material objetivo de su decisión. Es decir, entonces, que no suplirá las ausencias que las partes cometieren. Razonará, libremente, dentro de una presunción. Pero la presunción es un medio de prueba. En su razonamiento presuntivo acudirá a lo normal adoptando la máxima de experiencia que lo refleje y que sea aplicable por su identidad con el hecho discutido en el proceso, por lo cual el razonamiento en cuestión, como toda inferencia deductiva, se fundará en un juicio de generalización práctica. Mas, en tonces, no es la máxima, a saber, lo normal, que se incorpora en la prueba, puesto que

a lo ignoto con un criterio de apreciación, no puede ser aceptada sólo porque la recomiende en su caso la experiencia, ni para imponer, sistemáticamente, conclusiones absolutas e iguales. Factor activo de interpretación y valoración, tiene que ser, ella misma, objeto pasivo de interpretación y valoración.

4. Las presunciones y la carga de la prueba

De la estructura que singulariza a las presunciones, como una sucesión de hechos, el hecho-indicio, que ha de ser demostrado, y el hecho-consecuencia, que deducirá el juez, surge que, al asentar la parte el antecedente, adquiere

---

su función, como se ha visto, conviene sólo a la que pueden cumplir la pauta, el modelo o la clave.

Los ejemplos citados para demostrar la tesis contraria justifican precisamente las observaciones que anteceden. Procederé a comentarlos.

"Si de la prueba producida surge que un automóvil corría a 100 kilómetros por hora, no es necesario probar que no pudo ser detenido por su propia acción mecánica en un espacio de dos metros" (p. 110). No es necesario probarlo porque ya lo está: el antecedente justificado en cuanto a la velocidad de la marcha permite deducir, mediante una presunción, que no cabe otra consecuencia, puesto que aquí la máxima procedente rinde un alto valor de probabilidad.

"Nada impone al que alega la defectuosa visibilidad de la noche, la solidez de la casa reciente, el carácter lucrativo del acto de comercio, la aptitud de generación del presunto padre, el valor obligatorio del consentimiento" (en algunos de esos casos puede haber una presunción legal), siempre que hubiera producido prueba sobre los extremos pertinentes, y constare, en debida forma, que era de noche, que había un acto de comercio, que existía un padre, que se prestó determinado consentimiento (p. 112). Son consecuencias de presunciones judiciales, en las que ha de probar quien las formule, el hecho básico únicamente, sin que pueda entenderse, por tanto, que el juez, al adoptarlas, substituye a las partes con su saber privado. Ni que "es relevado de prueba aquél a quien la noción normal beneficia". Y no es relevado puesto que ha tenido que justificar uno de los extremos aludidos, requisito de toda presunción simple. Por esto mismo Smid, oponiéndose a los que ven en ella una inversión del "onus", sostiene que hay sólo una facilitación: la parte que se beneficia no está dispensada de toda prueba, ya que tiene que demostrar la existencia del hecho sobre el cual finca la conclusión.

Los jueces hacen al respecto lo que siempre hicieron, o sea: *completar,* revelando, no subsanar, la prueba diligenciada, en forma de hacerle producir toda su eficacia. Mattirolo (Op. cit., III, núm. 443), como otros muchos procesalistas, menciona entre los fines de la presunción, el que consiste "en servir de *complemento* a la prueba". No podría calificarse, pues, de nueva ni moderna la tesis de la Alta Corte uruguaya en su fallo 10 de junio de 1918 ("Jurisprudencia [Colección Abadie-Santos]", tomo VII-VIII, caso núm. 2431), porque aplica sencillamente una presunción, con su premisa justificada en los autos y la conclusión más lógica, deducida por el juez, susceptible siempre de prueba en contrario. Bastará con transcribir el respectivo considerando: "debe presumirse que los testigos que suscribieron el documento estuvieron simultáneamente presentes al firmarlo, porque la presunción racional es que las cosas sucedieron como debían legalmente realizarse y que el acto se ejecutó de buena fe, mientras no exista una prueba en contrario, prueba que incumbía a los demandados para destruir dicha presunción".

Los otros dos casos (en "Rev. D. J. A.", Montevideo, XXXVI, p. 339, y "Rev. La Ley", t. 10, p. 926, fallo núm. 5022), hacen mérito de lo normal, a los efectos del "onus" para decir a qué parte le corresponde la prueba.

ya una situación ventajosa. Pero no en todas las presunciones esta situación tiene la misma firmeza. En las legales *iuris et de iure* reviste una eficiencia inconmovible. En las judiciales, puesto que debe soportar los efectos de la prueba en contrario, su consistencia es relativa y dependerá de un examen que abarque las aportaciones ulteriores.

La diferente naturaleza de la presunción repercute, pues, sobre la carga probatoria. La doctrina sostiene, en general, que el efecto característico de la *iuris et de iure* es la inversión de esa carga. De la presunción legal relativa se piensa que sólo produce una facilitación de la prueba[61].

Se hace mérito, en ese punto, de cierta creación debida a la ley material, con aspecto de presunción absoluta, pero que no tiene el destino correspondiente a la prueba, desde que constituye una verdad, aunque no de atributos definitivos. Su conexión directa con el instituto de la carga le ha permitido a Carnelutti exponerla como una forma de la *"re- levatio ab onere probandi"*. Otros autores la han caracteriza- do con el nombre de *"verità interinale"*[62].

Pero esta hipótesis se halla fuera de la cuestión.

Ahora, en lo que interesa a lo notorio, claro está que el efecto de las presunciones, según los casos, puede ofrecer un significado que abreviaría en mucho las diferencias ya destacadas. Sin embargo, con sólo observar que dicho instituto pretende constituir una verdad cierta e indiscutible, resaltarán las diferencias más importantes. Y así, en cuanto a las presunciones de índole judicial, materia de estos parágrafos, el efecto consiguiente se distinguirá con nitidez: porque es relativo y no absoluto; porque proviene de un antecedente demostrado; porque no excluye (regularmente, a lo menos) la posibilidad contraria; porque importa en sí mismo una prueba; porque reside necesariamente en el proceso.

61 ALSINA se coloca en una situación extrema: hablando de las judiciales afirma que "la presunción constituye un caso de inversión de prueba, porque favorece a quien la invoca y pone a cargo de la otra parte la prueba en contrario" (Op. cit., II, p. 526, 8).

En mi opinión, si el aserto se refiere a las presunciones judiciales, está en desacuerdo con lo que prevalece doctrinariamente. La misma explicación del profesor ALSINA lo demuestra, pues coincide con la que suele darse a propósito de las "iuris tantum", para sostener que no determinan una inversión sino, a juicio de algunos, una división de la carga, y, a juicio de otros, una facilitación.

Naturalmente que mucho depende, también, del concepto que se tenga sobre la susodicha "inversión". Pero de todas maneras ha de considerarse que si la presunción favorece a quien la invoca, no lo hace, jurídicamente, sino cuando la misma parte afirmó y probó el hecho del cual se deduce tal presunción.

62 Sobre la cuestión de si existe o no diferencia entre esta creación legal y la presunción absoluta, V. CARNELUTTI, *La prova civile*, p. 109, nota 1; *Lezioni*, II, p. 348; *Sistema*, I, núms. 162, 296 y 324; CONIGLIO, op. cit., p. 73.

Otra cosa es la ficción, en la que se impone, legalmente, un hecho como consecuencia jurídica de otro hecho, aunque según los dictados de la experiencia no existe entre ellos relación alguna.

5. ¿PUEDE SER RECHAZADA LA PRUEBA EN CONTRARIO?

No obstante lo expuesto, se sostiene que el juez, en circunstancias excepcionales, puede considerar suficiente el valor previo de la consecuencia y negarse a los esfuerzos que tienden a impugnarla, por creerlos inútiles.

La prueba en contrario no sería esencial, según Lessona[63]. Ni de derecho, como quieren Laurent y Consolo[64]. El juez que declara indiscutida tal consecuencia no haría más que ejercitar el poder de que disfruta para adquirir libremente su convicción. Contra el argumento por analogía con las *iuris tantum,* contesta que estas presunciones son legales y en tal virtud deben cumplirse en la forma que el legislador sancionó, respetando por ende el mandato que hace indispensable la prueba directa; pero que las presunciones naturales no tienen que someterse a idénticos requisitos, desde que son distintas y quedan libradas a la conciencia del juez.

La cuestión se torna entonces racional. Puesto que el juez decide soberanamente ¿a qué esperar más, para qué perder el tiempo en frustráneas actividades, si ya decidió, teniendo criterio formado en términos que estima inalterables? En un régimen que le autoriza a calificar la prueba de fondo, para admitirla o no, sería incongruente que se le rehusara la misma atribución respecto de lo que algunos denominan simple contraprueba. Por el valor que se le asignó al hecho ignoto o por el que resulta de los elementos concordantes que le rodean, puede resultar "excluida"[65] toda posibilidad adversa. En tales condiciones, la prueba en contrario tendería infructuosamente a una imposibilidad[66].

6. PRUEBA "PRIMA FACIE"

La favorable consecuencia que las presunciones comportan, en cuanto la parte no tiene qué presentar la prueba *efectiva* de su tesis, pues se conceptúa suficiente la conclusión que el juez deduce y valora, por lo menos hasta que el contrario la destruya, suscita graves cuestiones con respecto a la prueba. Indiqué ya el criterio que predomina cuando se trata de las presunciones legales. ¿Puede opinarse lo mismo de las judiciales? ¿También estas presunciones afectan al orden de la carga? El problema es discutido, pero, en general, se entiende que determinan un valor probatorio. Goldschmidt, al

63 LESSONA, op. cit., IX, núms. 220 a 223.

64 LAURENT, op. cit., XIX, núm. 606; CONSOLO, *Prova per testi,* núm. 222.

65 V. LESSONA, ob. cit., I, p. 274; WIGMORE, *A Treatise on the System of Evidence, IV,* p. 2954.

66 El análisis hematológico, aplicando las leyes mendelianas a los "grupos sanguíneos" en la transmisión hereditaria para revelar la paternidad, puede constituir un ejemplo de tales presunciones (la circunstancia de que sea acreditado mediante una pericia no afecta a su condición presuntiva). El resultado de ese análisis, cuando es excluyen- te de la supuesta paternidad, no admite discusión para la ciencia. Ninguna prueba podría destruirlo. Sería inútil, entonces, confiar en los esfuerzos contrarios que pretendiera la otra parte sólo por tratarse de una presunción judicial.

hablar de las presunciones naturales, les atribuye precisamente este efecto, que, a su juicio, representa una prueba *prima facie*.

Dentro de esa situación común a todas las presunciones judiciales se dibuja, empero, una especie de contornos típicos, impuesta en el período instructorio del proceso. El juez, oídas las partes, elabora su convicción adaptando de oficio a los informes dados, la máxima procedente, a través de la cual busca su conclusión inmediata, que acredita de manera provisional, para reponer los defectos que habrían inutilizado la demanda. Es a lo que particularmente se denomina prueba prima *facie*[67].

La *"Beweis des ersten Anschein"* o *"prueba de la primera apariencia"*, nació en el derecho inglés. La *"prima facie evidence"* defiende, en principio, el mérito de las circunstancias externas, cuando son de fácil y común percepción, cifrando en la seguridad de su conocimiento un criterio presuntivo para establecer la verdad.

Esta *"evidence"* fue transportada al derecho alemán donde Rümelin y Rosenberg la aplicaron a ciertos casos de indemnización en que resultaba difícil agregar los antecedentes necesarios. Habría procedido, en tales condiciones, el rechazo de la demanda. Accedióse, entonces, por motivos de equidad, a que el juez resolviera, valiéndose de su experiencia privada, si era o no presumible que el demandado había incurrido efectivamente en culpa.

Las partes no presentan, como debieran, aunque por motivos explicables, los hechos que configuran la inobservancia de las medidas o precauciones destinadas a evitar los accidentes; y el juez busca por sí mismo, consultando lo que ocurre normalmente en casos análogos, el convencimiento que necesita para resolver, entre tanto, si existió aquella inobservancia así como la relación causal que debe vincularla al daño indemnizable.

Modelóse, en esa forma, una prueba especial, fundamento previo que el juez valora mediante una máxima, a la espera de las demostraciones ulteriores que pueden hacerlo definitivo o anularlo. Aunque se pugna por extenderla, rige casi exclusivamente en los asuntos sobre indemnización por culpa extracontractual. Y el ambiente de que dispone queda confinado, o poco menos, en la doctrina alemana.

Los autores recalcan, unánimemente, que Constituye una prueba, como la que abona toda presunción judicial, pero con sus notas distintivas. No sólo es previa[68], en la forma común a la especie, sino en cuanto le permite al juez forjar su convencimiento y proveer antes de que se produzca la prueba directa, por lo cual no le autoriza más que para darle curso a la demanda. Deriva de una presunción que se funda, no en un hecho probado, sino tan sólo afirmado; circunstancia que no le concede más que un anticipo de probabilidad.

Se han indicado otras cualidades que como características resultan objetables. El demandante, al promover la acción de resarcimiento, invoca

---

67 BEST, *A treatise an the principies of the Law Evidence, p. 10;* REINOLDS, op. cit., p. 93; SMID, *Der prima facie Beweiis;* PISTOLESE, *La Prova Civile per Presunzioni e le c. d. Massime di Esperienza; Cou- TURE,* op. cit., núm. 87; CARNELUTTI, *Sistema,* I, núm. 163, f.

68 Lo que no quiere decir que origine un trámite distinto, un estado preliminar, como lo sugiere HEINSHEIMER en cuestiones de derecho mercantil referentes a la colisión de buques.

el daño sufrido, consecuencia de la causa que se discute, pero no justifica el acto del demandado, determinante de la responsabilidad, esto es, la causa en cuestión. El juez la presume, estimando a *prima facie* las constancias del proceso, de acuerdo con la regla de experiencia que debe aplicar. En tales condiciones, dicho juez tiende, no hacia el *efecto* ignoto, que es ordinariamente lo que se busca en la consecuencia, sino hacia el origen desconocido, partiendo del *efecto noto* (el perjuicio causado) en pos de su *causa ignota* (la responsabilidad), materializada en las acciones u omisiones imputables.

Entiendo que esta particularidad es más aparente que real. Pistolese le confiere gran importancia[69]. No obstante, fácil es hallarla en cualquiera de las presunciones normales. Y sobre todo, no implica nada nuevo ni distinto en el orden lógico de la deducción, si es eso lo que se ha querido sindicar, puesto que siempre se arranca de un antecedente concreto, dado en el proceso: el hecho dañoso y sus peculiaridades según las afirmaciones de las partes. Poco significa, para el silogismo, que en la realidad dicho antecedente sea la consecuencia de una acción u omisión efectivas.

¿Puede sostenerse que, a falta del hecho conocido, el juez lo transfiere de su saber privado, supliendo las deficiencias en que incurre una de las partes? ¿O que no se funda en los antecedentes procesales para sentar su conclusión sino en una máxima de experiencia, que saldría de su misión subsidiaria para erigirse en un elemento positivo? En mi sentir, la presunción, en el caso, es como toda presunción normal. Y la máxima sólo interviene como simple medida empírica de valoración. Existe el antecedente: lo constituye el daño dentro de las circunstancias en que se produjo. Y la máxima que se adopta, conforme a esas circunstancias, no importa conclusión alguna: únicamente sirve para saber si la que corresponde al antecedente susodicho tiene el grado de probabilidad que se requiere, por el momento, quedando sometida, en lo fundamental, a las resultancias de la prueba posterior.

Ni siquiera podría sustentarse que esta solución reparadora de los defectos mencionados implica reconocer que se *define* la causa determinante de la responsabilidad. O sea: que tal antecedente, no probado por las partes, lo pone en substancia el juez[70]. Nada se determina sobre el particular. La cuestión de fondo permanece intacta. De ahí que la prueba *prima facie* no esté dispensada, por ningún concepto, de la prueba en contrario.

Entre los ejemplos más claros y persuasivos sobre este instituto, se cita una decisión judicial de 1919: el actor había sido lesionado por una piedra

69 En su útil monografía insiste, por ejemplo, sobre lo siguiente (p. 42): el hecho *noto,* para las presunciones comunes, proviene del "complejo de indicios que surgen del caso concreto" y convergen hacia el hecho ignoto. En la prueba prima *facie,* no surge de los indicios correspondientes al caso, que, por su naturaleza, tampoco ofrece ninguno con bastante eficacia: "consiste en las máximas de experiencia que hacen presumir, hasta la prueba en contrario, la existencia del hecho ignoto". En la página inmediata, al distinguir aquellas presunciones de las que generan esta prueba, vuelve a manifestar: "mientras en las primeras el magistrado forma la propia convicción a través de los elementos del caso concreto, en la segunda puede traerla directamente de la máxima de experiencia, la que da a la presunción los requisitos necesarios, y permite considerar, prima *facie,* lograda la prueba".

70 El mismo Pistolese repite (op. cit., ps. 76 y 131): "El juez no puede rechazar la prueba contraria, ni aun estando convencido de su inutilidad".

desprendida de un edificio en construcción: la contraparte contestó que la obra no tenía la menor abertura, en el techo, por donde pudiera caer el fragmento aludido; y el *Reichsgericht,* acudiendo a la experiencia aplicable, resolvió admitir la demanda, sosteniendo que erade presumirse la imprevisión denunciada porque de otro modo no habría ocurrido el accidente. Pero si arribó a esta conclusión fue, sin duda, porque la forma en que se produjo dicho accidente no permitía deducir otra cosa. U otra cosa más probable, según la respectiva máxima. La razón de la consecuencia estaba, pues, en el hecho consumado, que, dentro de las circunstancias que lo caracterizaban, constituía el verdadero antecedente de la presunción.

Dos rasgos más que en cierto modo completan, según Pistolese, y especifican mejor esta figura: la *posibilidad* de formar criterio a prima faz, apreciando con el concurso del saber privado los indicios existentes; la *esperabilità* de la prueba que corresponde al demandado, presupuesto que por necesario e indenegable confirma la relatividad intrínseca de aquel criterio instituido sobre simples apariencias, según el normal andamiento de las cosas, no para resolver la cuestión de fondo sino para entrar a resolverla, admitiendo, por lo pronto, la demanda.

Hasta aquí las observaciones generales que juzgo imprescindibles sobre esta prueba *sui géneris.*

Se ha ido, gradualmente, en el examen de las presunciones, hacia su aplicación extrema. Primero, en su estado normal: el antecedente conocido en el proceso, la consecuencia a extraer de acuerdo con lo que permita la prueba del contrario. Segundo, en condiciones singulares: prescindencia de esta prueba y aceptación, con carácter definitivo, del antecedente, que siempre deberá ser probado por la parte. Y tercero, en esta última forma: el juez, contemplando el daño que se aduce, infiere, por su saber privado, una conclusión inmediata que será, cuando resuelva definitivamente, la premisa del silogismo fundamental.

Habríase estrechado así la equiparación con lo notorio. Pero en otro sentido. Antes, el juez actuaba discrecionalmente rechazando la prueba de fondo; ahora esta prueba es indispensable, y la autoridad se hace valer imponiendo un hecho no justificado por las partes, pero sujeto a las demostraciones contrarias. De cualquier manera, relativa, previa, transitoria, la *prima facie,* por mucho que le deba a la máxima de experiencia, no existe sino por el proceso y en el proceso.

7. Presunción libre

Calificativo tal vez inadecuado. Alude a la autonomiá con que se aplica ese instrumento de la valoración y la interpretación, que busca sus fines por todos los caminos de la buena lógica. Nunca, en la materia, puede considerarse con tanto fundamento que es ilimitada la actividad del juez.

La valoración dispone, comunmente, de menos amplitud que la interpretación. Pero no en este momento. Ahora se cumplen ambas con análoga independencia intelectual. El objeto es, naturalmente distinto. La interpretación aspira al conocimiento interno del hecho. La valoración, que abarca las diversas fases de la formación objetiva, tiende a calificar, a establecer la eficacia de la prueba ya lograda, y, especialmente, a darle todo el despliegue que permita la deducción. El mecanismo para las dos actividades es idéntico. El medio, también: las presunciones. Y su medida, como siempre: la máxima de experiencia, que sólo arroja una probabilidad.

Esta suprema categoría de estimación que hace libremente el juez no altera el caudal probatorio depositado en el proceso: lo desenvuelve, nada más, llevándolo hasta sus últimas conclusiones. Se ha creído, por ello, que subsana deficiencias. Y que el juez, al realizarla, substituye a las partes. No lo entiendo así: ningún hecho determina el juez que no exprese el resultado de una inferencia lógica. Su actividad es, entonces, reveladora; no, supletoria. A los "materiales provistos por las partes", el juez sólo agrega "su trabajo mental"[71].

8. Recapitulando. Naturaleza lógica y jurídica de lo notorio

He dejado constancia ya de que lo notorio, en su actual conformación, como instituto que exime de prueba o la suple, carece de verdaderos precedentes. Algunas figuras que parecían aledañas o similares, bajo la insignia común de la notoriedad, resultaron lejanas e inconciliables. Los antecedentes pesquisados en el derecho canónico, patria de lo notorio, no guardan, en el fondo, la indispensable pertinencia jurídica.

Examinadas, una a una, las posibilidades que podían obtenerse de la compleja y varia distribución entre los poderes- derechos individuales y los poderes-deberes judiciales en el proceso, comprobóse que ninguna satisfacía las pretensiones de lo notorio. Por mucho que transija el principio dispositivo siempre mantiene oposición bastante como para impedir, por lo menos, la introducción clandestina de la prueba.

Finalmente, los avances que el juez realiza ejerciendo sus poderes de interpretación y valoración, aunque muy amplios, bien que de carácter intelectual, no alcanzan hasta lo notorio, que es un hecho o un testimonio y no un juicio ni una regla generales.

Sólo queda el arbitrio de buscar en el instituto mismo los valores que pueda imponer directamente por su constitución intrínseca. ¿Los tiene, acaso, en proporción suficiente para triunfar contra tantos impedimentos?

Mientras la doctrina los busca, ideando teorías, que examinaré en el capítulo siguiente, no está de más resumir los caracteres, en parte ya enunciados, que permitan destacar la naturaleza lógica y jurídica de lo notorio.

Se ha expuesto ya que las máximas constituyen una inducción y las presunciones, una deducción. Lo notorio no conviene a ninguno de estos procesos discursivos.

Las dos formas se compenetran invariablemente en sus diversas aplicaciones procesales. Si en lógica todo razonamiento deductivo se remite a una inducción práctica, si todo silogismo, cuando trasciende a los objetos reales, presupone un juicio universal o general basado sobre lo que ocurre

---

71 MORTARA, op. cit., III, núm. 468.

normalmente, en derecho probatorio no existe presunción que no se funde en una máxima de experiencia. La presunción es un razonamiento deductivo, y la máxima una fórmula de inducción que se ha formado elevándose de lo singular y concreto a lo universal o general.

El fundamento de la verdad que se busca, la regla para medir la consecuencia dada por el antecedente conocido en el proceso, emanan de una generalización que toma en cuenta la mayor o menor regularidad con que se suceden ciertos fenómenos, y que se llama, también, normalidad.

Lo notorio, en cambio, no proviene de una generalización semejante. El juicio que representa no es, como en las máximas, universal o general; obra de juicios diversos que reduciendo, con el análisis y la crítica, sus diferencias, llegan, por último, a coincidir, es, ya lo afirmé, *común*. Tal como la asamblea que llega a ponerse de acuerdo, como un conjunto de testigos que, discutiendo, se hallan, al fin, concordes, así la sociedad fragua lo notorio mediante una especie de coparticipación asimiladora de saber y creencia, conocimiento y fe, sobre la realidad de un hecho o una cosa.

Lo notorio pertenece a lo que se llama ciencia vulgar, opuesta a la científica. Una bella página del ya citado libro de Romero y Pucciarelli[72], describe su formación, ajena al método, esto es, no buscada, sin conciencia de los fines procedentes ni elección de los medios oportunos. Saber ingenuo y espontáneo, con sus caracteres de sedimento o depósito culturales, en el que resaltan algunas condiciones distintivas:

> su materia es sólo el hecho real o la cosa, lo que tiene existencia en el espacio;
>
> su conocimiento, el que permiten los sentidos, que no penetran en la razón constitutiva de tales existencias;
>
> su principio organizador, el mismo que rige las diferentes relaciones entre esos hechos y cosas en la realidad;
>
> no hay en el sujeto una reflexión sobre sí mismo, ni por tanto crítica ni autocontralor.

Lo notorio tiene lógica y aun jurídicamente definida su naturaleza, como producto de los sentidos: es un testimonio. Pero un testimonio de orden social, que recaba, en consecuencia, la "*autoridad* de los hombres". Un testimonio verificado por natural impulso analítico del alma colectiva.

Tanto el testimonio como la autoridad de los hombres fueron especialmente considerados por la filosofía clásica. Se distinguen en que el testimonio recae sobre hechos, mientras que la autoridad arraiga en la creencia.

Hubo quien intentó refundir los diferentes criterios filosóficos en el consentimiento común, *sensus communis,* base del criterio de autoridad, individual como socialmente[73]. Pero fue combatido con dureza[74]. Las

72 *Lógica, ps. 127 y 128. V. también,* Sisto Terán, *Superioridad de la filosofía sobre las demás disciplinas humanas, desde el punto de vista de la ciencia misma en Ortodoxia, TV, especialmente parág. 2.*

73 Lamennais, *Ensayo sobre la indiferencia, II, cap. 13.*

74 Balmes, *Filosofía Fundamental,* I, cap. XXXIII.

objeciones tienen mucho de las que se formulan contra lo notorio: "Si la prueba *común* se refiere al linaje humano, ¿cómo se recogen los votos de toda la humanidad? Si el consentimiento no tiene que ser unánime, ¿hasta qué punto la contradicción y el no asentimiento de una parte destruirían la legitimidad del criterio?" O se está prácticamente con el hecho de que una noción se imponga en la cultura media; y entonces, ¿qué vale, ante ese hecho decisivo, todo lo demás, la razón incluso? O, no obstante, existe una razón, y si existe, ¿porque omitirla, posponerla o suplantarla, ante un evento que puede ser fortuito o circunstancial?

La autoridad de los hombres reposa, en un instinto. "Lo que admitimos en virtud de esa autoridad, no lo admitimos como demostrado, sino a pesar de la ausencia de toda demostración". No justifica una certidumbre, puesto que sólo *inclina* a creer[75]. Lejos está de servir, pues, como criterio de la verdad.

75 JULES SIMON, *Lógica*, p. 253.

VI

TEORÍAS

TEORÍAS

INTROITO

En vez de dificultad podría decirse imposibilidad. Admitir lo notorio es admitir que el juez resuelva una litis en virtud de un hecho no afirmado, o, a lo menos, no probado por las partes; un hecho que, prácticamente, pueden ignorar estos sujetos procesales. Las teorías que se confeccionen deben satisfacer dos extremos, como mínimo:

> que lo notorio importa o traduce una verdad; y que, por razones especiales, tiene derecho a ubicarse, contra todas las normas teóricas y escritas, dentro del material objetivo de la decisión.

Desde luego que si no logran el primer propósito, resultará innecesario discutirlas en cuanto al segundo. Hasta ahora, sin embargo, habíanse considerado las posibilidades de que lo notorio se sumase al aludido material. Resta saber si tiene la fuerza demostrativa o constitutiva que se le atribuye. Un análisis crítico de las principales teorías demostrará que lo notorio no realiza ni expresa la verdad. Y que, con frecuencia, está contra la verdad.

TEORÍA DE CALAMANDREI

1. LIMITACIONES NECESARIAS

Hay que prescindir de las concepciones que no se ubicaron dentro del sistema dispositivo. Y, luego, para abreviar, de las que en esta misma situación contemplan sólo aspectos aislados.

Queda a salvo, por supuesto, el mérito que indudablemente las realza. Entre las últimas, lo tienen, y no poco:

> la de Chiovenda[1], quien aduce que el juez, no siendo un autómata, no puede ignorar ciertas verdades primarias y forzosas, como las relativas al calendario, dicho lo cual se extiende, bajo esa necesidad de conocer y adoptar lo que en principio importa un bien exclusivo de las partes, a hechos que "*se reputan*" indiscutibles, hasta aquéllos otros de que "*se habla*" en términos semejantes;

1 *Instituciones*, III, núm. 261.

la de Redenti[2], con su concepto a priori de un órgano jurisdiccional que llega normalmente, en conocimiento, a un alcance comprensivo de las máximas y los hechos notorios;

la de Betti[3], quien, en consonancia con su criterio sobre la prueba, contralor de lo afirmado por las partes, cree que el "vaglio crítico" de la experiencia colectiva puede reemplazarla, y que una demostración más, redundante y superflua, se resolvería en un *"inutile dispendio di attività"*

La exposición, en esta parte, se concretará, primordialmente, a la teoría de Calamandrei y a las opiniones que en ella se apoyaron. Ninguna otra, dentro del sistema, disfruta de su crédito ni tiene tanta significación.

Reconociendo como reconozco la autoridad del insigne procesalista se comprenderá cuánto ha de abrumarme la discrepancia que mantengo con su tesis. Y aun más, el deber de justificarme. Pero el mismo Calamandrei ha dicho que no está cerrado el debate. Discutir sus ideas, con todo, significa prestarle una consideración más honda. Impropio sería de su calidad científica rendirle sumisiones como aquella de que ironiza La Fontaine: *"Il ne s'agit pas ici d'en apporter une raison; c'est assez que Quintilien l'ait dit"*[4].

2. NOCIONES CENTRALES

Señala Calamandrei que el hecho notorio y la máxima de experiencia, a pesar de la "profunda diversidad de naturaleza lógica" y la "consiguiente diversidad de posición en el silogismo judicial" que los separa, concuerdan en cuanto determinan, igualmente, una excepción al principio dispositivo que restriñe las actividades judiciales, impedidas, por regla general, de invertir en la decisión los dones de la ciencia privada.

Esta identidad de efectos en la relación jurídica del proceso impele a suponer que las "dos categorías de juicio lógico se encuentran en un "carácter común", fuera de ese proceso, y que es por tal carácter que el hecho notorio hace innecesaria a su respecto, como la mencionada máxima, toda prueba judicial.

Ahora bien, analizando las reflexiones que conducen a este resultado, si los escritores tudescos anteriores a Stein involucraban en el concepto de notoriedad las normas de la naturaleza y los acontecimientos históricos, a saber, proposiciones de dominio general y aserciones concretas sobre eventos singulares, si, ahora mismo, Lessona califica de evidentes, a los fines de aquella excepción, las verdades axiomáticas, las históricas y aun las que

---

2 *Profili pratici del diritto processuale civile, p. 375.*

3 Op. cit., núm. 85.

4 Tampoco son de su gusto. "Non ho mai avuto soverchie sim- patie per i primi della classe, che íanno di si colla testa ad ogni parola del maestro in cattedra" (De su noble estudio sobre GIUSEPPE CHIOVENDA, III, en *Studi,* IV, p. 243).

acaecen en la vida individual o familiar, sin distinguir las que se refieren a principios universales y las que tienen existencia aisladá y concreta, si, por otra parte, el buen sentido enseña que tan absurdo como probar judicialmente una ley natural o científica, la de gravitación, por ejemplo, sería demostrar que el 20 de setiembre de 1870 cayó Roma, bien podemos creer, en conclusión, que todos esos juicios, puesto que reciben igual destino ante la conciencia, presentan *"sotto un certo angolo visuale"* la imprescindible afinidad que se requiere para ser considerados como un *"fenomeno sostanzialmente unico"*.

El carácter compartido por el cual estaría el juez autorizado excepcionalmente para servirse en el proceso de su ciencia privada, utilizando los hechos en cuestión, y que, además, explicaría por que puede proceder en esa forma, reside, según Calamandrei, en la condición esencial que envuelve a hechos notorios y máximas de experiencia como integrantes de "ese patrimonio de nociones colectiva y pacíficamente acogidas" a la conciencia de una determinada "cerchia" social, continente humano donde hierve en perpetua elaboración la materia variadísima consignada bajo el nombre genérico de cultura[5].

Trátase de cultura *"in senso lato"*, que podría decirse, *"rudimentale"*, comprendiendo en un guarismo incierto no ya las nociones primarias que contiene un programa escolar sino, también, las más comunes, toda esa masa heteroclita de *"conoscenze empiriche"* fraguadas en la experiencia de los días ordinarios y retenidas por la tradición, de las cuales el hombre hace caudal, pero que en definitiva forman como un precipitado distinto que va a reposar en el fondo de la conciencia pública.

Dicho "carácter", que vincula a las máximas y al hecho notorio, encierra el secreto de la solución jurídica por la cual puede el órgano público recurrir al saber privado, pues tales institutos, perteneciendo al dominio común, no pertenecen a nadie en particular, con lo que han superado el inconveniente que se oponía a su uso cuando usarlos era ejercer, simultáneamente, funciones de testigo y de juez.

Las condiciones requeridas surgen así por eliminación de los obstáculos que se interponen en el tránsito hacia el proceso. Podrá concebirse, en esta forma, como notorio, el hecho que, recogido, igual que la máxima de experiencia, en el acervo social de la cultura media, reúne las condiciones que le permitan al juez utilizarlo con la debida imparcialidad.

5 Señala CALAMANDREI la diversidad de agrupaciones sociales y, con ella, su también diversa comunidad de intereses y de cultura, conforme a las respectivas causas determinantes. Hay, por lo demás, nociones que nadie discute y otras que no tienen tanto valor. Tampoco se desconoce que las más inconcusas pueden ser mañana destruidas. Pero, de cualquier manera que se formen y se desenvuelvan, lo importante es que el fenómeno, en cada uno de sus medios, correspondientes "ad altrettante cerchie sociale", permanece "cualitativamente idéntico".

3. Incompatibilidad psicológica

Si el juez ha de resolver según lo probado (*"secundum probata decidere debet"*) no es tanto, a juicio de Calamandrei, porque así lo exija el principio de disposición como porque, de otra manera, empleando su experiencia privada, al aportar un hecho inexistente en el proceso, lo declararía y lo valoraría, realizando actividades que son psicológicamente incompatibles.

El testimonio está expuesto, moral y prácticamente, a innumeras contingencias que tienden a desnaturalizarlo. Es, acaso, la prueba más ocasionada a errores y fraudes. Efecto inicial de la percepción humana, irremediablemente falible, bajo el asedio de muchas causas perturbadoras, llega al juez por intermedio de su propia percepción, no menos expuesta. Hay que conservar entonces a este órgano que estima, juzga y resuelve, en las mejores condiciones posibles para obtener la verdad limpia de su doble pecado original, para descubrirla y comprenderla, asegurándole a tales fines los medios que le permitan ver moral e intelectualmente con claridad.

Debe elevarse, a su tumo, sobre la actitud que corresponde al testigo, y asumir otra que, en su impersonalismo, le consienta proceder como un disector. Porque, en resumen, su análisis se contrae a exhumar el hecho en su "genuina objetividad", el fruto sin las hojas, despojándole de la "superestructura secundaria y sucesiva" de que ha ido cubriéndose en el trayecto, desde la observación originaria hasta definirse en un juicio o una opinión[6].

Calamandrei describe ese proceso con la seductora elocuencia que pone siempre en sus palabras. El juez no puede considerar el testimonio como una cosa muerta. Ha de rehacer, con independencia propia, el recorrido lógico de la mente que lo prestó después de observar y juzgar; pero ha de rehacerlo en dirección inversa, penetrando en la observación y en el juicio que lo elaboran y penetrar en ellos con un conocimiento cabal, sometido a incesante crítica, tanto de las circunstancias externas como del estado y condiciones en que se hallaba el propio "instrumento de percepción", que es el testigo.

¿Podrían concertarse en un mismo ser estos dos géneros de actividades, y reducir a consciente armonía la oposición que media entre la actitud psicológica del que percibe y deduce, y la actitud psicológica del que justiprecia sus conclusiones; esto es, del que se mezcla, y no sólo físicamente, a la realidad de las cosas y los hombres, y del que debe aislarse en su pensamiento para hacer del testigo y de su testimonio, objetos de análisis y valoración?

El juez, crítico eficaz de los otros, no puede serlo impar- cialmente de sí mismo. Al acreditar un hecho que recibió en su conocimiento a través de los

---

6 "Los errores individuales, la deficiencia de percepción aislada, las sospechas de parcialidad y de prejuicio que acompañan siempre a la afirmación del observador singular, son eliminados a través de la crítica colectiva". Por esa actividad concurrente, el juicio testimonial se despoja de sus "escorias", adquiriendo una autoridad de que carecía, mientras se transforma en patrimonio común, "conquista anónima" del grupo, depurada y por tanto digna de crédito, bajo "las garantías del análisis y el contralor sociales".

propios sentidos resultará, bajo su investidura oficial, un testigo que decide. Y si es honrado, peor, pues no tendrá entonces la más leve duda sobre sus percepciones. Frente a otro testimonio acabaría, siempre, por darse la razón.

4. CÓMO ES SUPERADO EL IMPEDIMENTO

Ahora bien, el hecho es, en virtud de lo notorio, no solamente verdadero y con tal carácter recibido en su medio, sino, además, valorado. El juez, que lo sabe como hombre, puede aplicarlo como juez, "senza controllo" y "sema critica", porque este contralor y esta crítica tuvieron ya su debido cumplimiento por obra y gracia de la conciencia social[7].

El juicio que lo distingue y califica por entre las percepciones originarias, se ha *impersonalizado*, desbordándose de la experiencia particular en la colectiva. Tiene, también, en su condición exotérica, y por haberse formado cuando no era previsible su aprovechamiento en proceso alguno, un mérito importante: su "*desinteressata obiettività*".

Quedan expugnados, en esa forma, los motivos impedientes. Ante todo, el hecho constituye una verdad, cuya certeza está garantizada por la suma de opinión que la sustenta y por los procedimientos de análisis y crítica a que se sometieron los diferentes juicios al converger en un juicio común. Y, luego, porque al concentrarse en este juicio común se ha emancipado para ser un bien de todos *y* de *ninguno.*

El análisis y la crítica expurgatoria del grupo garantizan la realidad que lo notorio enuncia, y la elevan a la jerarquía moral del desinterés con que se desenvolvieron. Al fin, las nociones alzadas sobre su primitivo nivel, reinan como verdades tranquilas en la conciencia total y no comprometen individualmente la conciencia de nadie, dejando allá abajo, como obstáculo vencido, la implicancia psíquica, el impedimento por el cual no podía el juez cumplir con su conciencia privada.

5. CARACTERES CIRCUNSTANCIALES

A. La notoriedad, previene Calamandrei, es un "concepto esencialmente relativo". El hecho notorio no tiene que serlo, por fuerza, a todos los hombres "sin limitación de tiempo y espacio". Su importancia cualitativa no depende, tampoco, del mayor o menor número de personas que componen el núcleo social. Lo que define y caracteriza al hecho notorio es, como se ha remarcado, el valor demostrativo de "pacífica y desinteresada certeza" que el conocimiento adquiere en su medio[8], la "*cerchia*" social (imprecisa o múltiple

7 "La razón por la cual los hechos son utilizables en la decisión sin necesidad de prueba, reitera CALAMANDREI, no está en su real conocimiento por el juez, sino en la crítica colectiva".

8 Puede ser la notoriedad patrimonio de una "cerchia" y admitir el juez, en otra, el hecho correspondiente, sin necesidad de prueba. Teniendo en cuenta ésta y otras posibilidades,

en su significado, y que, a juzgar por sus aplicaciones, podría ser el distrito, la categoría, el lugar o la circunscripción).

B. No se requiere que ese conocimiento sea *efectivo*[9], ni aun para la mayoría. Nadie puede recordar todas las nociones que constituyen el encaje permanente de la cultura media. Existen y, con eso, basta. En caso de necesidad, están los textos. Nada más fácil de olvidar que las fechas históricas y los accidentes geográficos: los manuales correspondientes darán, entonces, la información que sea menester. En zonas agrícolas es posible que no se tenga presente el día convenido para la *"fiera del bestiame"* en las regiones circunvecinas: los avisos municipales, expuestos al público, lo dirán. Probablemente, en una ciudad, la mayor parte de sus habitantes ignora la ubicación de una calle recién abierta; una inspección sobre el terreno bastará para que el interesado la conozca. Todos estos hechos, aunque no estén en la memoria del juez, serán igualmente notorios, porque notoriedad implica *"normalidad de conocimiento* en el tipo medio del hombre integrante de una cerchia social y, por ello, dotado de cierta cultura".

C. Perteneciendo el conocimiento, como pertenece, al término común, no emana de "una relación individual directa". *Retorna* al hombre por la convivencia de éste en dicho medio donde radica lo notorio como un bien colectivo. Poco importa que el origen consista en una observación personal. Esta observación "nada añadirá a la certeza del hecho". Así, no es preciso haber participado en la anterior guerra mundial para saber que el 4 de noviembre de 1918 cesaron las hostilidades entre Italia y Austria. Lo notorio tiene un valor propio y distinto. Por ello, ante ese hecho, los miembros del respectivo grupo social se hallan, según Stein, en condición de *"fungibili"*.

OTRAS TEORÍAS

1. MAZZARELLA

Aun compartiendo en lo fundamental las ideas de Calamandrei, algunos procesalistas reaccionan sobre sus líneas generales, ya para rectificarlas, ya para darles mayor relieve.

Mazzarella[10], considerando los inconvenientes anotados, que obstruyen el acceso procesal cuando se trata de la ciencia privada, no cree que la notoriedad elimine los que afectan a la conciencia del juez, puesto que ni

---

CALAMANDREI propuso en el art. 297 del proyecto CARNELUTTI, la restricción que dice: "nel luogo in cui avviene la decisione".

9 Ha escrito CHIOVENDA: "Notorio no es lo que ya efectivamente se conoce, sino lo que puede ser conocido por medio de la ciencia pública y común; previsible y controlable, en consecuencia, por las partes" *(Instituciones,* III, p. 65).

10 *Appunti sul fatto notorio en* "Riv. dir. proc", 1934, p. 65.

siquiera se presentan. El hecho, cuando es notorio, reviste "características intrínsecas y efectivas", y llega a ese juez como una verdad ya indiscutible. Si adquiere el privilegio de incorporarse al material objetivo es porque, en virtud del conocimiento común que lo consagra, hace inútiles las exigencias que en principio obligan a su demostración judicial.

Algo semejante se insinuó en la etapa canónica. Ciertos jurisconsultos o teólogos concebían el problema con dos faces: una filosófica y otra jurídica. Aceptada la verdad como un efecto integrativo había que saber por qué podía introducirse en el litigio. De algunos textos, no muy claros, parece desprenderse, —así lo interpreto—, la tesis de que, *constituida* la notoriedad por la difusión e imperando públicamente, era de presumirse un conocimiento necesario en las partes y en el juez, tanto sobre la verdad que constituía como sobre su formación, tarea en que, por lo demás, esos mismos sujetos habían tenido que intervenir. Siendo tan relevante dicho conocimiento, no se excluía en realidad el "contradictorio"; que estaba más bien presente aunque implícito en las conciencias interesadas, no por lo que cada una supiera al respecto sino porque unas sabían que las otras también sabían que todas debieron participar en un "contradictorio" anterior y suficiente, lo que equivalía a darlo por reproducido en el proceso.

Distingue Mazzarella en el hecho notorio, el hecho y la notoriedad. Comprende en la primera noción todo evento, físico y psíquico, separándolo de las máximas, verdades de orden general y abstracto que se redimen de su objetividad primigenia. Ahora bien, no es por lo notorio, estrictamente, que el juez adquiere el conocimiento de la verdad[11]. Ese conocimiento ya lo posee. Lo notorio sirve para eludir las trabas que no consentían usarlo, libremente, en la decisión.

No se entrecruza, pues, ninguna incompatibilidad psicológica, por lo mismo que el juez ya tiene la certidumbre de la verdad que concierne al hecho. Lo notorio afecta, no al conocimiento, sino a la exigencia jurídica de su prueba, salvándolo de la prohibición que de otro modo lo inutilizaría por la circunstancia de pertenecer a la ciencia privada.

Funda Mazzarella esa prohibición en la necesidad jurídica de asegurarle a las partes la "*controllabilità*" destinada a evitar el riesgo de las decisiones parciales. Lo notorio satisface, en su concepto, la necesidad aludida. Y existirá, por tanto, siempre que un hecho del que se abriga la certeza indispensable, pueda ser admitido sin los inconvenientes que trata de conjurar aquel contralor. El juez recurrirá a la ciencia privada cuando sepa que es verdadera

11 Sostiene MAZZARELLA que es notorio un hecho por "sus características objetivas e intrínsecas". Si el juez lo considera verdadero no es, sin embargo, por dicha notoriedad, circunstancia extraña a su actividad psíquica tendiente al respectivo "accertamento", sino porque está convencido de su verdad. Sabe, por ejemplo, que en determinada fecha ocurrió determinado acontecimiento histórico, en mérito a los textos que consultó y que tiene por fidedignos, de manera que ha podido forjarse una opinión debidamente valorada a través de su análisis, critico.

y se han salvado, gracias a la notoriedad, los motivos por los cuales le está prohibido su usa

Vendría a ser lo notorio, si así pudiera concebírsele, un límite a otro límite. Y, en el fondo, pleno *arbitrium*. Por referirse al peligro que puede significar el juez, resulta un poco rara esa garantía cuya existencia quedaría librada al criterio del mismo juez. Fuera de otra cuestión, proveniente del carácter prohibitivo que se reconoce: la voluntad del juez, ¿interpretaría o violaría la voluntad del legislador?.

2. CHIARELLI

Ponderable, también, el esfuerzo de Chiarelli[12]. Refrenda, en principio, la definición que emitió Calamandrei: "considéranse notorios los hechos cuyo conocimiento forma parte de la cultura normal, propia de una determinada «*cerchia*», en el momento de adoptarse una decisión". El mérito de esta fórmula consistiría, para dicho procesalista, en haberse radicado lo notorio en una cualidad del hecho. La cultura media, a la que debe pertenecer tal hecho, le daría su verdadera calificación.

Los abusos del "*notoria non egent probatione*" habían provocado, comienza diciendo Chiarelli, una verdadera insurrección en la conciencia jurídica, representada por Bentham, Ellero, Carrara, Giurati, Lomonaco, Birkmeyer y Florian. Pero, aunque reconoce que sus argumentos, especialmente los de Florian, tienen "gran importancia", no cree en su eficiencia para rechazar "completamente" el principio cuando se invoca lo notorio en evitación de una prueba que resultaría nada menos que "ridicula" aplicada a efemérides de dominio público tan extenso y claro como la consagrada, por ejemplo, en la fecha 24 de mayo de 1915 (declaración italiana de guerra contra el Austria).

Lessona piensa que no hay, en el caso, notoriedad sino evidencia, remitiéndose a una definición de Ellero. Parece erróneo, de cualquier manera, identificar a este concepto lógico el instituto jurídico, tal como lo conciben Giorgi, Chiovenda y Mortara. Lo indudable es que existen hechos, adquiridos históricamente o por algún otro medio, con los cuales se torna superflua toda prueba. Estos hechos son también los únicos a los que puede aplicarse la designación de notorios. Algo tendrán, entonces, algo intrínseco y propio, que* servirá para caracterizarlos.

Toda definición, prosigue Chiarelli recurriendo a Croce, es la respuesta a una pregunta, la solución de un problema. Surge de una discrepancia que requiere un desenlace, "da una guerra che invoca pace". Los términos del "contraste" serían, en este caso, los siguientes:

---

12 *La definizione giuridica del fatto notorio* en "Archivo Giuridico", 1927, XCVIII, fasc. 1, p. 227.

necesidad de darle al concepto de lo notorio la requerida precisión, puesto que, como admiten partidarios e impugna- dores, debe ser aplicado restrictivamente;

necesidad de no particularizarlo, consecuencia del mismo precépto, porque de lo contrario se descendería a los hechos que pertenecen a la ciencia privada.

Observa con exactitud que la mayor parte de las definiciones, en el interés de contemplar especialmente la segunda exigencia, se han despreocupado más o menos de la primera. Y así acontece que singularizan lo notorio por la circunstancia de su "difusión general", sin advertir que no todos los hechos pueden substraerse por esta sola condición, a la máxima *"secundum probata iudex iudicet"*.

El mayor o menor número de personas que suscriben el conocimiento de un suceso no determina, jurídicamente, su notoriedad. Y es inútil que se invoque el principio de Cartesio: toda cuestión de calidad se reduce a una cuestión de cantidad. Lo notorio es valor de esencia. No se satisface con la sola idea de generalidád. Existe, prescindiendo de la extensión que accidentalmente pueda obtener en la masa de los conciudadanos, por una "razón constitutiva" en virtud de la cual el hecho, desde su nacimiento, surge ya para ser conocido por su notoriedad.

¿Cómo discernir esa "razón constitutiva" sin caer en explicaciones tautológicas, sin asimilarla, como se hace, a la pública certeza, con lo cual siempre quedaría por saber qué significa tal certeza? El criterio de especificación, apto *"per funcionare da premesa maggiore"*, para saber si el hecho es notorio o no, lo ha suministrado Calamandrei con su fórmula de la cultura media y normal.

Chiarelli destaca, por su parte, en ese concepto, algunas características interesantes. Lo que importa es, desde luego, la posibilidad, para los que componen un núcleo social, de adquirir determinado conocimiento; pero adquirirlo inmediatamente (sin necesidad de experto ni perito). Con lo cual se confirma el criterio jurídico de que el hecho encierra "una posibilidad de universalización", una virtud intrínseca de *"conoscibilità"*.

De ahí el siguiente corolario: la relatividad inherente al conocimiento notorio para los miembros de una *"cerchia"* es superada por la *"assoluteza"* de la posibilidad de una adquisición efectiva para esas mismas personas, siempre que estén en condiciones normales de capacidad.

Pertenecerá a la cultura media, por tanto, con el imperio suficiente para que sea realizable tal posibilidad adquisitiva. Y para que lo sea de un modo inmediato.

La expresión "cultura social" tiene, sin duda, un contenido dialéctico y móvil; pero Chiarelli, a pesar de ello, la acepta en su mayor alcance, creyendo que el hecho notorio debe ser "no sólo el patrimonio efectivo de la ciencia, en su significado más modesto, y de la historia también, sino potencialmente *della conoscenza comune"*.

Todo se reduce a esa condición primaria y esencial, tan repetida. Notorio, en fin, es "el hecho cuya verdad pertenece a la cultura que poseen los miembros componentes de un determinado grupo social".

ANÁLISIS CRÍTICO

1. EN EL FONDO, PURO DOGMATISMO

¿Es, realmente, lo notorio el sello auténtico de lo verdadero? ¿La psicología social es la que puede estamparlo con eficacia bastante como para tener que admitirlo sin otra demostración?

Las teorías que imponen lo notorio como una verdad, emergente del análisis crítico hecho en común por los que conviven en determinado paraje, se reducen a un simple aserto. De un mito se hace un dogma: la aptitud innata para conocer, verificar y decidir, adjudicada a ese testigo-juez misterioso que es el agregado social.

No basta el afirmarlo. ¿Por qué vale más el criterio del núcleo donde hay de todo, bueno y malo, idóneo o no, que el criterio de los que participan en proceso? ¿El impulso natural que el impulso disciplinado actuando en las condiciones más propicias para esclarecer la verdad?

Mientras tanto, se ignora cómo y por que opina y resuelve el grupo, cómo y por qué selecciona y contrasta sus valores. "Obscuro e indefinible" es, en efecto, el mecanismo de su mentalidad[13]. Quienes le atribuyen una eficiencia casi milagrosa déberían hacer algo más que proclamarlo con tanto optimismo. Un optimismo, por otra parte, que no justifican ni la realidad ni la ciencia.

2. LO QUE ENSEÑA LA REALIDAD

Sin entrar en especificaciones, aludiendo genéricamente al Público en función de juez o de fiscal, o como testigo, fuerza es convenir en que los antecedentes no lo recomiendan. La historia ha documentado sus muchos desaciertos, que la literatura supo explotar. Lo peor es que la magistratura los ha padecido, cometiendo, a su influjo, enormes injusticias[14] que tienen por excusa el motivo inexcusable, según d'Aguesseau, de haber abdicado ante el clamor de la multitud.

13 FLORIAN, op. cit., I, p. 88.

14 *Hablanal respecto, entre los más conocidos: GIURATI, Los errores judiciales,* cap. VI; LAILEER y VONOVEN, Les erreurs judiciaires et leurs causes, cap. I; SIGHELE, GORPHE, JOLY.

No hay por qué apelar a la patología de las sociedades, que tampoco puede ser menospreciada si ha de respetarse la autoridad de pensadores como Tarde, Monlau y Rossi[15].

Persisten en los mejores núcleos, formas o "ambientes" morbosos cuyo contagio o presión cuesta evitar. Su mismo diagnóstico se hace difícil. (¿Cómo distinguir, en efecto, el estado anómalo del que no lo es, si quien lo examina se halla dentro del mal colectivo?).

En las situaciones más despejadas, los juicios grupales sufren siempre un alto porcentaje de error, sobre todo con el testimonio. Aun en la simple y momentánea confluencia de personas, en las reuniones accidentales, disminuye el índice de veracidad y de reflexión. Las experiencias hechas a tal efecto por ilustres profesores, los casos expuestos en las academias científicas, llevan a idéntico resultado, como si la sola agregación produjera un descenso mental o se reflejara en cada miembro con una determinada incapacidad perceptiva[16].

Calamandrei, es cierto, no levanta su construcción técnica sobre esas manifestaciones superficiales y esporádicas. Exhibe el hecho notorio como un producto de honda elaboración, que, después de un largo ciclo, acaba por instalarse, pacíficamente, en la conciencia común. Pero, aun así, ha de reconocerse que el medio es o puede ser el mismo y que, en esta prueba inicial, aparece ya la influencia del conjunto refluyendo en perjuicio de la mente humana.

Merecen, desde luego, mayor crédito las nociones radicadas en la cultura normal que las simples impresiones colectivas o los juicios circunstanciales debidos al soplo de cualquier viento. La solución no se satisface, empero, con esta superioridad meramente relativa. En lo notorio puede haber, como se dice, un mínimo de error, En lo notorio se agotarán las garantías posibles,

---

15 Esta bibliografía puede multiplicarse, fácilmente, pues la materia se extiende por el dominio de muchas disciplinas. Los tres autores que se mencionan destácanse con rasgos distintos, sin que tal mención, en este parágrafo, implique negarles calidad científica. TARDE, especialmente, es un valor útil para la misma doctrina contemporánea (ORGAZ, *Sociología*, p. 58), pero sus nociones tienen como base al individuo y, por tanto, opugnan la tendencia dominante. Inició en Francia, los estudios sobre el tema de las "anormalidades sociales". Entre aque llas nociones interesa contemplar la que se refiere al fenómeno de la *imitación, con* sus dos clases de leyes lógicas y extralógicas. (Cons., en el texto, *infra*, parág.: "El racionalismo a priori"). Y entre estas leyes extralógicas, la que difunde los vicios desde arriba hacia abajo, del centro populoso a los contornos aldeanos ("du dedans au dehors"), por una especie de "imitación focal o circular" (SALDAÑA, *Comentarios*, I, p. 258). De sus libros: *Etudes de psychologie sociale y Criminalité et santé sociale.* Rossi, precedido por SIGHELE, cuya muerte prematura truncó una obra valiosa, presenta varios trabajos sobre el título que se está considerando: *Psicología colletiva morbosa, I suggestionatori e la folla, Sociologia e psicologia colletiva.* MONLAU, profesor de Madrid, fué uno de los primeros en desenvolver, con su *Patología social* y varios ensayos sociológicos, la ley del contagio moral, debida a QUETELER. *Infra*, notas 221 y 243).

16 V. CLAPARÉDE, *Experiences collectives sur témoignage; GUIDI, Recherches expérimentales sur la suggestibilité; GROSS, La polizia giudiziaria*, p. 43.

dentro de la vida social, a propósito de análisis y crítica. Pero se requiere algo más, algo que permita creer que lo notorio y la verdad son equivalentes o inseparables.

Contra la tesis que lo sostiene, arrecian las objeciones. O las preguntas, que son una manera de objetar. Consultando a la realidad histórica, ¿no aparecen, esos dos conceptos, en frecuente contradicción? ¿La verdad se presenta, acaso, como inherente a lo notorio, o, viceversa, lo notorio como inherente a la verdad? ¿Es, por lo menos, lo notorio, una medida, un término proporcionado a la verdad? ¿Signo infalible de cultura, siquiera, ya que a la cultura se le remite para justificar el tratamiento privilegiado a que aspira en el proceso?

La verdad y lo notorio no siempre concuerdan. A veces, están en pugna. La cultura elemental, saber de las masas, contiene muchos errores que pasan por verdades notorias. Los mitos, según Decharme[17], son obra colectiva sobre la base de observaciones o impresiones motivadas por los fenómenos de la naturaleza en la sensibilidad de los primeros hombres. Y como los mitos en la infancia del mundo, actualmente las supersticiones, fantasmas de la imaginación que el pueblo cree ver y que atestigua como reales, las supercherías de todo calibre, los milagros, aun los de "primer orden", que suelen fundarse en actos de notoriedad.

Tampoco lo notorio es inherente a la verdad aunque toda verdad tienda como por su peso, a difundirse y democratizarse. Ni la verdad es inseparable de lo notorio. Existe, algunas veces, en pleno aislamiento, en austera soledad. Se hace otras veces, o no se hace, notoria, por circunstancias extrañas, no siempre lógicas. La psicología social que la recibe tanto puede mantenerla, dándole, acaso, mayor pulimento, como deformarla y destruirla. Por eso, dice Florian que lo notorio es una circunstancia externa. Y de conducta arbitraria.

Suele traerse a colación para evidenciar la equivalencia entre lo notorio y lo verdadero, el hecho histórico de fácil irradiación popular. El hecho histórico no es propiamente un hecho notorio[18]. Pertenece a otra categoría. Desde luego, puede trascender, socialmente, adquiriendo notoriedad. Como la máxima de experiencia. Como el mismo derecho. Pero esta circunstancia posterior a su existencia nada le agrega a su verdad, si la tiene, ni a su eficacia persuasiva si la revela. El 4 de noviembre de 1918, precisamente una de las fechas más socorridas a esos efectos, recuerda una verdad incontestable, más no por notoria, sino por histórica. Nada ha hecho en su beneficio la psicología social. ¿Dejaría de ser notoria si no fuera correcta, si los historiadores demostraran que es inexacta? Discutióse en el Uruguay, hasta que la solución se impuso por ministerio de la ley, cuándo empezó la independencia nacional, si el 25 de

---

17 *Mythologie* de la *Gréce antique*, en su introducción.

18 Es preciso, "per non cadere nel grottesco" y en homenaje a la verdad, observa FLORIAN aludiendo a otra fecha (22 de marzo de 1848, cuando los austríacos fueron expulsados de Venecia), "distinguir los históricos de los hechos notorios" (*"La Scuola Positiva"*, 1929, núms. 3-4, p. 138).

agosto de 1825 o el 30 de julio de 1830: la notoriedad no bastó para decidir el conflicto, pues apenas significó un argumento más.

¿Es lo notorio una medida constante de la verdad? Si lo notorio encamase, realmente, una verdad, debería existir entre ambos una relación directa y necesaria. Y no existe. La notoriedad se asemeja a una llama voluble, que hace presa, en particular, de la hojarasca; no siempre clara, pero sí crepitante; con más fuego que luz. Opera en superficie, no en relieve ni en profundidad, porque sus elementos son los sentidos humanos, que se conforman con recoger las apariencias de los hechos y de las cosas.

Ni ofrece un término de relación directa con la verdad, pues sigue, a menudo, otra senda, responde a otros estímulos. Fácil es advertir cómo se difunden y prosperan ciertas mentiras, cómo se inflama la atmósfera social en discusiones apasionadas alrededor de hechos que sobresalen nada más que por raros o emocionantes: una extravagancia, un crimen, una anomalía.

¿Que también en este plano la verdad interesa y, por consiguiente, lo notorio podría resultar, sea cual sea el estímulo, uno de sus más eficaces medios esclarecedores? En cierto grado. Nadie niega que el saber vulgar atesore nociones exactas y aun científicas. Pero no es seguro que lo haga; aun en ese terreno, sólo puede haber coincidencias. No cabe otra cosa: difieren los respectivos procedimientos cuanto puede el azar diferir del método; difieren ante todo las causas, pues si la verdad se debe a la inteligencia y la reflexión puras, en lo notorio gravita, principalmente, la imaginación y la sensibilidad bajo los más encontrados gustos e intereses.

Si existiera la relación que se alega, la solitaria labor del sabio prendería inmediatamente en el alma popular. Y no es así. La ciencia, "el saber más alto", según Platón, es sin duda, lo que encierra más verdad o más verdades. Pues bien: el mejor de sus libros, la más acabada y valiosa de sus enciclopedias, lejos están de haber conquistado, ni remotamente, la notoriedad de que goza la Biblia.

No puede exclamarse, pues, en una síntesis condensadora: a más notoriedad mejor verificación. Ni, tampoco, mayor verdad.

Las consideraciones que anteceden ya revelan qué signo de cultura puede sér lo notorio fundado en la observación de lo externo con un espíritu indiferente o predispuesto. La observación es, también, una fuerza calificable: científica o vulgar, intensiva o periférica. La posee, indudablemente, el pueblo, con sus cien ojos de Argos, pronta y segura para la aprehensión de las imágenes sensibles, mas no para internarse en el ser de las cosas y sus relaciones, ni para descubrir su vida íntima. Y así es de relativa y eventual. Vale sólo cuando la esencia de la verdad, en el reino de las circunstancias que dominan los sentidos humanos, condice con sus apariencias. Lo notorio define y nutre el saber que todavía admite que el sol gira en tomo de la tierra[19] y defiende la tesis vitalista de la generación espontánea[20]; *la cultura* de "lo que se ve" o parece y no de lo *que es*.

El juez no debe refrendar, a ciegas, lo notorio. Y aún tendrá, muchas veces, que combatirlo. Porque las apariencias engañan, tanto en los grandes sucesos como en los pormenores cotidianos. Lo notorio puede ir hasta contra el progreso, y ser, entonces, enemigo de la cultura. ¡Cuántas creencias, ideas, noticias, ya desestimadas, persisten en el haber medio de un pueblo por la sola inercia de su notoriedad!.

3. Lo que dice la ciencia

Algunas ideas, que no son precisamente científicas y que, más bien, merecen el calificativo de "literarias" en la acepción con que lo aplicó Treves. Me concreto a señalar que la confianza puesta en el análisis crítico del grupo organizado, no es compartida por la ciencia.

Puede abordarse la cuestión en este aspecto, desde dos puntos de vista: uno, lógico; otro, sociológico.

Ya se ha establecido que lo notorio consiste en un testimonio valorado por el número; no el número como una mera pluralidad sino concurriendo a su fin por medio de la contradicción recíproca entre sus componentes. Los testigos, —volviendo al ejemplo ya citado—, en vez de presentarse, sucesivamente, a deponer, para que el juez verifique si están contestes, se congregan y discuten, analizando sus particulares juicios para asentar, luego, una sola opinión.

Componen, pues, distinta entidad, que tiene, por el procedimiento indicado, criterio propio aunque común. ¿Esa forma de discusión previa importa una garantía de verdad? En derecho probatorio se sostiene precisamente lo contrario. El testimonio debe ser individual, y, en su individualidad,

---

19 Por la notoriedad del hecho, que la Biblia promulga, se tenia como dogma, en cierto paraje de Norteamérica, la versión de que el sol circula en torno de la tierra. No hace tres lustros un maestro de escuela que enseñaba lo contrario fué sometido a los jueces del crimen.

"En nuestros días, en diversos Estados de América del Norte, sectas protestantes han llegado a hacer condenar, legalmente, como opuesta a la Biblia, la enseñanza de las teorías de DARWIN, y en Africa del Sur, la asamblea legislativa de varios Estados ha prohibido hacer en sus territorios la experiencia del péndulo de FOUCAULT (que demuestra que la tierra gira sobre sí misma, alrededor del eje de los polos), porque: "La teoría impía de la rotación de la tierra está en contradicción con la Biblia" (LABÉRENNE, *El Origen de* los *Mundos*, p. 64).

20 "En la época actual, no obstante el grado de desarrollo alcanzado por las ciencias naturales, el profano de muchas regiones de Europa cree que los gusanos nacen del estiércol y que los diversos parásitos que intervienen en nuestra diaria existencia surgen espontáneamente de la basura y de toda clase de inmundicias" (OPARIN, *El origen de la vida*, p. 13).

espontáneo, limpio de sugerencias o de presiones, "fiel a su percepción", que se acreditará, jurídicamente, conforme a la respectiva capacidad y eficiencia.

Es de preverse la observación contraria: el grupo social no se encuentra en el estado psíquico del grupo inorgánico que se reúne deliberadamente para converger hacia una solución. Su análisis y crítica se desarrollan y prosperan, sin concierto previo ni designio especial; de ahí que el efecto notorio se califique por su desinterés. ¿Presúmese, entonces, que la simple asociación engendra una eficacia esclarecedora y constructiva que el hombre, individualmente, no es capaz de obtener?

Ni la filosofía ni la sociología suscriben una conclusión semejante que es, por otra parte, la que implícitamente reside en la base de lo notorio. La misma ausencia de un propósito reflexivo, en medio de una espontaneidad que equivale a la negación del método, conspira contra tal presunción. Y así como se ha demostrado que la conjunción de los observadores trasciende en detrimento de cada observador, así también se asegura que la entidad colectiva no supera mentalmente al individuo, y menos en la procuración del saber, premio reservado a esfuerzos y condiciones en gran parte incompatibles con el estado subjetivo de la sociedad[21].

Habría que concluir, de otro modo, reconociendo la superioridad inmanente de la fuerza natural sobre la reflexiva, la que se abandona a su propia expansión, llenando necesidades vitales, sobre la razonante, acicateada por una voluntad que la obliga a despreciar esas necesidades turbadoras para mantenerla sobre el rastro; la que, en virtud de su propio automatismo, no admite norma superior al interés de su existir, sobre la que sacrificándose, contiende afanosa y perseverante, urgida y vigilada por la conciencia de su responsabilidad.

¿Qué sabe el alma colectiva de acechos y pugnas intelectuales que llegan al denuedo y la abnegación? ¿Es capaz, como el hombre, o tan cabalmente como el hombre, de un afecto sin mezcla por los valores científicos, apetencia

---

21 En este plano, autores bien reputados sostienen que la sola agrupación produce un descenso mental. LE BON detona (*Psicología de las multitudes*, p. 36): "la muchedumbre es siempre intelectualmente inferior al hombre aislado". Con no menos exageración, escribe SIGHELE (*La folla delinquente*), erigiendo en ley lo que es accidental, según Rossi, que en la muchedumbre "el pensamiento se desvanece y el sentimiento se aguza", por lo que "unirse vale tanto como empeorarse".

MAX NORDAU (*Paradoxes*, cap. III) propone que se agrupen veinte seres superiores, como GOETHE, KANT, SHAKESPEARE y NEWTON, sometiéndoseles las cuestiones prácticas del momento. "Cada uno, además de su propia originalidad, que hace de él un excelente individuo, posee, todavía, cualidades heredadas de la especie, que le hacen semejante, no sólo a SU vecino de reunión, sino también a todos los individuos desconocidos que pasan por la calle". Señalemos con la letra *x* este valor común, prosigue M. NORDAU, desenvolviendo su paradoja, y con *b, c, d,* etc., el valor propio y original. "En una reunión de veinte hombres, todos ge nios en el más alto grado, tendríamos ya 20 *x,* y solamente 1 b, 1 c, 1 d... Necesariamente, los 20 *x* vencerían a los *b, c, d,* aislados; esto es, la esencia humana triunfaría sobre la personalidad individual" (Infra, nota 243).

de conocer e ilustrarse, *"amor cognitionis"* que dijo Cicerón, anhelo puro de la verdad por la verdad?

La masa, el núcleo, sacudidos por la emoción, cuando quieren realmente saber, demuestran incomparable eficacia en investigaciones que son, más bien, policiales. Pero, aun entonces, pueden aparecer e influir la sugestión parcialista, el interés privado, hasta la misma perversión individual que se cubre con el número, creyéndose anónima y, por tanto, libre de vigilancias y sanciones. El juez ha de considerar, como posibles, en todos los casos, aun en la notoriedad, estas circunstancias, que son generales, que no están reducidas a normas ni a determinadas cuestiones, épocas o clases. La fe, la creencia, el conocimiento, se deben al juicio que puede ser imparcial y sereno. Pues bien, sólo el individuo es capaz de lograrlo en estas condiciones, y no tampoco de una manera absoluta; porque sólo el individuo puede imponerse a las desvianes, "desnudándose de todo aquello que no mira al conocer".

El grupo, el pueblo, la sociedad, cuando sus conveniencias vitales están en peligro, saben *qué debe hacerse,* mas no *cómo.* Tienen, pues, certera aptitud para los juicios de finalidad, sobre todo, inmediata. El referendum es una aplicación de esa aptitud, en la que se fundamenta un derecho. Tal como el sufragio político importa un reconocimiento de que los medios deben quedar a cargo de los más aptos, objeto de la elección. De cualquier manera, no se pretende, con todo eso, indagar ni definir verdades. Sobre una mayoría de votos no puede acreditarse, en esencia, un juicio. La función del pueblo no es científica. Tiene otro destino. Otra es también la razón creadora de la verdad. "En fait d'opinon, observa, a propósito, Benjamín Constant, tanto vale, moralmente, la mayoría como la minoría".

4. LA "FUNGIBILITÀ"

El proceso de formación no se consuma con el solo análisis crítico de una psicología social; se requiere que la materia de ese análisis cumpla toda su evolución, para que los juicios individuales se confundan en un juicio común, de tal suerte que los conciudadanos sean a su respecto *fungibili,* presumiéndose, por tanto, que adquirieron el conocimiento relativo a lo notorio con independencia de toda observación personal.

No creo en la exactitud práctica de esta calificación. Unicamente se cumple en hechos especiales, respaldados por la autoridad de las ciencias. Y que en tal forma se visten de notorios. Además, la realidad tampoco presenta esas conformaciones acabadas, sino por excepción. En todo grupo o entidad colectiva hay, siempre, individuos que se mantienen directamente vinculados a ciertos conocimientos, cuando éstos pertenecen a la vida práctica. Y en todo conocimiento, cuando no priva, axiomáticamente, en una esfera superior, hay, siempre, algo que se agita inconcluso en el debate y la incertidumbre. Finalmente, mucho depende, también, de la proyección del hecho en el espacio y en el tiempo: reduciendo el espacio a la simple "cerchia", y el tiempo, a la viviente actualidad, es difícil que el conocimiento se desprenda por entero de las observaciones directas.

Sobre la primera consideración, la que se refiere a las nociones indiscutibles de las ciencias, nada cabe aducir. Se trata de hechos cuya existencia es evidente. En cuanto a la segunda, parece indudable que las distintas funciones sociales que elaboran lo notorio no se presentan con la regularidad que sé presume. Ni tan deslindadas. El mismo concepto de Stein, suponiendo que el número de los copartícipes en el análisis subsana las posibilidades de error en las observaciones, corresponde, más bien, a una situación dirigida como la de un instituto donde cada comisión se ajusta a su programa. Pero en una sociedad, los observadores y los críticos lo son en condiciones peculiares, y, sobre todo, no lo son de una manera exclusiva. La observación del hecho como el análisis se efectúan en confusión, mezcladamente, con los que observan (y, a su vez, critican), y los que sobre lo observado y los observadores, critican, deducen y resuelven (y, además, observaron), sin que nada impida que esas actividades, incompatibles psicológicamente, sean practicadas en un mismo ser, bajo una sola conciencia.

Los inconvenientes se agravan en las condiciones a que me referí poco antes. Cuanto más próximo y enraizado esté un hecho en el espacio y el tiempo, más difícil es que la noción procedente se impersonalice. En una *"cerchia"*, en el barrio familiar, casi no hay vida pública porque toda se hace privada; y la vida privada, a su vez, se reduce hasta desaparecer, o poco menos. Cuanto ocurra en el ambiente colectivo y a la par hogareño, enciende un mágico interés. Y si el suceso es reciente, forma parte activa de cada existencia individual. Nadie escapa a su atracción. Nadie dejará de considerarlo con un motivo propio. Cuesta admitir que haya quien pueda no ser testigo, y si no lo es, que pueda erigirse en crítico imparcial y en juez independiente.

La aureola del desinterés aparece así un tanto desminuída. Prescindiendo de los hechos inmediatos y actuales, aun en aquellos que ya terminaron su génesis y descansan como verdades comunes, resulta dudosa la decantada calificación. Serán desinteresados en cuanto las causas que los produjeron no coinciden con las que intervienen en el litigio. Pero el problema tiene su reverso. Toda sociedad piensa, juzga y procede bajo la coacción de sus intereses y necesidades, que se prolongan en el tiempo creando estados subjetivos, más o menos perdurables. Las observaciones primarias, los juicios de análisis y crítica, se producen en ese clima ya creado, sufriendo su influjo ancestral, y lo notorio saldrá, entonces, con Ja forma o el color que a través del mismo ambiente le impriman aquellas tendencias transmitidas o supérstites, de orden ético, religioso, económicos, político, social.

Aun contra las nociones indiscutidas respecto de las cuales es admisible la *fungibilità,* cabe la sospecha de una parcialidad genérica, por razón de las descriptas circunstancias. El hecho originario se perderá en la lejanía; pero los factores que le dieron notoriedad pueden sobrevivir, reactualizados en las predisposiciones, siempre activas, de la religión, los partidos o las escuelas. El miembro de una sociedad cuya cultura media registra ese hecho como notorio, miembro a la vez de las referidas entidades, está indirectamente solidarizado con aquellos factores, dejando de ser realmente libre; y si, como juez, lo acepta sin ulterior análisis, al imponer en su decisión lo que el tiempo ha elevado con sólo envolturas impersonales, sufragará íntimamente por un interés propio o bajo una pasión sectaria.

El concepto de *fungibilitá,* pues, no procede en todos los casos, tratándose de lo notorio. Como tampoco sería exacta la comparación de cualquier núcleo social con la *"universitas personarum"*. El símil del río *"il quale è sempre quello"* aunque cambie incesantemente de lugar y de forma, no el acopio de su voluble caudal en un momento dado sino la expresión conjunta de su eterno fluir, la unidad permanente y siempre distinta a que concurren las aguas que ayer pasaron y las que pasarán mañana, como ejemplifica hermosamente Carnelutti[22], puede aplicarse a la sociedad, o al grupo constituido, no a cualquier núcleo accidental e inorgánico. Así como el carácter de fungibili se adaptará a sus miembros no, tampoco, frente a cualquier hecho, porque sea notorio, si además no se ha encumbrado, *notoriamente,* sobre las dudas y la controversia.

5. LA "CERCHIA"

La caracterización de una colectividad, como organismo, por lugares, zonas o distritos, no parece muy adecuada. Sobre el territorio caben, sin duda, ciertas distribuciones como las que interesan á la organización administrativa o política. Pero, ¿qué pueden indicar o definir la posición física, el área, la geografía, en una entidad que se configura por su mayor o menor comunidad o comunión espirituales?

Gurvitch[23], cuyos estudios se inspiran en sutiles principios, como el referente a "la sociología en profundidad", que inducen a concebir el "pluralismo integral" en dos sentidos, vertical y horizontalmente, distingue entre formas y tipos, y divide a las formas, en siete estratos, que se superponen. Intérnase, para caracterizarlos, en la realidad colectiva, deteniéndose, sucesivamente, "en cada escalón". La capa más profunda es la más inmediata a esa realidad: el último estrato, donde está la conciencia colectiva. Pues bien; en situación diametralmente opuesta, se halla el elemento geográfico y demográfico. Es el más superficial, el menos expresivo, forma de sociabilidad externa, con símbolos y valores reflejados por el "psiquismo social".

Si el cuerpo reúne todas las dimensiones conocidas, señalarlo por una sola de ellas, y la menos importante, no es caracterizarlo. Si existe física y psíquicamente, si hay en él voluntad y conciencia, referir a una parte material

22 *Sistema,* I, núm. 214.

23 *Las formas de la sociabilidad,* p. 24.

del mismo lo que se produce como expresión conjunta de todos sus elementos, no es tampoco enfocarlo rectamente.

La *"cerchia"* equivale a una mutilación arbitraria. Se produce mediante un corte transversal y externo. Dentro de cada "cerchia" no hay conciencia propia y definida, sino un pedazo de otra más amplia y general. Por encima de sus límites territoriales se desbordan las clases que la componen, sus categorías y tendencias, sus hábitos y gustos, que son, al fin, partes de un todo psíquico, un entero con vida y movimiento hasta las más lejanas células, y por consecuencia, responsable auténtico de las creaciones mentales que registren algún valor.

No creo acertada la elección de una *"cerchia"*, en ninguno de sus significados, como asiento de la notoriedad. Integrante de un conjunto mayor, carece de personería, pudiendo suceder, en lo que le es dado actuar, que se desviara del proceso común, y que sus expresiones resultaran anómalas por contrarias a la conciencia colectiva que la envuelve, pero que ella no supo o no pudo interpretar.

En todo caso, preferible sería recurrir a unidades mejor logradas, como el grupo, la sociedad, la nación[24].

6. El fenómeno de la difusión

La notoriedad, según los autores clásicos y modernos, se produce y afianza por la difusión[25], medio indispensable para el análisis y la crítica. No es la difusión, por tanto, una actividad mecánica y simple. Constituye, según Ralph Linton[26], un fenómeno socio-psicológico.

¿Cómo se forma? ¿Qué leyes y principios la gobiernan? El problema asume proporciones más vastas, relacionándose con el arcano de la conciencia social. No obstante, puede conceptuarse ya que, a fuer de intelectivo, no se consuma ni perfecciona en extensión, y menos, a merced del número o la cantidad, el espacio o la masa.

Existe, socialmente, una situación extrapersonal, con actividades propias, sujetas a un sistema distinto de dinámica.

Claro está que para desplegarse, la difusión invade, una tras otra, las conciencias individuales. Pero en esa expansión horizontal se oculta una labor intensiva que transforma los juicios en su propia esencia, dando un nuevo

24 "Una sociedad históricamente determinada (aquella a que pertenece el juez)", prefiere Betti (Op. cit., p. 318).

25 Stein (op. cit., p. 143) indica las dos fuentes: percepción directa de lo sensible por la multitud, y difusión.

26 *Estudio del Hombre,* p. 381. Recasens Siches, "Wiesse", sobre distancia social y espacio social, ps. 98 y 110.

producto, cuya medida no se ajustará, por cierto, a las solas proporciones del espacio físico en que se impuso, ni a la masa de las personas que lo sustentan.

Concíbese, entonces, otro género de afinidad. Las relaciones tampoco tienen por qué coincidir con las que agrupan a los hombres en vecindades. Dentro de un mismo círculo social suele haber otros círculos que son, entre sí, enemigos o extraños, ideológicamente, y que engranan una sola cadena con otros de apartadas regiones.

La *"cerchia"* no responde, tampoco, al fenómeno de la difusión. La *comunicabilidad* que ésta exige, difiere, esencialmente, de la que se basa en la simple aproximación física o en la relación personal.

La distancia tiene, ahora, otro sentido. También, otro significado debe atribuírsele al contacto. Puede ser infinita; socialmente, la distancia que se oculta entre los dos términos de un contacto material.

7. Una cultura sui géneris

En la teoría de Calamandrei ha sido encomiada, singularmente, la misión conferida a la cultura. ¿Qué cultura? La que corresponde a su noción recta y natural. A más de impertinente carecería de sentido la referencia a la cultura científica, materia desemejante que podría llevar a conclusiones inadaptables, en la tesis que la concibe por oposición a la naturaleza[27].

La cultura, en este punto, ha de ser, no la que envuelve toda suerte de informaciones, sino la que condensa un esfuerzo refinado y perfectivo que redunda en bienes de una categoría especial.

Calamandrei, recurre evidentemente a esta última cultura. Pero su significado le incomoda. Advierte que se necesita, apenas, una cultura elemental y rudimentaria, "latissimo sensu" (lo cual confirma la interpretación admitida poco antes), con lo que, en fuerza de amplificar el significado, podría concluir desnaturalizándola, aparte de que iría siempre contra su verdadera intención, que es caracterizar.

Atacaría, en efecto, lo que puede llamarse "rango" de la cultura, descalificándola hasta el extremo de consignarle cualquier cosa, la más vulgar e indiferente. Mazzarella repara, a este propósito, en el ejemplo relativo a la *"fiera annuale del bestiame"* y, en verdad, no parece que si la noticia de tal reunión determinara un hecho notorio se debiese, realmente, a que pudiera figurar con razón en aquel género de conocimientos que otorgan, a quien los adquiere, un cierto decoro espiritual.

---

27 Rickert, *Ciencia cultural y ciencia natural,* parágs. III y IV. V., con un comentario sobre dicho autor, Romero, *La filosofía de* la *cultura en* "Curso colectivo de Filosofía del Derecho", precisando los conceptos distintivos de esta ciencia, dentro de las dos direcciones en que la plantea.

Iría, también, contra el objeto que se busca, en virtud del excesivo abarcamiento que tendría la palabra. ¿Qué característica podría imprimir un significado que todo lo comprende? ¿Ni cómo lograrla haciendo de una virtud con fines distintivos una condición de alcance genérico? Cimbali ha dicho, justamente, que definir es limitar.

Deformando, al extender en tal forma, el significado auténtico de la palabra, desaparecería, también, el *carácter común* donde tendrían que encontrarse el hecho notorio y las máximas de experiencia. Estas últimas, obra de la observación y del cálculo, pertenecen, indudablemente, a la cultura legítima. Entonces, desvanecido el hecho y no la máxima en la distensión que se perpetra con la cultura, el necesario encuentro no tendría lugar. Cruzaríanse ambos institutos sin tocarse, a varios grados culturales de distancia, una de otro. Distancia o diferencia.

Trátase, en resumidas cuentas, de dos culturas. Y siendo dos y dispares, tampoco podría argüirse que, bastando una de ellas para que la máxima eluda el impedimento que le cierra el paso hacia el proceso, tenga lógicamente que servirle la otra, al hecho notorio, con idéntica eficacia.

¿Se ha pensado, además, en los excesos a que conduciría una dilatación tan inusitada, comprensiva del hecho más insignificante y trivial? La cultura, en su desvaída noción, englobará todo lo que exista y pueda ser comprobado fácilmente: una "calle recién abierta", y, por lo tanto, cualquier otra realidad por el estilo, accidentes geográficos, minucias de la topografía; la fecha tocante a una feria[28], y, por ende, cualquier otra sobre reuniones a efectuar o ya efectuadas, siempre que se observe, a sus efectos, el requisito de la convocación mediante avisos públicos... A este tenor, podría citarse cuánto en el espacio tiene existencia perdurable y no transeunte, cuánto aparezca y se difunda con documentada publicidad. ¿Qué hecho o cosa, entonces, quedaría fuera de la cultura donde se cumple el prodigio por el cual cesa la prohibición que gravita sobre la ciencia privada? ¿Qué suceso podría no ser notorio? Sólo aquéllos que se encierran en el círculo personalísimo de lo íntimo y confidencial.

28 Prieto Castro pone un ejemplo semejante al de Calamandrei, citando "la fecha de la celebración de la verbena de la Prensa (noticia de los diarios)". Otros casos, que a continuación menciona, se deben a la ley (Op. cit., p. 243).

Los hechos históricos o que se juzgan definitivos por autoridad de cualquier ciencia no pertenecen a la doctrina de lo notorio. Suscribo, en parte, las siguientes observaciones del mismo Prieto Castro: "Claro es que los hechos de fama pública *absoluta,* y las máximas de experiencia al alcance de cualquier persona, como fechas fijadas por la historia, acontecimientos nacionales (por ejemplo, estar España en guerra con EE. UU. en Cuba) nociones elementales de historia natural o de geografía física, pueden ser tenidos en cuenta por el juez de oficio, porque, a pesar de todo, no hace con ello una aportación de hechos y no atenta al principio de justicia rogada, y porque, en último extremo, éstos se pueden calificar de hechos evidentes" (Op. cit., p. 244).

VII

EN SOCIOLOGÍA

INDIVIDUALISMO
UNIVERSALISMO

SOCIOLOGÍA

Las dos tendencias

Lo notorio es una creación de la psicología social. Y la sociología, cuyas magníficas vislumbres, en los últimos años, dejando atrás las conquistas de Spencer y el positivismo para responder a demandas más profundas, asombran a la par qué seducen, reivindica dentro de la ciencia, como propio de su dominio, el conocimiento sistemático de los fenómenos psíquicos engendrados en la sociedad.

Muchas son las tendencias que rivalizan al definir el objeto sobre el cual fundan su autonomía, y más son los matices en que cada tendencia se diversifica. Pero, a los fines de una primera orientación, alcanzan las dos líneas generales que ofrece Spann[1], discerniendo entre concepción individualista y universalista, por la diferente estructura en que la sociedad puede ser concebida:

> como realidad de realidades autárquicas, suma de individuos; y como realidad nueva y constituida, producto distinto con razón y voluntad propias.

Los problemas psíquicos (objeto y técnica), en sus conexiones con esas dos realidades, se estudian, naturalmente, de acuerdo con la manera de interpretarlas:

> adaptando a lo colectivo la psicología de lo individual; o investigando, bajo el concepto de autonomía y unidad que hoy impera, los valores típicos y diferenciales que estática y dinámicamente corresponden a la sociedad.

INDIVIDUALISMO

1. Generalidades

En una organización donde el individuo es lo fundamental, las manifestaciones del espíritu común no podrán distinguirse mucho, en esencia, de las que proceden exclusivamente de aquella unidad básica.

---

1 *Filosofía de la Sociedad,* ps. 15-22. Contr., Romero y Puccia- kelli, *Lógica,* p. 125.

Existe, pues, un término conocido que, por lo menos, predomina en "l'ensemble", expresión de Comte, en grado suficiente como para estimar los resultados (individual y colectivo) desde el vértice de las mismas causas y las mismas normas.

La psicología social procede racionalmente porque el hombre, elemento primario del grupo, es un ser de razón. Y puede juzgarse de la capacidad colectiva, con referencia a la cultura media, de su habilidad para descubrir, apreciar y defender verdades, por lo que ya se conoce del individuo y de sus aptitudes psíquicas.

Las teorías sobre lo notorio requieren esa asimilación, que no se admite más en sociología; todas se empeñan, directa o indirectamente, en demostrar la identidad lógica entre dicho instituto, obra de la psique social, y la prueba, obra de las partes (individuos), valorada por el juez, pues, en definitiva, lo que ambicionan es justificar una suplantación.

2. LA OPINIÓN PÚBLICA Y LO NOTORIO

Hay, sin duda, un parentesco entre la Opinión Pública y lo notorio, dado su origen común en la psicología social. No tanto lo notorio como valor incorporado y quieto en la cultura media, sino como valor en actividad, pugnando a través del análisis colectivo por imponer una conclusión irresistible.

A. Poco es lo que puede aprovechar lo notorio de esta comparación. Empezando porque se discute en filosofía si la opinión constituye o no un factor de la verdad.

Habría, entre ambas, para la metafísica, una esencial an- timonia. La opinión radica en el creer, y entre el creer y el saber median irreductibles disonancias.

Kant[2] se avoca resueltamente el asunto, que ya en la antigüedad filosófica desflorara Platón. Alúdese, también, a un poema de Parménides en que es comentada la misma antítesis. Del libro "Sobre la naturaleza" perdura, además, un fragmento en el cual Empédocles describe a la opinión como un fruto variable de los sentidos, y a la verdad, substancia de la ciencia, como producto laborioso de la razón.

---

2 KANT, estudiando la *creencia (das Fürwahrhalten),* por sus relaciones con la *convicción,* señala en aquélla tres grados: *la opinión,* una creencia que tiene conciencia de ser suficiente tanto subjetiva como objetivamente; la *fe,* una creencia subjetivamente suficiente, pero considerada objetivamente insuficiente; la *ciencia,* una creencia suficiente tanto subjetiva como objetivamente. Añade que la suficiencia subjetiva se llama *convicción* (esto es, "para sí mismo"); y la objetiva, *certeza* ("para todo el mundo"). En fin, advierte que para tener una opinión se requiere un saber cierto. (*Critique de la Raison Pure,* trad. de TREMESAYGUES y PACAUD, segunda parte, cap. n, sec. 3ª. "De l'opinion, de la Science et de la foi", p. 635. Puede remendarse aun el concepto de SANTO TOMÁS: "si la inteligencia se inclina más a un lado que a otro y lo hace con vacilación y timidez, esa es la opinión".

En la actualidad el criterio ha declinado en su radicalismo. "Identificada la opinión con la firme creencia o con la fe, supone la absoluta verdad de lo afirmado". Ya no implicaría duda, por contraste con el saber. Aun cuando esta acepción no tiene el consenso unánime de la filosofía, importa recordar que, según Ferrater Mora, "tal es el caso de la llamada Opinión Pública"[3].

B. Antes de que la moderna sociología la analizara en su raíz y en su estructura, la Opinión Pública era concebida, más bien, como una fuerza o un poder. En esta segunda modalidad pertenece a la ciencia política.

Aunque se *organizó* como poder sólo en los dos últimos siglos, especialmente después del 89, se hizo sentir como fuerza en todos los tiempos, latente o manifiesta, embridada o avasallante. La conocieron en diversas expresiones, hostiles o propicias, las repúblicas griegas. Llenó la historia romana de ejemplos gloriosos o lamentables. Prolongóse, después, con vida subterránea o potencial; a las veces, estallaba en bruscas irrupciones, ora progresistas, ora reaccionarias. Finalmente, bajo los auspicios de la Enciclopedia, reclamada por la nueva causa de los pueblos, parte directa en las instituciones que concurrió a fundar, aquella fuerza desordenada se reintegró a un estado propio, erigiéndose en poder. Pero, todavía, mucho le falta en su evolución; todavía sufre graves perturbaciones y cae en frecuentes extravíos. Con todo lo que significa y lo que promete, mal ejemplo resultaría para lo notorio. Juzgándola en su historial contradictorio, y a la luz de los comentarios que suscita entre los pensadores, no sería muy favorable el saldo que se extrajera de tantos y tan encontrados juicios como los que se pronunciaron, a su respecto, desde Tucídides y Protágoras hasta Rousseau y D'Alembert[4].

3. EL FUNDAMENTO COMÚN

En las explicaciones sobre la génesis de lo notorio se admite, sin demostrarlo, un proceso naturalmente racional.

Viejos idealistas, impresionados por el ritmo ascendente de nuestra civilización que, en medio de sus vicisitudes, revela fuerza propia y directriz, equivalente a voluntad congenita, acuden a una especie de tendencia inmantada en sentido racional. Asomándose a las épocas iniciales, también la Historia evoca, para justificar esa persistencia afirmativa, innatas

---

3 *Diccionario de Filosofía, verb. "Opinión".*

4 PROTÁGORAS confiaba en la influencia de los oradores sabios para que el pueblo exteriorizara buenas resoluciones. Por eso, ha sido llamado el precursor de ROUSSEAU en cuanto a su "volonté genérale". Pero en la *República* se la califica de "irracional". No así en "Política" (lib. II) donde se consigna que "la multitud juzga mejor que uno solo".

No tendría objeto el simple acopio de pareceres formulados desde uno y otro campo. La Opinión Pública, después de ROUSSEAU y D'ALAMBERT que la defendieron, se ha impuesto por sí sola como un hecho esencial a la vida pública, y sólo cabe, ahora, entenderla y explicarla científicamente.

virtudes sociales que actuarían sobre las relaciones mutuas, obligándolas a desenvolverse lógicamente[5].

El Derecho, en la notoriedad, adoptó este sistema; bien que tampoco le correspondía elaborarlo. Y, en lo que le afecta, confió la orientación de las actividades que habrían de estructurarla en una verdad, al impulso esclarecedor y constructivo que existiría en toda asociación de hombres por el solo hecho de asociarse. La convivencia facilita los encuentros, y, por tanto, la discusión entre los diferentes juicios individuales. Supuesto un racionalismo natural, la discusión comprendería el análisis y la crítica, tendiendo a las comparaciones procedentes, para forjar, por acuerdos sucesivos, el triunfo de la conclusión más *lógica.*

Tiranti[6] fué de los primeros en aquilatar el valor de las consideraciones expuestas, adaptándolas al objeto de una concepción original sobre las pruebas, refundidas en la Opinión Pública, especialmente la notoriedad y la fama. Toda agrupación de seres racionales intensificaría, en conflictos inevitables, hasta por el mero estímulo de la rivalidad, su tendencia ingénita hacia el libre examen y la confrontación mediata, con provecho, siempre, de la verdad, porque, en ese ejercicio, *"la correzione è intuitiva"*, teniendo, in sè, como tiene, *"una virtualità propia di discriminazione"* que le permite deducir lo que proceda y acumular sistemáticamente las resultancias. Iría sumando, así, los pertinentes saldos obtenidos, hasta precipitar, con su peso, los fallos específicos de la Opinión Pública.

4. CRÍTICA

¿Existe, en la asociación, como en el individuo humano, esa tendencia racional? Dedúzcase, entonces, admitida la disposición espontánea de la sociedad hacia la *"costruzione sistematica"* del pensamiento, la existencia, a lo más, de una simple aspiración, y, en los efectos favorables que se esperan de su influjo, una simple posibilidad. ¿Podrían satisfacer, acaso, esta mera inclinación, esta esperanza?

La relatividad concerniente a la eficiencia, agrávase con la que imponen las circunstancias del planteamiento. Procederá lógicamente la sociedad, por

---

5 BERR, en el prólogo a *La Tierra antes de la historia* de PERRIER, describe la actuación de los factores que en una etapa remota empujaron a la humanidad por el cauce de la evolución psíquica. Junto al elemento constante de que se hizo abuso con el nombre dé Finalidad o Idea concurrió el elemento contingente que se denomina Cambio (fortuito u orientado). El factor lógico sustentó la ley interior que en toda agrupación humana defendía la continuidad propia, reteniendo lo que le convenía y reaccionando, luego, de acuerdo con lo que se incorporaba. BERR concibe tal "lógica", ampliamente, como el "buen uso del espíritu", que rige esa tendencia y, merced al mutuo auxilio que se establece en la comunidad, consagra, sucesivamente, sus finalidades. La misma lógica en su incesante y progresiva labor, acaba determinan? do una conciencia social.

6 *L'Opinione Pubblica nei suoi rapporti con la prova.*

instinto racionalista, pero lo hará, en todo caso, respondiendo a sus propios motivos, conforme a sus premisas. Nada impide concebir, por tanto, que una conclusión opuesta a la verdad estricta sea vitalmente lógica para el sujeto colectivo.

Habría aún que discutir el postulado inicial, debido, en cierto modo, a Stein, que hace mérito de la extensión colectiva, por el mayor número de partícipes en el análisis crítico, para garantir la eficacia de las verificaciones. Diré, sólo, que por esa expansión, el círculo, al ensancharse con las deducciones sucesivas, cada vez más indirectas, se apartará, también, cuando no se desvíe, del centro en que se encuentra el hecho observado, y la mente que juzga se alejará a posiciones derivadas que harán más remota y más débil la visión psíquica de la realidad[7].

UNIVERSALISMO

1. La sociedad, ser distinto y autónomo

Es el concepto que prevalece actualmente. Para demostrarlo, no creo que sea menester un estudio profundo del tópico ni de sus derivaciones (materia de los parágrafos subsiguientes) dentro de la sociología moderna, invadiendo sus extraños dominios, lo que rayaría, sin una versación especializada, en culpable irreverencia.

La noción de una realidad colectiva, orgánicamente diferenciada, con su "pluralismo psíquico", para usar las palabras de que se vale Gurvitch, sus normas, sus causas y sus fines, está hoy impuesta. Durkheim[8], definiéndola en el orden común de la conciencia, la expone en diversos pasajes. Las almas individuales, escribe, forman "una nueva individualidad psíquica". Nueva y diferente. "Un todo que no es idéntico a las partes". Diferente en sí misma y en sus actuaciones. "El grupo siente, piensa y obra de un modo muy diverso del que siguen, aisladamente, sus miembros".

Si existe una diferencia tan específica, los estados de cada "psiquismo", individual y social, no pueden ser entendidos y estimados con un sólo criterio, con una sola medida. Ni, tampoco, sus respectivos efectos, que provienen de causas distintas, inadaptables entre sí. De tal forma, añade el

---

7 Un interesante pasaje de Aristóteles, en sus *Analíticos,* donde explica lo que deberá entenderse por *anterior* y *más notorio.* Después de afirmar que los principios son causas de la conclusión, más notorios que ella y anteriores, se vuelve contra la confusión posible entre lo anterior y lo más notorio por naturaleza con lo anterior y lo más notorio para nosotros. Esto último es lo que está más próximo a la sensación. Pero "considerado de una manera absoluta, el primitivo más notorio es el que más se aleja de ella, porque lo más lejano de la sensación es, precisamente, lo más general, mientras que lo más próximo es lo particular; cosas todas, opuestas las unas a las otras".

8 *Règles de la méthode sociologique,* ps. 127-130.

mismo sociólogo, que "la conciencia colectiva es irreductible a la súma de las conciencias individuales y a su simple interacción"[9]. Cada una requiere su propio examen, dentro de su propio ámbito. "No podrá comprenderse nada de lo que en el grupo ocurre, partiendo del individuo aislado." Más aún: "siempre que un fenómeno social sea directamente explicado por un fenómeno de psicología individual, puede tenerse la seguridad de que la explicación es falsa".

La teoría de lo notorio presupone, justamente, una equivalencia entre ese producto social y la prueba, producto individual. Funda sus valoraciones, entonces, sobre un criterio esencialmente inadecuado, que está en pugna con los principios de la sociología.

2. EL RACIONISMO A PRIORI

Existe, pues, un "psiquismo colectivo", independiente del individual. Mas no puede aceptarse, en la doctrina universalista, el criterio que lo hace racional porque racional es el individuo. Sin embargo, la razón está por sobre todas las cosas, y la sociedad podría espontáneamente respetarla. ¿Es así? ¿Rige, como foco solar de un orden superior, ese "racionalismo universal y necesario" que proclama Durkheim, elevándose hasta las ideas eternas de Platón? Aunque diferentes, ¿no pueden encontrarse las dos psicologías por los caminos de una misma Lógica?

Ya Comte había depositado su confianza en la acción dirigente y creadora del "bon sens", transfundido en la "raison publique", suprema causa natural que preside la evolución del intelecto humano, acreditando una "*sagesse universelle*" de la cual sería un "simple prolongement" toda la produc- ción del espíritu.

Pero este parecer no ha sido aceptado unánime ni uniformemente. Y cuando se le acepta, es sólo en los grandes finales, al cabo de las etapas o los ciclos de la vida social, que obtiene su comprobación. Tomada en conjunto, o en largos períodos, la historia de las sociedades ofrece indudable constancia con la reducción progresiva del caos hacia la organización, y en el *afianzamiento* del orden por el predominio de lo racional sobre lo irracional. Pero la situación difiere en el trayecto; y con la situación cambia el problema, cuando se desciende a lo circunstancial y episódico, enhebrado en la línea sinuosa que trazan los días.

---

9 Y no sólo irreductible. Según DURKHEIM, *preexisten* en la conciencia social, "que no equivale absolutamente al tipo medio de los individuos que la forman", tendencias y pasiones colectivas *sui géneris*, y, aun más, contrarias a esos individuos. Reitera, luego, que la psique social *existe antes* de penetrar en la individual, y "*no tiene nada que ver* con su cristalización en las instituciones o su expresión en símbolos jurídicos, morales y religiosos" (*Le suicide*, ps. 345-363).

Una de las primeras reacciones contra el exagerado optimismo de los racionalistas a *priori* emergió de Spencer, cuyas ideas guardan, empero, cierta relación con el *positivismo* comtiano. El insigne filósofo apeló, para interpretar los hechos sociales, a la psicología entera, y, por consiguiente, hubo de reconocerle su posible cointervención al elemento irracional.

Otras fueron más radicales. Y alguna, como la de Pareto, sostuvo ponencias diametralmente opuestas. Según el original autor del "Trattato di Sociología Generale", la vida social se concreta en resultados fortuitos de acciones alógicas; por lo mismo, y también porque en todo fenómeno que dentro de ella acaezca se oculta un residuo inaccesible, un residuo que nunca logramos reducir, todo fenómeno de esa índole escapará, siempre, a nuestro conocimiento, a nuestra explicación lúcida. "Sostenemos, arguye, que una sociedad dirigida exclusivamente por la razón no existe ni puede existir, no porque los «prejuicios» alejen a los hombres de los enunciados que dicta la razón, sino porque nos faltan los datos del problema, que debe ser resuelto por raciocinio lógico-experimental"[10].

Volviendo al criterio más autorizado, me atrevo a sostener que el racionalismo de carácter individualista, existente aún, es, en las sociedades, resabio de pretérita inorganización.

Háganse a un lado los temas colaterales como el relativo al origen del conocimiento que fisiólogos notables atribuyen a la energía orgánica, sensorial o trófica: el hombre, tal como es ahora, se eleva intelectualmente por medio de la razón. En cambio, lo que más importa al organismo colectivo entregado a sus necesidades, lo que tiende a imponer y que, al imponerse, representa socialmente un progreso, es la función. Irresoluble antagonismo. La sociedad progresa organizándose funcionalmente: negación de la individualidad en sus atributos constitutivos, físicos y morales.

Muchos conflictos ideológicos, muchos que estallan, sobre todo, en el terreno de ciertas actividades, son una consecuencia de esa pugna entre la razón, como individualmente la cultivamos, y la función, como tiende a prevalecer en la sociedad. El efecto absorbente de esta última, a medida que se desarrolla y crece, avasalla cuanto sirve a sus finalidades, metodizándolo. En tal forma ha instituido todo un sistema, la función-racional, que es la que menos conviene al individuo en su libertad y en su razón.

No se trata de un fenómeno aislado, ni de un incidente de circunstancias. La industrialización moderna ha creado un nuevo dogma: la función. Dogma que tiende a prevalecer en todas las organizaciones del Estado. Tal como el "taylorismo", pero en vías paralelas, marchan otras coordinaciones a expensas del individuo. Según Mannheim, desarrollaríase el proceso por impulso

---

10 BORKENAU, Pareto; MEDINA ECHAVARRÍA, *Sociología Contemporánea*, cap. VII.

propio, como una suerte de "autorraciona- lización"[11], invadiendo nuevos y diferentes espacios. Presupone el ideal de un dominio regulado y lógico de las actividades, que en su expresión más alta refleja lo que se denomina "orden". Regulado y lógico en beneficio de la función para asegurar su rendimiento; conforme, entonces, con sus razones, que son razones ya comprometidas. No hay que decir dónde está el enemigo ni cómo se le sacrifica. El progreso es, en gran parte, la historia del holocausto individual.

Lo es no tanto a causa de una inmolación directa. Lo es porque aquella racionalización tiene que gravar, con sus propias razones, los principios, los sistemas, los modos ideológicos. Lo es porque este gravamen importa una supeditación o cercenamiento de la propia independencia espiritual. El mismo sociólogo ha escrito[12]: "la escuela de la racionalización funcional es eximir al individuo medio del pensamiento, de la inteligencia, de la responsabilidad, y traspasar esas facultades a los individuos que dirigen la racionalización"[13].

Parece aventurado, pues, sino incorrecto, establecer en ese dudoso y hesitante "psiquismo", —conjeturando, por la manera de exteriorizarse en ciertos fenómenos sociales cómo puede ser la razón que ordene la marcha del pensar colectivo—, un criterio de verdad que substituya o elimine, por innecesaria, a la prueba. La sociedad o el grupo vertebrado no procederán como "seres ilógicos o alógicos, incoherentes y fantásticos". La persistencia de los grandes totales en una dirección determinada obliga a creer en cierta voluntad guiando el movimiento general hacia el progreso común, así como también en un centro, más arriba, de donde saldrán las normas que encauzan la actividad interior de los juicios sociales. Pero las características de los fenómenos más destacados en aquel movimiento denuncian que la voluntad susodicha y, por encima de ella, el motor psicológico y, tal vez, sus principios, no equivalen a los que dirigen nuestra actividad subjetiva. Si existe un "psiquismo" social perfectamente diferenciado, y es, también, racional, la semejanza, al respecto, con el individuo, quedará sólo dentro del género: esencialmente otra será la lógica, así como otra, la psicología.

Para terminar con esta recapitulación, dos observaciones más: 1°, las resultantes que la sociedad o el grupo conquista, incorporando a su haber los valores que aquéllas constituyen, en los cuales se fundan inmediatamente para lograr otros mejores, marchan a través de incesante contradicción, que ha de existir, es de suponer, en el propio ámbito de la conciencia común; 2°, la psique social si está bajo la razón (razón colectiva) y obedece a una lógica

---

11 MANNHEIM, *El hombre y la sociedad en la época de crisis,* p. 58. Se habla, ahora, de racionalización funcional, no racionalismo *(secundum rationem),* tal como se venía entendiendo. *Infra,* nota 241.

12 Op. cit., ps. 62 y 63.

13 Sobre el significado correcto de la palabra "racionalidad" en ésta y otras aplicaciones análogas, SAMPAY, op. cit., cap. IV: "El irracionalismo violento como expresión política de las masas"; especialmente, ps. 248 y 249.

(también colectiva), tiene, a lo sumo, en este doble carácter, un poder apenas tendencial.

Durkheim, afrontando el grave problema de la formación y trascendencia del "psiquismo colectivo", realza en éste la necesidad y universalidad racionales, pero no tampoco en concepto de infalibilidad. "La más alta forma de la vida psíquica, conciencia de conciencias", dentro de la sociedad, si busca su rumbo, no siempre lo encuentra. Si está constituida por ideales, si también los genera, no se impone en ninguno mediante una "coacción" incontrastable. Si participa, concluye Gurvitch, "en el mundo de las ideas y los valores", puede también desviarse en una parábola incomprensible, pues está, a ese respecto, "en la misma situación que la conciencia individual".

3. UN FONDO PSÍQUICO SIEMPRE INDESCIFRABLE

Habrá, entonces, un "psiquismo colectivo", que se desenvolverá con su lógica y su razón. Pero estas aserciones sirven para plantear más definidamente el problema; no para resolverlo. Todavía permanece oculta la fuerza que administra el orden a que deben ajustarse los fenómenos sociales. Se ve caer la manzana del árbol, ignorándose el principio a que responde[14]. La sociedad guarda en sus profundidades, aun para la ciencia, un fondo enigmático.

Los sociólogos que ahondan en la disección para descubrirlo se encuentran sólo con su complejidad inextricable. Uno de ellos recuerda, con Proudhon, que toda realidad es compleja. Unicamente el ideal es simple.

Complejidad que no se manifiesta con iguales síntomas en todos los seres colectivos ni, dentro de cada ser, en todos los momentos de su existencia. Las sociedades difieren entre sí, por sus formas y tipos, y todas estas diferencias suelen coexistir, sin embargo, aun en la más perfecta, con diversa estructura orgánica y múltiples densidades, desde la especie social que culmina en el desiderátum de la comunión psíquica hasta la que se disuelve en las dispersiones negativas de la multitud[15].

14 "Lo hecho por NEWTON al tomar la manzana que cae del árbol, no como una manzana, sino como expresión de la ley de gravedad, todavía no ha tenido lugar para los fenómenos anímicos y culturales" (MANNHEIM, op. cit., p. 27).

15 No es posible establecer, por eso, una proporción entre la sociedad y la intelectualidad, pues la primera tiene infinitas expresiones, y la segunda variada significación. GINSBERG (*Manual de Sociología,* p. 213) escribe, sin embargo: "Comunidades y sociedades pueden obtener cierta medida de unidad, pero cuánto mayores son, menor parece el nivel intelectual del grupo tomado como un todo". En cambio, TILLICH cree (*Masse und Geits*) que "si el individuo es más inteligente, la masa es más genial; su sentir simple y fuerte puede originar, en un momento dado, una decisión más justa". MANNHEIM (*El hombre y la sociedad,* p. 67) sostiene, en fin, que "el gran número" no condiciona sólo irracionalidad, ni que lo irracional es pernicioso en todas las circunstancias; pero admite que "el hombre en masa está mucho más fácilmente expuesto a sugestiones, explosiones de impulsos no dominados y regresiones psíquicas, que el hombre aislado e inserto en pequeñas asociaciones".

Complejidad que importa, más bien, contradicción. Por entre esta contradicción se amasan las soluciones colectivas, que afirman el progreso, fruto, entonces, de tierra abonada con injusticias y errores. Los pequeños problemas del tránsito pagan por la conclusión victoriosa.

Toda sociedad, aun la más normal, o en sus períodos más normales, tiene, en efecto, algo de multitud. Manifiesto, especialmente en la periferia; o inmerso, pero activo, con irrupciones bruscas o deslizamientos insensibles: el tumulto material o la corrosión insidiosa de las ideas y los propósitos. Lo irracional no ataca únicamente lo físico ni con fuerzas tan sólo físicas.

Precisamente, lo peor en la eterna lucha es que lo irracional ataque los valores elevados. La moderna sociología interpreta la catástrofe que sufre la humanidad, en esta hora confusa, como una explosión de la irracionalidad latente en las sociedades. Y atribuye la breve preponderancia de la última, en ciertas zonas, a que los resortes superiores confiados a lo racional estaban mellados y herrumbrosos. Mann- heim habla, por su parte, de la destrucción que procedió no tanto de las fuerzas regresivas como de la falta de forma en los grupos sociales "que hubieran podido oponer resistencia contra el irracionalismo unilateral y que perdieron de un golpe la fe en el poder de la razón como formadora de la sociedad".

Entre las complejidades aludidas, inherentes a todas las sociedades, esa coparticipación de fuerzas contrarias, que algunos pensadores juzgan útil, es la más peligrosa. Porque lo irracional no se presenta siempre difundido o entremezclado. Forma también sus núcleos. Tiene su bandera. Hasta dispone de instituciones, esposadas, habitualmente, contra su voluntad, por el orden instituido, pero que, en cualquier momento, abusando de su vigor físico y de la anemia circundante, asaltan las posiciones oficiales y se imponen con su embozado primitivismo.

Como se ve, la diversidad, aunque grande, puede resolverse en algunas proposiciones coincidentes.

Una apreciación científica sobre el índice mental de la multitud o de la masa en sí y en relación con el individuo, debería poner a salvo la diferencia de causas, fines y procederes en cada psiquismo, pues de otro modo se incurriría en calificaciones de sentido personal, como las ya citadas de LE BON y SIGHELE *(Supra,* nota 221).

La comparación entre la sociedad y el individuo abraza otra clase de valores. Estúdiase, también, la influencia que la sociedad ejerce en torno, y sus efectos, a veces negativos. El desarrollo de este problema puede llevarnos hasta la Criminología, especialmente en la parte dominada por las escuelas sociológicas. Es de señalarse aquí, la importancia que se les atribuye a los medios o ambiente sociales. En este cuadro tiene su puesto DURKHEIM, autor de la "normalité sociale du crime", frente a TARDE, que es anormalista. Se refiere, precisamente, a un tipo medio, que juzga, por ello, normal. He aquí sus palabras: "Un hecho social es normal para un determinado tipo social, considerado éste en una fase determinada de su desarrollo, cuando se origina en el *promedio* de las sociedades de dicha especie examinadas en la fase correspondiente de su evolución". (V. algunas precisiones de conceptos en LÓPEZ-REY Y ARROJO, *Tendencia, mundo circundante y personalidad).*

Existe la "coetaneidad de los no coetáneos"; supervivencias paleolíticas junto a las más depuradas formas de la civilización, restos o derivaciones de institutos bárbaros alternando con los más finos y nobles exponentes de la virtud ética, mental o artística, especies de todos los tiempos que, aunque reunidas, no pueden contemporizar lealmente, como, según la. comparación del propio Mannheim, conviven en las viejas catedrales, "románticos muros, columnas góticas y decorado barroco".

Si persiste, a pesar de todo y de todos, un sedimento atávico, reserva de prehistoria que influye en la conducta social, factor decisivo en los trastornos, habrá siempre una fracción arbitraria y ciega en las causas determinantes, y, entre los efectos, una parte de azar. Trozos considerables se substraerán a la razón analítica y a sus intentos de lógica, para quedar expuestos a lo irracional. O sea: a lo imprevisto. Porque lo irracional escapa a la previsión y al cálculo.

El mismo Durkheim reconoce la preexistencia de un psiquismo arbitrario, una vida subyacente, difícil de comprender ([16]). Y cuando, sugestionado por su racionalismo apriorista, después que sometió la conciencia individual a las caóticas impresiones de los sentidos, quiere identificar la conciencia colectiva con la razón, Gurvitch, que no le escatima su homenaje al hombre de ciencia, le censura al retórico sus "contradicciones", acusándolo de negar lo evidente al desconocer en esta segunda conciencia la participación de lo sensible, opuesto al Logos.

Todavía le recuerda que había consentido en la presión de factores tan irreductibles a una conciencia pura como los pánicos y las cóleras sociales, así como de otros, más duraderos y no menos positivos, como las tendencias y las aspiraciones. Refutando su concepto sobre la "universalidad lógica", le contrapone el argumento de una realidad diferenciada en naciones, y las naciones en grupos, todos con sus particulares conciencias y todas las conciencias en batalla. Aun más, observa: cada conciencia ¿no se contradice a sí misma en diferentes momentos históricos? Y en cada uno de estos momentos, dentro de cada unidad, ¿no aparece todavía, desgarrada por sus antinomias y escisiones?[17].

---

16 "Hay toda una vida colectiva que está en libertad. Corrientes de innúmeras clases van, vienen, circulan en todas las direcciones, se cruzan y se mezclan de mil maneras, y precisamente porque están en un perpetuo estado de movilidad no llegan nunca a concretarse en una forma objetiva. Hoy es un viento de tristeza y desánimo que se abate sobre la sociedad; mañana, por el contrario, un soplo de alegre confianza que levantará los corazones" (*Le suicide,* p. 356).

17 Gurvitch, como ya se anotó, refuta las ideas de Durkheim sobre la conciencia colectiva, "fuente de la racionalidad universal", que terminan identificando esta conciencia con el Locos (*Las formas de la sociabilidad,* sec. II). Niega, sobre todo, que sea trascendente y no inmanente, pues "siempre está fundada sobre la *reciprocidad* de perspectivas entre el psiquismo individual y el psiquismo colectivo, que no son sino dos *consideraciones abstractas* sobre aspectos de la totalidad concreta de lo psíquico". Y a renglón seguido: "Esta conciencia colectiva nada tiene que ver con el mundo espiritual y supratemporal",

DIFERENCIAS TÍPICAS A CONSIDERAR

1. La voluntad colectiva

Siendo independiente y propio el psiquismo del cuerpo social (con respecto a los psiquismos individuales), han de serlo, también, los elementos o fuerzas que lo constituyen. Estas nuevas características, en lo particular, refuerzan la tesis adoptada. Habrá de tolerárseme, pues, algunas consideraciones más, —aunque no observen la deseable ilación científica—, en torno a dos o tres puntos de importancia; mucho es el material que demuestra la improcedencia en que se incurre al juzgar las dos psicologías con un mismo criterio filosófico y jurídico.

La voluntad, por ejemplo, no se produce ni se manifiesta en las sociedades como en el hombre. No obedece a iguales motivos ni tiende a iguales objetos. En fin, los motivos y los objetos en la sociedad y en el individuo no son, tampoco, iguales, ni siquiera equivalentes.

¿Depende, acaso, del número congregado en una "*cerchia*", de la densidad corporativa, del tiempo, de la estabilidad?. Por lo pronto, cuanto mayor es el grupo más reducida se torna la base común de la volición: concepto de eminentes sociólogos, como Ginsberg, quien sentencia: "Lo que es general en la acción colectiva no es voluntad, y lo que es voluntad no es general".

Hans Freyer ha sostenido que no debe confundirse la sociología con la ciencia del Logos (voz multivoca entre cuyas acepciones se halla la que conviene a la razón). El ente colectivo es realidad. Y como realidad subordina a la misma todos sus fines. No podría entenderse, por tanto, que tuviera objetivos íntimamente autónomos. Estos objetivos son accesibles sólo para el investigador individual, que los busca por encima de sus intereses, a pesar de sus conveniencias y afecciones personales. En la sociedad, los propios actos psíquicos vienen a ser resultados.

La voluntad colectiva requiere el estímulo de la pasión. Como acontece, prácticamente, en el individuo. La diferencia está en la naturaleza de esa pásión (¿existe, socialmente, la pasión pura de la verdad?), y en que, concibiéndose más allá de los actos colectivos una conciencia originaria, habría siempre que distinguir según la conciencia de que se trata, individual o colectiva.

Esta pasión tiene en la sociedad un campo sin barreras para desahogarse. No así, o no tanto, en el individuo, que puede sujetarla a un contralor íntimo. En el individuo, la voluntad domina a la pasión. Como a los instintos y los impulsos. Acerca de ese dominio o mando sobre los fenómenos psíquicos hay

---

pudiendo intervenir en él tanto como alejarse de su camino. En fin, resume: "la conciencia colectiva no es ni armoniosa ni unificada; *hay una pluralidad de conciencias colectivas en toda sociedad,* y sus conflictos suelen ser más agudos que los conflictos de las conciencias individuales" (Op. cit., p. 136).

en filosofía opiniones que no les fijan límites. En cambio, la voluntad social se halla al servicio de los intereses o las pasiones o las necesidades.

Agrávase el inconveniente si se acepta la tesis de los que creen que la pasión es indispensable a la voluntad colectiva, de modo que esta voluntad no podría moverse más que bajo su impulso; y, al hacerlo, contaminaríase, a la vez, de sus males. La observación se extiende a todo el psiquismo colectivo. Sobre tal base, Ginsberg sostiene que en la vida asociada, el pensamiento no progresa debidamente si no somete a la pasión, y que se toma inefectivo si no despierta, empero, alguna pasión.

Otra de las contradicciones con que se tropieza en sociología: según el mismo escritor, ese pensar colectivo necesita "cierta distancia desinteresada" para expedirse regularmente; pero la distancia provoca su aislamiento y determina su pasividad. De ahí que: "o se pone demasiado lejos de las emociones humanas" y se hace inactivo, o es "dinámico y vital" y se corrompe entre las larvas de la pasión que lo movilizaron[18].

2. La motivación

Mientras la materia de la sociología se caracterizaba progresivamente en objeto distinto, la sociología fué definiéndose como ciencia aparte. No disponía, al comienzo, de métodos propios, por lo cual, relacionándose dicha materia con la de otras disciplinas, descansó la sociología en los métodos de cada una de éstas, según conviniera al caso. Ahora, demarcada en sus caracteres diferenciales, y con problemas que trata de hacer exclusivos, repudia los anteriores modelos y se esfuerza en construir un sistema particular. Si consiguió o no su propósito, y hasta qué grado lo consiguió, es asunto a dilucidar por quienes posean bastante competencia a ese fin[19]; entre tanto, no parece dudoso que los principios y las normas de las otras ciencias resultan inadaptables a los fenómenos correlativos de la vida social.

Los deslindes más difíciles de establecer corresponden, precisamente, a la sociología, la psicología social y la psicología general o, por lo mismo, a la filosofía. Pero, aunque la separación no se presente con la debida nitidez, los fenómenos aparecen en sus campos respectivos siguiendo leyes peculiares. La formación de los actos psíquicos dentro de la sociedad tiene sus causas, y si éstas reciben el mismo nombre que las determinantes de los fenómenos psíquicos individuales, tales causas, en sí y por. las reglas que observan, se especifican y distinguen de un modo esencial. Podría llegarse, en último término, a la razón de causalidad: las diferencias no dejarán de manifestarse. Acéptase, por ejemplo, una distinción primera entre la causalidad que acata por fuerza la naturaleza y la causalidad que por razón cumple el hombre. Pues bien, cabe todavía otra distinción. ¿No se percibe para los fenómenos sociales,

18 Ginsberg, *Manual de Sociología,* ps. 212-213.

19 Treves, *Sociología y Filosofía Social.*

una posibilidad intermedia donde el resultado surgiría de una conclusión racional, trabada y regida, en gran parte, por relaciones necesarias?

Wirth, prolongando a Mannheim[20], estudia las secuencias causales que se exteriorizan en el mundo social como en el físico, y reconoce, también, su diversidad. El deter- minismo que presupone la sociología difiere, por su índole, del que ordena la mecánica celeste de Newton. Este determi- nismo tampoco equivale al que mueve la mente individual.

Los hombres obedecen a una causa íntima que no conocen los objetos en la naturaleza: la motivación. Tanto Mannheim como Wirth lo admiten. Pero los hombres no la conocen en igual forma y grado como integrantes de la sociedad que individualmente. La sociedad en sí representa, a su vez, un estado distinto y distante del individuo, más que el estado del hombre como miembro social. La diferencia en la motivación tiene que ser, a su respecto, más profunda.

La verdadera motivación, no estrictamente el motivo, resulta, además, impropia de la actividad colectiva. No existe en ella, o, por lo menos, no existe con su mismo significado y alcance. Unicamente en la conciencia individual concurren las facultades supremas de análisis, necesarias a su ejercicio en el doble carácter subjetivo que comprende libertad y elección.

3. LA OBJETIVIDAD

Fundamentales para el tema en examen las concepciones que sustenta la sociología sobre los problemas de la objetividad con respecto al observador.

Las enuncian, también, Mannheim y Wirth. "El observador se coloca dentro del fenómeno que desea observar", y solamente en esa posición puede conocerlo, con lo que se impone ya una divergencia de método para las disciplinas naturales y la sociología.

Ocurre, pues, una interacción forzosa entre el sujeto y el objeto. Razón por la cual, el observador, "que forma parte de la cosa observada", estará "interesado personalmente en la materia de su observación".

Es de suponer que el mismo fenómeno se produzca en las otras aplicaciones de las facultades psíquicas. Entre ellas, la relativa a la valoración. El mencionado interés afectará, en todas, a la imparcialidad ética de la función consiguiente. ¿Con uniforme intensidad? Debe presumirse que no lo hará con idéntica fuerza cuando el sujeto es parte directa en el hecho y cuando, por el contrario, se aproxima en lo posible a la condición de un tercero.

Si procede esa diferente actitud, con sus consecuencias, la del observador y copartícipe en la formación del hecho, y la del que observa de lejos, casi desde afuera, contrarrestando en lo posible el interés que pudiera influir en

20 *Ideología y Utopía,* en el prefacio, p. XXI.

su ánimo, cabe deducir, a la vez, una proporcionada y también diferente capacidad de autonomía moral.

El juicio, en un caso, pertenecerá más al objeto; y, en el otro, más al sujeto. Aunque desapareciera la relación que presupone el concepto aludido sobre la objetividad, será menos dominante para quien no se mezcló a las causas generadoras, y menos aun, para quien procura aislarse en toda la *exterioridad* que permite la abstracción psíquica.

Un observador puede estar más cerca del objeto que otro. No guardan, desde luego, igual distancia, un testigo y un juez: un juez que sepa examinar, por la introspección, en su propio espíritu, las relaciones que lo vinculan al hecho, para desasirse de ellas, erigiéndose en dueño de sí mismo a la vez que de la verdad.

Semejantes proezas de alta moral sólo puede realizarlas el individuo mediante su voluntad bien cultivada, en el fuero legítimo de la conciencia, a cuyo contralor entrega todo lo que puede: las causas externas que gravitaron sobre el hecho y sus propios motivos personales. "Unicamente el hombre es capaz de autoconocimiento", asevera Mannheim ([21]). Y de autocrítica. Unicamente el individuo puede convertirse en materia de su propio análisis, para conocer y valorar, tendiendo a la verdad estricta, los vínculos determinativos que impone a todo sujeto el objeto de su misma observación.

COMPARACIONES

1. La Opinión Pública en la actualidad

Entre las manifestaciones de la psicología social la Opinión Pública es una de las que han merecido más atención de los investigadores[22]. Tanto en la realidad como en la ciencia tiene, actualmente, una estructura poco ha

---

21 Op. cit., p. 43.

22 Muy estudiada ha sido, efectivamente, en derecho constitucional como en sociología. Sin propósito de recomendación, que es deber de quienes tengan autoridad para hacerlo, recuerdo, fuera de las citas en particular: a Dicet, *Rapports entre le droit et l'opinion* publique *en Angleterre,* por sus reflexiones sobre la influencia de ese poder sobre la acción legislativa; Hauriou, Principios *de* Derecho Público *y* Constitucional, lib. I, cap. III, sec. III, en cuanto demuestra su importancia como expresión de libertad; Bauer, Die *öff. Meinung* und ihre *geschichtli chen Grundlagen,* por su fundamentación histórica. Una reseña de las concepciones científicas sobre la Ipinión Pública, debidas a recomendables autores (Niebur, Bluntschli, Biederman, De Sismondi, Ellero, Gabba, Minguzzi, Arangio-Ruiz, Romagnosi, Holtzendorff, May), brinda Tamboro, *Opinione Pubblica,* en *Il Digesto Italiano,* XVII. Ernest Manheim, *La Opinión Pública,* encara el problema en sus conexiones con el publicismo. Otros aspectos: Ayala, *Sobre Opinión Pública,* en revista *Sur,* 1940, nov., p. 17. Rodríguez del Busto, *La opinión pública, su concepto y formación,* en "La Prensa", 4 set., 1943.

Karl Manheim, *Ideología y Utopía,* p. 293, 5, y A. Menzel, *Introducción a la Sociología,* cap. IX, 10, publican una bibliografía completa desde el punto de vista sociológico.

desconocida. Puede ensayarse ante ese nuevo aspecto un examen comparativo para calcular por el valor que se le otorga a dicha opinión, lo que puede valer lo notorio.

La Opinión Pública es, según Menzel[23], un fenómeno de psicología: naturalmente, de psicología social. La claridad, el acierto y la fuerza de sus decisiones dependen, como se ha establecido ya, de la integración lograda por la psique colectiva. Pero no en un orden proporcional y directo. A más de que en la Opinión hay juicio y hay voluntad que nunca se desenvuelven de una manera uniforme y sincrónica. En efecto, la Opinión más decidida no es, siempre, la más exacta ni la más justa. Lo que tampoco importa desconocer que esencialmente constituye un fenómeno natural y legítimo.

"Expresión de la conciencia social reflexiva en mayor o menor grado", proviene, para Orgaz[24], de causas variables. En todas aparece la característica de una peligrosa maleabilidad. Cuatro son las categorías en que agrupa las "condiciones formales" que influyen sobre la Opinión Pública:

> "La facilidad de las comunicaciones", mudable en el tiempo y diversa en el espacio; puede resultar contraproducente cuando, con los recursos técnicos de que se provea, caiga en manos de quienes la aprovechen para objetivos deshonestos. El peligro consiste siempre en la sugestión que favorece y con la cual los grupos sociales se transforman "en masas de reacciones automáticas". La segunda condición se refiere a las informaciones, más o menos incompletas o erróneas, a veces por obra consciente de actividades organizadas ex profeso, como la propaganda; situación que puede agravarse con las restricciones impuestas al ejercicio de la libertad de expresión y discusión, lo que corrobora "cuan imperfectas son las actuaciones de un genuino juicio público". Esta libertad viene a representar la tercera condición, y no hay por que decir cómo se la reglamenta, protege o anula. En fin, interviene, fundamentalmente, la "capacidad individual para confrontar los elementos de juicio". No sólo es múltiple: suele hallarse aún bajo el influjo de circunstancias que, en definitiva, impiden que "la Opinión Pública alcance el mínimo de racionalidad que debe revestir en los grupos regulados". Sucede, también, concluye Orgaz, que dicha Opinión no es sino el reflejo de "los círculos parciales más influyentes".

Desde otro sector estudia Sampay[25] el problema, refiriéndolo, principalmente, en su carácter imperativo, a la posición jurídica del Estado de Derecho liberal-burgués. Trata de la Opinión que "expresa una voluntad político-social". Los fisiócratas, en otros tiempos, la soñaron libre y espontánea; ahora, en realidad, está controlada y dirigida, ya desembozadamente desde los "Ministerios de

23 *Introducción a la Sociología, p. 264.*

24 *Sociología. Introducción y Teoría del Grupo Institucionalizado, ps. 165-168.*

25 *La crisis del Estado de Derecho Liberal-burgués,* cap. 29, IV: "La opinión pública como condición de unidad estatal". V., acerca de esta obra, RICARDO SMITH, en "Rev. La Ley", t. 28, p. 1139.

Propaganda", ya por vías soterrañas, bajo la coacción de fuerzas imprecisas. No brota de la "función regular de un sujeto emisor determinado", sino de una "pluralidad especial y cualitativa del pensar y sentir de los hombres", a través de procesos que se suceden y entrelazan como una cadena de complejidades.

Examina Sampay las condiciones en que se exhiben diversas etapas. De la Opinión que idealizaron los pensadores de la escuela liberal, acordándole el atributo de una saludable independencia, entiende, con Hegel, que la tesis "merece tanto ser estimada como despreciada", considerando la diversidad de dictámenes emitidos a su respecto, en los cuales, sin embargo, desde que exponen "todo lo verdadero y todo lo falso", habrá que "encontrar y apartar la verdad". Y de la Opinión Pública, en la democracia liberal-burguesa, piensa con Ayala que, prácticamente, las genuinas "palancas de mando y contralor están en poder de los miembros de una *élite reducida*" que, al fin, con sus poderosos instrumentos de captación y dominio, ponen al "grueso del pueblo" en estado (no sólo físico) de pasividad.

2. Diferencias de lo notorio con la Opinión Pública, la fama y el rumor

Si lo notorio tiene un lugar en la sociología lo tiene junto al rumor, la fama y la Opinión Pública. Proceden, todos, de la misma fuente. Alguna vez fueron confundidos o parangonados en su función y en sus proyecciones jurídicas.

Con menos suerte que los otros, el proceso de la notoriedad no ha sido estudiado sociológicamente. Ha prevalecido siempre el interés jurídico de su destinación procesal. Como resultado específico de la psicología colectiva ofrece caracteres que permiten diferenciarlo de todos y cada uno de los fenómenos congéneres.

Se diferencia de todos, en que afirma un juicio de valoración. Comporta un conocimiento, pero estimado y admitido en la cultura media. A ese efecto, acredita verdad (según las teorías). En fin: equivale a una prueba.

Puesto que hace fe, se asemeja a la Opinión que también la contiene. Con una diferencia: que en lo notorio hay un valor declarado y pacífico, mientras que la Opinión Pública es una fuerza militante. Además, si lo notorio encama, para algunos, una verdad inconcusa, esta Opinión importa, para otros, un estado aun no definido, entre la certeza y la duda. Refiriéndose a la opinión en general, caracterizados autores escriben: "ni se mantiene en equilibrio entre dos tesis, ni se adhiere a una sola con la seguridad de que es verdadera".

El rumor y la fama, según Tiranti, fueron también concebidos como derivaciones de la Opinión Pública. El derecho antiguo los admitió con determinada eficacia demostrativa, como a la notoriedad. Pero la fama y el rumor la han perdido. Entre las canonistas, quienes los denominaban, "matices diferentes de opinión general", se hacía mérito, para graduarlos, de su volumen público. En conjunto, distinguíase, por orden correspondiente a su difusión y a su poder, entre fama, rumor y "*susurrus*".

Tönnies[26] le dedica a la fama un breve comentario. Es, afirma, un valor social, ético principalmente, que atribuye cualidades a personas o cosas. Nace de la gratitud y la admiración. Pero advierte que ese valor es comunmente sobrestimado, porque, aparte de su consistencia relativa, se le acepta como auténtico "mucho más a menudo de lo que corresponde a la verdad".

El rumor está más próximo a la duda que a la fe. Voz que se difunde sin objeto ni fin necesarios, no califica ni demuestra. En cuanto es simplemente dinámico, en cuanto nada concreta ni determina, diferénciase de la fama y aún más de lo notorio. Tampoco responde, como la Opinión, a un acto consciente y reflexivo. Podría aducirse que ésta última se forma en la conversación-discusión, según el distingo de Tarde; y aquél, en la mera conversación-informe. Bartlett[27], juzgándolo como elemento político, recuerda la facilidad con que puede ser fraguado. Y la facilidad con que suele hacerse, luego, incontrolable. Lo asimila a la murmuración.

3. CONCLUYENDO

La psicología social es, aun para la misma ciencia que la estudia, un verdadero enigma. Hasta ahora, se resuelve en interrogantes. ¿Cómo se integra? ¿En qué consiste, esencialmente? ¿Qué normas la rigen?

Sólo se sabe que en el fondo de ese arcano se debate la contradicción. Los valores viven en perpetua mudanza. Las condiciones varían siempre. Son relativas. En todo y por todo, en fin, complejidad.

Si existe una conciencia colectiva difiere de la nuestra. ¿La preside, acaso, un principio racional? Si alguna razón la dirige, detrás de esa razón presionan, no se sabe cómo, los impulsos, entremezclados a un medio de intereses y pasiones en perpetuos y eslabonados conflictos cuyos desenlaces no siempre conocemos[28]. Y, a veces, no llegamos siquiera a comprender[29].

---

26 Principios de *Sociología*, p. 196, 32.

27 *La propaganda política, p. 87. V.,* FRANCISCO AYALA, *"Propaganda y política"*, en "Rev. La Ley", t. 26, p. 453.

28 Debajo de los valores sociales, de las estimaciones colectivas, existe la fuerza creadora y condicionante de los deseos. Imperan por necesidad o conveniencia. Raro es, si no imposible, que sobresalga, imponiéndose, el deseo puro de la verdad.

29 Habría que estudiar el problema frente a ciertas conclusiones totalitarias de la sociología con respecto al saber. MAX SCHELER sienta las normas fundamentales, sin llegar al extremo alcanzado por espíritus absolutistas, entre ellos algún discípulo de MARX y ENGELS, considerados como los iniciadores (aunque haciendo del co-factor económico un factor exclusivo) de este desarrollo ulterior de la ciencia.

Las proyecciones ya establecidas en cuanto a lo notorio, deberían ser revisadas si obtuvieran aceptación literal las siguientes palabras de GUMPLOWICZ: "no es el individuo

Además, esas fuerzas, con sus normas y sus Condiciones, sufren influencias extrañas, que las desnaturalizan o arrastran fuera de su curso.

Y quedan aún las alteraciones y anormalidades que corresponden a la patología social.

Ahora bien; lo notorio es un producto de ese caos, y, aun siéndolo, pretende constituir, en nombre de la lógica, una verdad.

---

quien piensa y actúa, sino el grupo, e incluso los grandes hombres no son más que sus exponentes".

En concepto de Mannheim, "la realidad social penetra e impregna tanto la forma como el contenido del conocimiento", según lo subraya también Echavarría, gravitando, aun en el acto cognoscitivo individual, de acuerdo con el grupo, sus deseos, intereses y fines.

Sólo determinará, pues, "la fisonomía del pensamiento". El ser individual está no absorbido, sino predispuesto solamente, "por una situación ya hecha y por los modos preformados de pensamiento y de conducta" que con dicha situación hereda. La sociedad a este respecto influye en la medida que corresponde a la parte que en ella representa el individuo y por la cual este individuo recibe una orientación psíquica y estilos de pensamiento.

VIII

CONSIDERACIONES FINALES

CONSIDERACIONES FINALES

El empeño que traslucen las páginas precedentes en la refutación de las ideas y esfuerzos propicios a lo notorio, parece desmentir el aserto anticipado en las primeras líneas acerca de la escasa importancia que merece el instituto. No he negado, empero, su interés doctrinario. Ni el interés que envuelven las numerosas cuestiones suscitadas a su paso. Fuera de que son relevantes, en todo sentido, la inteligencia e ilustración que se pone en aparejarle a lo notorio un aspecto aceptable, creándole ambiente para incorporarlo a la ley.

Insisto en que el instituto no merece tanto.

Lo conceptúo, en primer lugar, peligroso. He procurado ya demostrarlo. Admítase, cuando menos, la posibilidad de que sea perjudicial para valores respetables del proceso, como la igualdad entre las partes, la imparcialidad del juez, el orden necesario del proceso en un justo sistema de disposición[1].

Y bien, siendo así: ¿por qué mantenerlo?

---

1 Una monografía de GUASP, *Juez y Hechos en el Proceso Civil,* llega a mis manos estando casi impreso este trabajo. Aunque el propósito del A. es combatir "el derecho de disposición de las partes sobre el material de hecho del proceso", y aunque, bajo su empuje, reduce todo lo que puede las atribuciones de las partes aumentando, en igual proporción, las del juez, se detiene ante ciertas exigencias cuyo cumplimiento haría imposible la admisión del hecho notorio.

Sólo puedo intercalar aquí, expresando mi adhesión a una buena suma de sus conclusiones por más que yo parto del principio opuesto, el principio dispositivo, que el profesor GUASP, —quien admite, sin embargo, lo notorio, (p. 20, donde cita la opinión favorable de MENÉNDEZ- PIDAL en sus *Elementos de Derecho procesal civil*)— sostiene, reiteradamente, la necesidad de que se exponga el hecho en el proceso (aparte, sin duda, de la afirmación individual). Lo demuestran las transcripciones que siguen:

"Cuando el juez tuviese noticia de la existencia de algún hecho relevante para el mismo y que las partes no hubieran utilizado, su actitud *debería ser la de aportarlo* al material de decisión y *dejar constancia objetiva de él,* lo mismo que la de cualquier hecho alegado por las partes" (p. 90);

"quedaría en consecuencia *suprimida aquella clandestinidad* que erróneamente se atribuye al principio dispositivo" (p. 91);

"las diligencias para mejor proveer son compatibles con la necesidad de que los elementos que integran el material de decisión tengan una «constancia objetiva» en los autos (p. 158);... «frente al sistema puramente subjetivo, que defiende la decisión judicial basada en hechos que no *figuran* en el proceso, nosotros hemos procurado hacer ver que la tesis de la iniciativa judicial, en materia de hechos, no tiene forzosamente por qué ser identificada con ella" (p. 158).

Podría ser mantenido, a pesar de todo, si resultase necesario. Pero, justamente, no lo es.

Hay que apartar, por lo pronto, otras especies, con las cuales se le confunde: la evidencia, las verdades científicas, los hechos históricos.

El resultado queda, al fin, muy circunscripto. Compondríase de los hechos diarios y comunes que por alguna circunstancia adquirieran notoriedad. Y si no importa que esta notoriedad sea relativa, si no se requiere la efectividad del conocimiento a su respecto, si sobra para acreditarla una simple mayoría en cualquier conglomerado humano, todo puede caber dentro de tal cosmos. Habríase reducido en calidad, pero se extendería enormemente en cantidad. Chiovenda observaba que estos hechos rara vez son importantes en el litigio. Pero si lo fueran no cambiarían las condiciones para el juez. Y ahí está el peligro. Dicho juez podría suprimir, prácticamente, con sólo quererlo, la prohibición de usar su ciencia privada.

En otro plano, reducido a sus proporciones estrictas, el instituto no es necesario y carece efectivamente de importancia: los jueces, aun en el sistema de disposición, no se hallan tan mal provistos que no puedan resolver sus dudas, en la gran mayoría de los casos, sin tener que actuar discrecionalmente. Disponen, por ejemplo, de las facultades relativas a la inspección y la pericia[2], que bien pueden ser acrecentadas por el legislador. Están, sobre todo, las "medidas para mejor proveer"[3], que deben sufrir una revisión completa a efecto de reorganizarlas sobre bases más amplias y vitales, pues en ellas reside, a mi ver, la solución equitativa del conflicto entre los poderes individuales y la conciencia del juez, con un mayor respeto de la verdad.

Cualquiera de esas medidas es de aplicación fácil. ¿Qué puede importar el dispendio insignificante de energías que exigiere? Aunque se considerara que la notoriedad del hecho torna inútil la prueba, y no es probable que lo consiga

---

2 Varios códigos y proyectos, en el país (entre éstos el de LASCANO), consagran la iniciativa judicial al respecto, con el beneplácito de la doctrina. CARNELUTTI sostiene "la necesidad o conveniencia de substituir o agregar el perito al juez" para la debida percepción de los hechos, no sólo técnica, sino también ordinaria. (*Sistema*, I, p. 529).

3 COUTURE, *Teoría de las diligencias para mejor proveer*, part. tercera, especialmente p. 90; PARRY, *Medidas para mejor proveer* en "Rev. del Colegio de Procuradores", XXI, p. 22; DE PINA, *Tratado de las pruebas civiles*, p. 244; GUASP, op. cit., cap. VI, 4. Este autor preconiza "una modificación del actual régimen de diligencias para mejor proveer... instaurando un régimen que las admita en el período probatorio, las extienda a cualquier medio de prueba y no las limite sólo a los hechos objeto del debate fijados por las partes, sino en el sentido en que éste sea indispensable" (p. 168).

El art. 82 del cód. procesal de Santa Fe, ya citado, establece: "Pueden, también, para mejor proveer, ordenar que se practique cualquier diligencia que estimen conducente y que no sea prohibida por derecho". (V.: CABAL y ATIENZA, *Anotaciones*, p. 79).

El cód. de Mendoza (CORVALÁN y SACCONE) determina: "El tribunal, en cualquier momento anterior a la sentencia, podrá decretar medidas para mejor proveer". Y añade, en la misma disposición: "o que se practique de nuevo ante él, las diligencias probatorias de primera instancia que estimare viciosas o insuficientes".

efectuándose la discriminación pertinente, la sola posibilidad del peligro, admitida al comienzo, y la sola posibilidad del beneficio que reportaría propendiendo con el conocimiento del hecho a una solución inmediata, lo justificarían.

Se desvanece así la última excusa en favor de lo notorio.

Extraña supervivencia en verdad, la de este instituto peligroso e innecesario, sin verdaderos precedentes, de nombre incorrecto, discutido y discutible en su constitución, en sus fines y en su alcance. Dentro de la adaptación moderna, por otra parte diversa y contradictoria, según las teorías, ni siquiera puede acogerse, en su último avatar, al pretexto de la tradición. ¿Qué motivos entonces lo mantiene, ya que razón no existe? Me inclino a considerarlo, sin mengua del respeto que siento por sus ilustres valedores, antiguos y modernos, como uno de esos idola fori que estudia Bacon de Verulam: fórmulas que gravitan, largamente, por inercia, aun después de haberlas abandonado su espíritu.

El hecho notorio de Lorenzo Carnelli
se imprimió en la República Argentina en octubre de 2020.

www.ingramcontent.com/pod-product-compliance
Lightning Source LLC
LaVergne TN
LVHW082238051026
849532LV00012B/4032
* 9 7 8 9 5 6 3 9 2 8 5 4 9 *